箱庭

HAKONIWA SEIYOUSHI

西洋史

かんき出版

箱庭西洋史

目 次

古代

中世

近世

近 代

現代

ようこそ箱庭西洋史へ

本書には西洋史に関する重要な出来事が、107個の「箱庭」に収められています。

右ページにある「START」や矢印を手がかりに眺めてみてください。

西洋史の分岐点となった出来事が、すばやくイメージできるでしょう。

初めから眺めていくと、古代から現代までの大まかな歴史の流れがつかめます。

また左ページの解説を読めば、右ページの「箱庭」をよりくわしく理解することができます。

19世紀以降の中国史や中東問題にも触れているので、

現在につながる東洋と西洋の関係もみえてくるでしょう。

それでは壮大な箱庭の世界へようこそ。

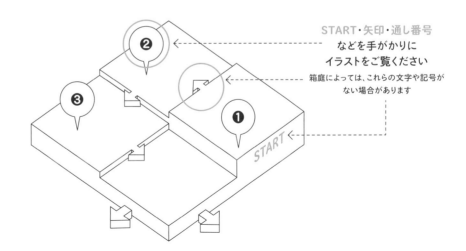

START・矢印・通し番号
などを手がかりに
イラストをご覧ください
箱庭によっては、これらの文字や記号が
ない場合があります

古代

001 人類の誕生

狩猟生活から農耕生活へ

約700万年前、アフリカ大陸に人類の祖先である猿人（アウストラロピテクスなど）が誕生しました。彼らは2本の足で立って歩き、打製石器を使用しました。

約240万年前、火を扱う原人（ジャワ原人など）が現れました。続いて約60万年前、死者を埋葬する文化を持つ旧人（ネアンデルタール人など）が現れます。

そして約20万年前、ついに今の人類が含まれる新人（クロマニョン人など）が登場します。

新人は氷河期のさなか、狩りに頼った生活をしていました。しかし氷河期が終わり、暖かくなると、新人は定住を選び、農業や牧畜を始めました。ここから時代は、打製石器で狩猟生活を営む旧石器時代から、磨製石器で農耕生活を営む新石器時代へと移行します。

やがて磨製石器は、青銅器などの金属器に変化していき、金属器時代（青銅器時代とそれに続く鉄器時代の総称）を迎えます。

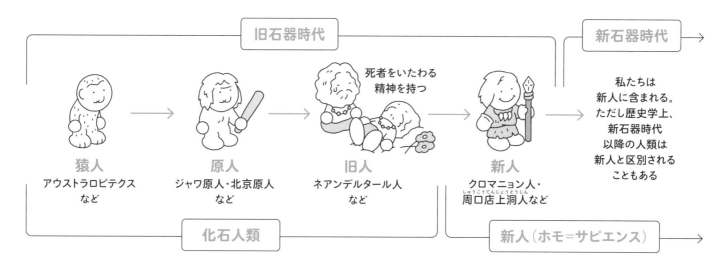

旧石器時代				新石器時代
猿人	原人	旧人 死者をいたわる精神を持つ	新人	私たちは新人に含まれる。ただし歴史学上、新石器時代以降の人類は新人と区別されることもある
アウストラロピテクスなど	ジャワ原人・北京原人など	ネアンデルタール人など	クロマニョン人・周口店上洞人（しゅうこうてんじょうどうじん）など	
化石人類			新人（ホモ=サピエンス）	

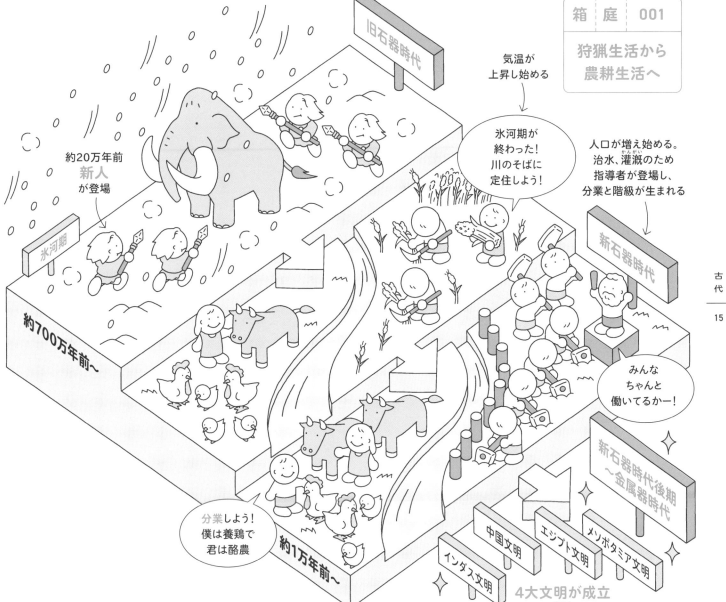

狩猟生活から
農耕生活へ

旧石器時代

気温が
上昇し始める

氷河期が
終わった！
川のそばに
定住しよう！

人口が増え始める。
治水、灌漑のため
指導者が登場し、
分業と階級が生まれる

約20万年前
新人
が登場

新石器時代

氷河期

約700万年前〜

みんな
ちゃんと
働いてるかー！

新石器時代後期
〜金属器時代

分業しよう！
僕は養鶏で
君は酪農

中国文明

エジプト文明

メソポタミア文明

インダス文明

約1万年前〜

4大文明が成立
(P17)

四大文明

各地で栄える古代文明

BC3000　BC2000　BC1000　BC500　0　500　1000　1050　1100　1150　1200　1250　1300　1350　1400　1450　1500　1550　1600　1650　1700　1750　1800　1850　1900　1950　2000

氷河期(P14)が終わると、人びとは集団で農耕や牧畜を行うようになりました。集団はやがて**都市**や**国家**となり、各地にさまざまな**文明**が熟成していきます。

そのなかでも特に古く大きな文明が、四大文明とも呼ばれる、**ティグリス川**と**ユーフラテス川**のほとりに生まれたメソポタミア文明、**ナイル川**のほとりのエジプト文明、**インダス川**のほとりのインダス文明、中国の中国文明です。

メソポタミア文明と**エジプト文明**は「ヨーロッパからみた東方（オリエント）」という意味で、オリエント文明と呼ばれ

ています。メソポタミア文明は、いまだ謎に包まれたシュメール人と呼ばれる人びとによってつくられましたが、内戦や異民族との抗争で滅びました。エジプト文明が栄えた古代エジプトは、太陽神の子とされるファラオ（王のこと）が支配していましたが、**ローマ帝国**(P32)に滅ぼされました。

中南米にはメソアメリカ文明(P136)、アンデス文明(P136)などの古代文明が繁栄しました。

ヨーロッパには、エーゲ文明(P18)やストーンヘンジで有名な巨石文明が存在しました。

四大文明

メソポタミア文明

紀元前3000年頃成立。
ティグリスとユーフラテス川
流域に繁栄。
シュメール人によってつくられた。
楔形文字、太陰暦、六十進法
などが考案された

エジプト文明

紀元前3000年頃成立。
ナイル川流域に繁栄。
ファラオ（王）によって
支配された。太陽暦、
神聖文字
などが考案された

インダス文明

紀元前2500年頃成立。
インダス川流域に繁栄。
ドラヴィダ系民族によってつくられた。
モエンジョ＝ダーロ、ハラッパー
などの遺跡が有名。
紀元前1500年頃に突如滅びた

中国文明

紀元前5000年頃成立。
長江流域の長江文明と
黄河流域の黄河文明がある。
黒陶、灰陶、彩陶
などの土器や
河姆渡遺跡が有名

オリエント文明

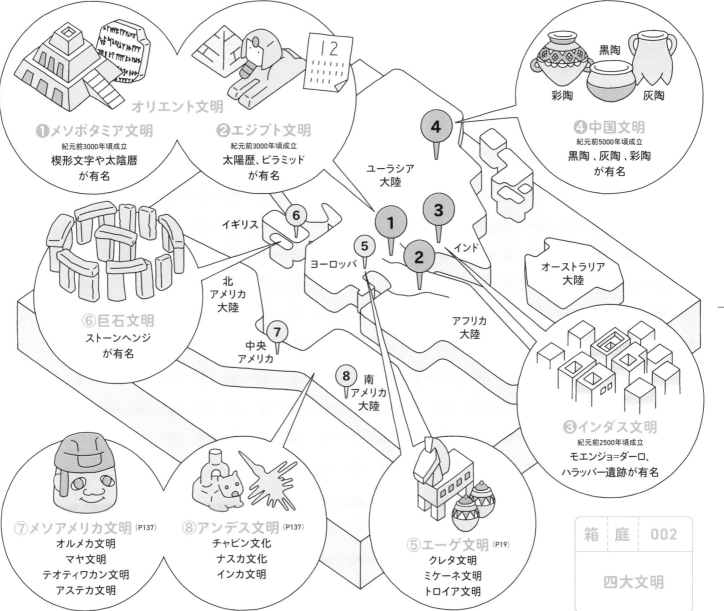

オリエント文明

①メソポタミア文明
紀元前3000年頃成立
楔形文字や太陰暦
が有名

②エジプト文明
紀元前3000年頃成立
太陽暦、ピラミッド
が有名

黒陶
彩陶
灰陶

④中国文明
紀元前5000年頃成立
黒陶、灰陶、彩陶
が有名

ユーラシア
大陸

イギリス

北
アメリカ
大陸

ヨーロッパ

インド

オーストラリア
大陸

アフリカ
大陸

⑥巨石文明
ストーンヘンジ
が有名

中央
アメリカ

南
アメリカ
大陸

③インダス文明
紀元前2500年頃成立
モエンジョ=ダーロ、
ハラッパー遺跡が有名

⑦メソアメリカ文明 (P137)
オルメカ文明
マヤ文明
テオティワカン文明
アステカ文明

⑧アンデス文明 (P137)
チャビン文化
ナスカ文化
インカ文明

⑤エーゲ文明 (P19)
クレタ文明
ミケーネ文明
トロイア文明

箱	庭	002
四大文明		

003 始動するギリシア世界

エーゲ文明とギリシア文化

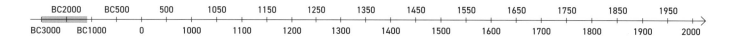

ヨーロッパ文化のルーツを追うと、ギリシア文化にたどり着きます。そのギリシア文化の起源がクレタ文明（ミノア文明）です（民族系統は不明）。クレタ文明はギリシアのエーゲ海に浮かぶクレタ島で栄えた交易中心の開放的な文明でした。

しかしクレタ文明は、ヨーロッパ大陸から攻めてきたアカイア人（ギリシア語が母国語）に滅ぼされてしまいます。アカイア人は、ギリシア本土にミケーネ文明を築き、隣国トロイア（トルコ北西部にトロイア文明を築いた）とたびたび争うなど、好戦的だったとされています。

これら、クレタ文明、ミケーネ文明、トロイア文明の三文明はエーゲ文明と呼ばれます。

このあとギリシアは約400年間、内乱や他国との戦争を繰り返す混乱期に入ってしまいます。

やがてギリシアの人びとは、複数のポリスと呼ばれる都市国家に別れて暮らすようになりました。無数のポリスのなかで特に有名なのがアテネとスパルタです。アテネは民主主義という概念を最初に生み出した国家です。一方スパルタは市民に厳しい軍事訓練を課す軍事国家でした。

各ポリスは、異なった政策や思想を持ち、お互いに独立していました。しかしポリスの市民は皆、ギリシア語を話していたことから、オリンピアの祭典などをつうじて、ギリシア人同士の協調性も大切にしていました。

アテネ	スパルタ
民主主義	軍国主義
市民はイオニア人	市民はドーリア人
貿易中心・開放的	農業中心・閉鎖的
市民:奴隷＝1:1	市民:奴隷＝1:14
土地や家などを市民が所有	土地や家などをポリス（国）が所有

ギリシア人は、
ギリシア語の方言の違いから、
ドーリア人、イオニア人、アカイア人
などに別れている

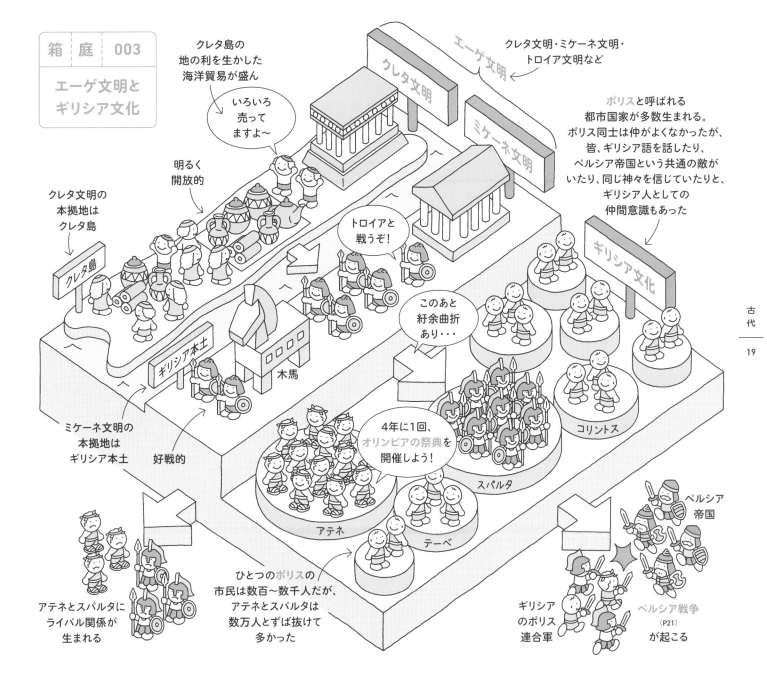

クレタ島の
地の利を生かした
海洋貿易が盛ん

いろいろ
売って
ますよ〜

明るく
開放的

エーゲ文明

クレタ文明

ミケーネ文明

クレタ文明・ミケーネ文明・
トロイア文明など

ポリスと呼ばれる
都市国家が多数生まれる。
ポリス同士は仲がよくなかったが、
皆、ギリシア語を話したり、
ペルシア帝国という共通の敵が
いたり、同じ神々を信じていたりと、
ギリシア人としての
仲間意識もあった

クレタ文明の
本拠地は
クレタ島

クレタ島

ギリシア文化

トロイアと
戦うぞ！

このあと
紆余曲折
あり・・・

ギリシア本土

木馬

ミケーネ文明の
本拠地は
ギリシア本土

好戦的

4年に1回、
オリンピアの祭典を
開催しよう！

コリントス

スパルタ

アテネ

テーベ

ペルシア
帝国

アテネとスパルタに
ライバル関係が
生まれる

ひとつのポリスの
市民は数百〜数千人だが、
アテネとスパルタは
数万人とずば抜けて
多かった

ギリシア
のポリス
連合軍

ペルシア戦争
(P21)
が起こる

ポリスのなかで特に有名なのが**アテネ**と**スパルタ**です (P18)。穀物が豊富でなかった**アテネ**では、交易が盛んに行われました。しかし交易が盛んになればなるほど、裕福な市民が増えていき、市民は政治を独占する貴族に不満を持つようになりました。そこで市民全員が政治に参加できるように、民会と呼ばれる議会が設置され、直接民主政が導入されました。

ちょうどこのころ、隣国のペルシア帝国（アケメネス朝）（現在のイラン）がギリシアに攻めてきます。アテネはスパルタとポリス連合軍を結成。ペルシア帝国の撃退に成功しました（ペルシア戦争）。重装歩兵として活躍した市民の意見はますます重くなり、アテネの民主政は熟成していきました。
前500〜前449

一方**スパルタ**は、市民に厳しい軍事訓練を課す**軍国主義**を貫きます。穀物が豊富で、巨大な農業国だったスパルタは、多くの**隷属農民（ヘイロータイ）**を少数の市民で厳しく管理する必要があったのです。

そんなアテネとスパルタの対立は、徐々に深まっていきました。

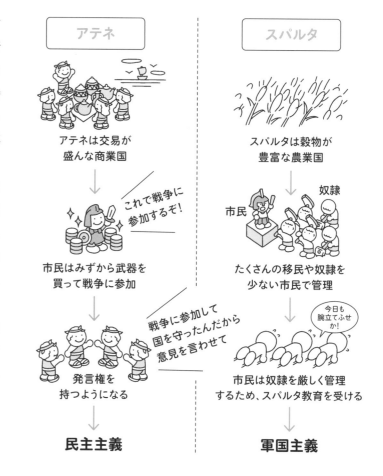

アテネ

アテネは交易が
盛んな商業国

↓

これで戦争に
参加するぞ！

市民はみずから武器を
買って戦争に参加

戦争に参加して
国を守ったんだから
意見を言わせて

発言権を
持つようになる

↓

民主主義

スパルタ

スパルタは穀物が
豊富な農業国

↓

市民　　　奴隷

たくさんの移民や奴隷を
少ない市民で管理

↓

今日も
腕立てふせ
か！

市民は奴隷を厳しく管理
するため、スパルタ教育を受ける

↓

軍国主義

ペルシア戦争

ペルシア帝国

アケメネス朝の王
在位前522〜前486年

ダレイオス
1世

ダレイオス1世の息子
在位前486〜前465年

クセルクセス
1世

ペルシア人以外にも
エジプト人やインド人
など、他の民族も
戦争に加わった

ギリシアの
ポリス連合軍

コリントス

アテネ

ポリスD

ポリスC

スパルタ

テーベ

ポリスB

ポリスA

ギリシアは勝利し、
ギリシア文化は守られ
アテネの民主政が
成熟していく

プラトン ソクラテス

アテネ

VS

スパルタ

ギリシアは
ペルシアに勝利したが、
ポリス同士の
覇権争いが起きる(P23)

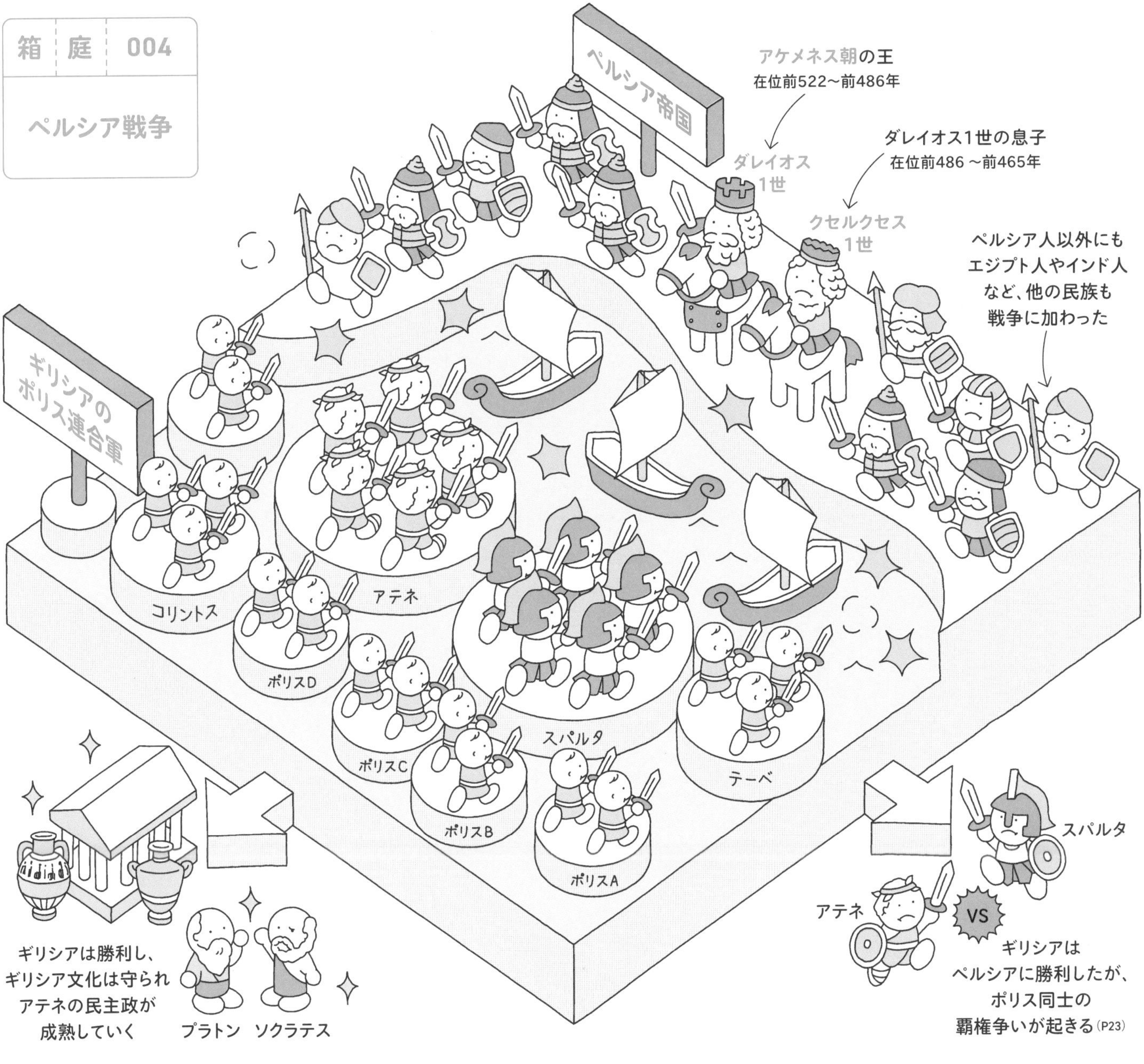

衰退するギリシア世界

ペロポネソス戦争とポリスの衰退

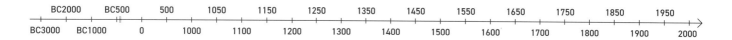

ギリシアは**ペルシア戦争**に勝利しました(P20)。ギリシアの諸ポリスは、ペルシア帝国の再侵攻に備え、ポリス同士でデロス同盟を結成します。デロス同盟の中心的存在だった**アテネ**は、ギリシアでの影響力を強めていきました。

アテネの勢力を警戒したのが**スパルタ**です。スパルタは、ペロポネソス半島内の諸ポリスからなるペロポネソス同盟を指導して、デロス同盟に対抗します。スパルタとアテネの対立は深まり、ペロポネソス戦争が勃発します。

スパルタは、かつての敵である隣国**ペルシア帝国**(P20)の支援を受けて勝利しました。しかしこのあともポリス間の覇権争いは続きます。各ポリスは傭兵を使うようになり、「自分のポリスは自分で守る」という原則が壊れ始めました。自分の所属するポリスに対する誇りや、ポリス内での団結心も失っていきます。それと呼応するように、民衆の恐怖、偏見、無知に訴えて権力を握る**煽動的民衆指導者**（デマゴーグ）も台頭し始めました。

最終的に、ギリシアの覇権を握ったポリスは、テーベでした。しかしそれも長くは続きませんでした。抗争で疲弊したギリシアのポリスは、衰退していきます。

ポリスの衰退に目をつけたのが、ギリシアの北方に位置する**マケドニア**という国でした。マケドニア王**フィリッポス2世**(P24)はギリシアを制圧。その息子**アレクサンドロス**が**東方遠征**(P24)を開始します。

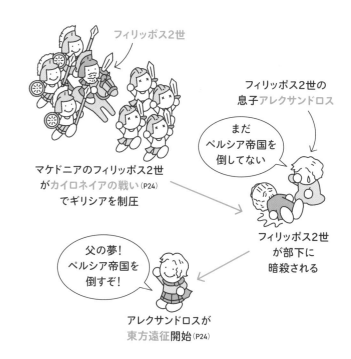

フィリッポス2世

マケドニアのフィリッポス2世がカイロネイアの戦い(P24)でギリシアを制圧

フィリッポス2世の息子アレクサンドロス

まだペルシア帝国を倒してない

フィリッポス2世が部下に暗殺される

父の夢！ペルシア帝国を倒すぞ！

アレクサンドロスが東方遠征開始(P24)

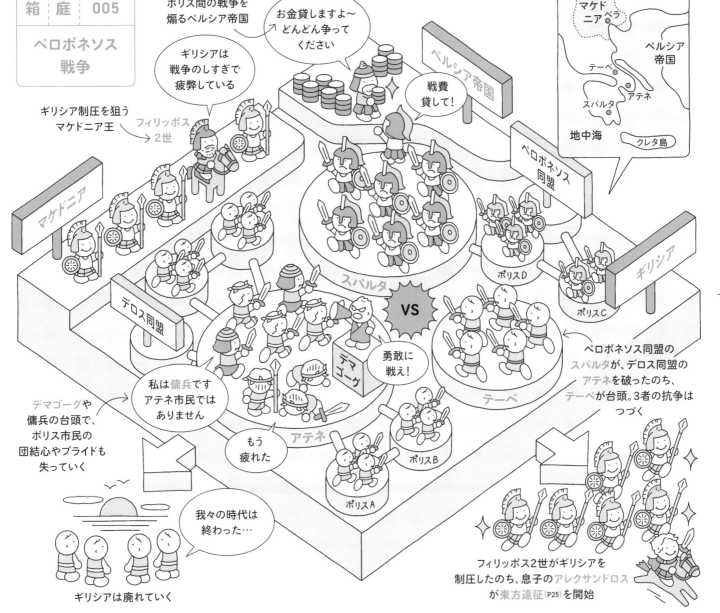

| BC3000 | BC2000 | BC1000 | BC500 | 0 | 500 | 1000 | 1050 | 1100 | 1150 | 1200 | 1250 | 1300 | 1350 | 1400 | 1450 | 1500 | 1550 | 1600 | 1650 | 1700 | 1750 | 1800 | 1850 | 1900 | 1950 | 2000 |

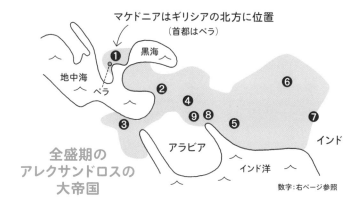

マケドニアはギリシアの北方に位置
（首都はペラ）

全盛期の
アレクサンドロスの
大帝国

数字：右ページ参照

たび重なる抗争で各ポリスは疲弊。ギリシア世界は衰退しつつありました（P22）。そこに目をつけたのが、ギリシアの北方に位置する国マケドニアでした。

マケドニアはギリシア人（ギリシア語が母国語）が住む国でしたが、アテネなどのポリスに住む人びとからは、バルバロイ（＝野蛮人）と呼ばれていました。ところがマケドニア王フィリッポス２世は、弱体化したアテネとテーベの連合軍を
在位前359〜前336
カイロネイアの戦いで破り、ギリシアを制圧してしまいます。
前338

フィリッポス２世のあとを継ぎ、凄まじい活躍をしたのがアレクサンドロス大王です。アレクサンドロス大王は、マ
在位前336〜前323

ケドニアとギリシアの連合軍を率いて、宿敵ペルシア帝国（アケメネス朝）へ向けて東方遠征を開始。ペルシア帝国を
前334
イッソスの戦いで打ち破ります。さらにインド近郊まで兵を
前333
進め、広大なアレクサンドロスの大帝国を生み出しました。

しかしアレクサンドロスは、インダス川流域に到達したのち、病死してしまいます。アレクサンドロスの大帝国は、
前323
急速に支配地域を伸ばしていたため、植民地の整備や政策が追いつきませんでした。そのため大王の死後、内紛が勃発。帝国の領土は３つの国に分裂してしまいました。

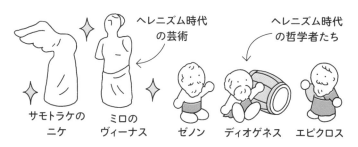

ヘレニズム時代
の芸術

ヘレニズム時代
の哲学者たち

サモトラケの
ニケ

ミロの
ヴィーナス

ゼノン

ディオゲネス

エピクロス

アレクサンドロスの大帝国が誕生したことにより、
ギリシアとオリエントの文化が融合したヘレニズム文化が生まれた。
アレクサンドロスの東方遠征から約300年間をヘレニズム時代という
（ヘレニズムとは「ギリシア風」という意味）

① START
ギリシアを制圧

フィリッポス2世
息子アレクサンドロス

ギリシアを制圧したのち、マケドニアの首都ペラから東方遠征開始！

ペラ

アレクサンドロス

② イッソスの戦いでペルシア軍を負かす

⑥ バクトリアの王女ロクサネと結婚する

⑦ インド軍を相手に苦戦、撤退を決意

インド

バクトリア

西北部

地中海

エジプト

イッソス

⑧ 撤退後、異民族同士の結婚を奨励し、合同結婚式を開催

⑤ ペルシアの宮殿を焼く

スサ

アルベラ

バビロン

ペルセポリス

撤退

インダス河

セレウコス朝

③ みずからの名を冠した都アレクサンドリアを建設。商業や文化が発展

④ アルベラの戦いでペルシア軍を再度徹底的に打ち負かす

⑨ バビロンで死去

シリア

箱庭 006

アレクサンドロスの東方遠征

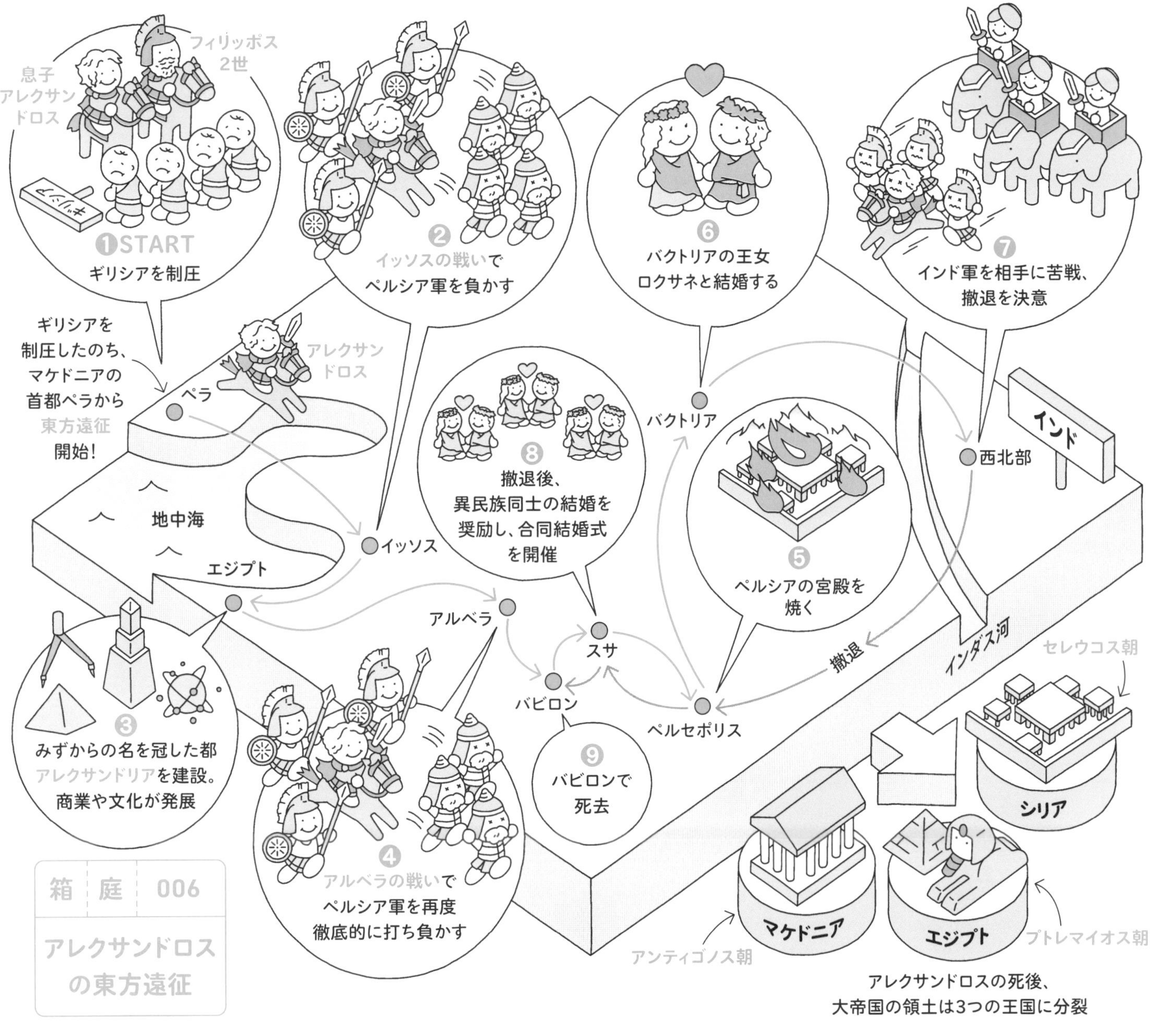

マケドニア

エジプト

プトレマイオス朝

アンティゴノス朝

アレクサンドロスの死後、大帝国の領土は3つの王国に分裂

古代

25

地中海の覇者となる共和政ローマ

ポエニ戦争のハンニバルとスキピオ

　アレクサンドロス大王（P24）が駆け抜けるころ、イタリア半島では、ラテン人（ラテン語が母国語）による共和政（元首が王ではなく、選挙で決まる政治）の国家**ローマ**が力をつけていました。

　共和政とはいえ、ローマは当初、**貴族**（パトリキ）が政治を担っていました。しかし不満を持つ**平民**（プレブス）が紛争を起こしたため、平民の代表である護民官が政治への参加を許されるようになりました。ここから護民官、元老院（貴族の議会）、執政官（コンスルと呼ばれる役人）の三者で協議する、新しい**共和政**が始まります。

　共和政ローマは順調に発展。その勢いで、地中海の向う岸にある国**カルタゴ**と、シチリア島の統治権および西地中海の覇権を争うポエニ戦争を起こします。ローマは**カルタゴの名将**ハンニバルに苦戦したものの、ローマの将軍スキピオの活躍で勝利します。
前264〜前146
前247〜前183
前235頃〜前183

　ローマはポエニ戦争の勝利を足がかりに、**ヘレニズム文化圏**（P24）をも征服し、地中海全体の覇者となります。

言うことを聞きなさい

貴族　　ローマは当初、貴族が実権を握っていた　　平民

敵がしょっちゅう攻めてくる

私たちも戦うぞ！

国防として平民が重要になってくる

コンスル（執政官）役人2名

戦ったんだから政治にも参加させてもらう

紀元前367年から、コンスル1名が平民から選ばれることになる。それ以降は多くの平民出身者が元老院に参加する

三者で協議するようになる

元老院　　共和政ローマ　　護民官
貴族・有力平民からなる　　が成熟していく　　平民から選ばれる

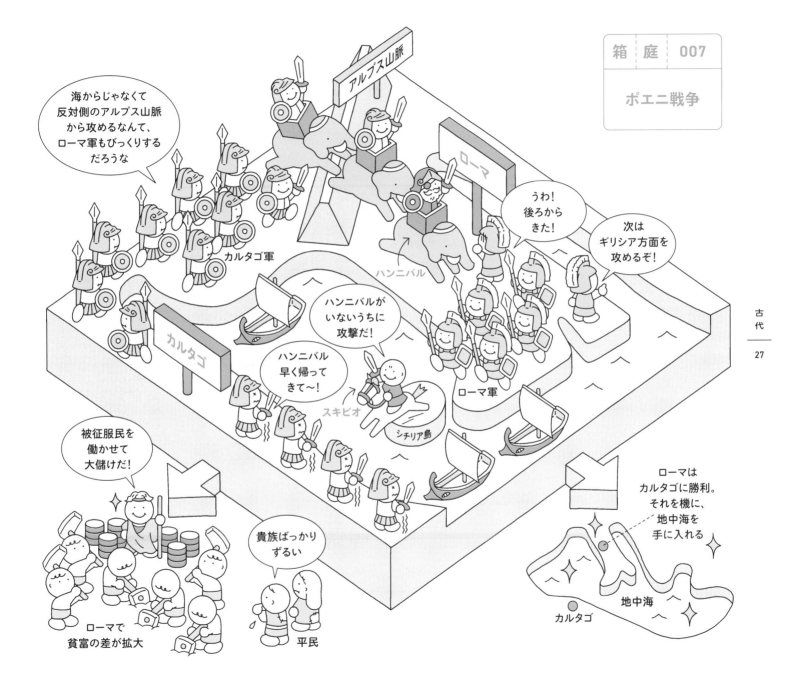

ゆれる共和政ローマ

パンとサーカス

　共和政ローマ(P26)は数々の戦争に勝利し、多くの**征服地（属州）**を手に入れました。しかし、これらの戦争に**重装歩兵**として駆り出された農民たちは疲弊し、農地が荒廃してしまいました。貴族たちは、その荒廃した農地を買い取り、被征服民を奴隷として使って**大規模農園**の運営を始めました（ラティフンディア）。貴族と平民の間で、貧富の差が広がっていきます。

　そんな平民の不満を抑えるため、政治家たちは、平民に食料と「剣闘士奴隷の戦い」という娯楽を与える**愚民政策**パンとサーカスを実施。しかしそれも抜本的な改善にはなりませんでした。

　危機感をいだいた**護民官**(P26)のグラックス兄弟は、貴族の多すぎる占有地を平民に分配するよう提案しました。しかし反対する貴族によって兄は殺され、弟は自殺に追い込まれてしまいます。
兄前162〜前132、弟前153〜前121

　このあと平民の反乱が相次ぎ、共和政ローマは**内乱の一世紀**と呼ばれる時代に突入してしまいます。そしてとうとう、見世物となっていた**剣闘士奴隷**スパルタクスによる**大反乱**が起きます。
前133〜前27
?〜前71

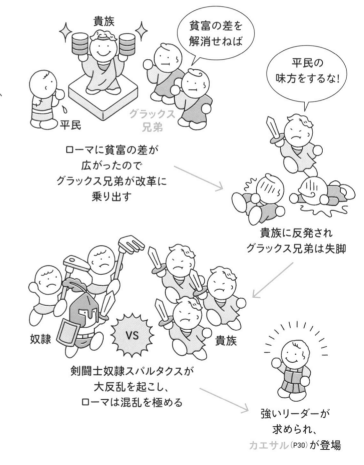

貴族

平民

グラックス兄弟

ローマに貧富の差が
広がったので
グラックス兄弟が改革に
乗り出す

貧富の差を
解消せねば

平民の
味方をするな！

貴族に反発され
グラックス兄弟は失脚

奴隷　VS　貴族

剣闘士奴隷スパルタクスが
大反乱を起こし、
ローマは混乱を極める

強いリーダーが
求められ、
カエサル(P30)が登場

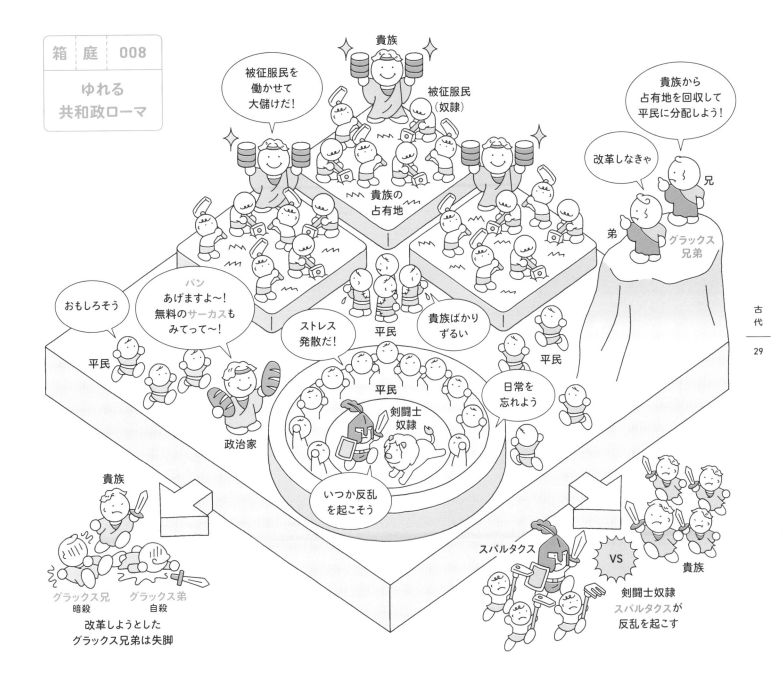

カエサルの台頭と暗殺

ルビコン川を渡るカエサル

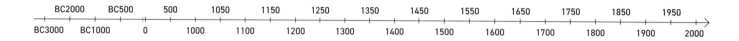

剣闘士奴隷**スパルタクス**(P28)の反乱をしずめたのが、軍人の**ポンペイウス**とクラッススでした。これに軍人**カエサル**を加えた３人は、元老院と対立し、ローマを統治する**第１回三頭政治**を開始します。

前106〜前48
前115〜前53
前100〜前44

クラッススは東方遠征のさなかに戦死してしまいますが、軍事に優れたカエサルは、数回にわたる**ガリア**（ほぼ現在のフランス）遠征で次々と勝利し、評判を集めていきます。

前58〜前51

ポンペイウスはカエサルの人気を警戒。元老院を味方につけ、**ルビコン川**を渡って遠征からもどってきたカエサルに戦いを挑みます。しかしカエサルが勝利。以降カエサルは、元老院を無視して**共和政**(P26)を否定し、皇帝同然の独裁者になっていきます。カエサルは、次第に反感をかうようになり、共和政派の政治家に**暗殺**されてしまいました。

このあと、カエサルの養子**オクタウィアヌス**とカエサルの部下**アントニウス**、レピドゥスの３人が**第２回三頭政治**を開始します。

前63〜後14
前83〜前30
前90〜前13頃
前43

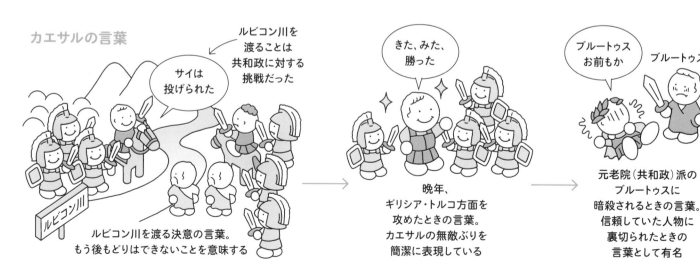

カエサルの言葉

ルビコン川を渡ることは共和政に対する挑戦だった

サイは投げられた

ルビコン川を渡る決意の言葉。もう後もどりはできないことを意味する

きた、みた、勝った

晩年、ギリシア・トルコ方面を攻めたときの言葉。カエサルの無敵ぶりを簡潔に表現している

ブルートゥスお前もか

ブルートゥス

元老院（共和政）派のブルートゥスに暗殺されるときの言葉。信頼していた人物に裏切られたときの言葉として有名

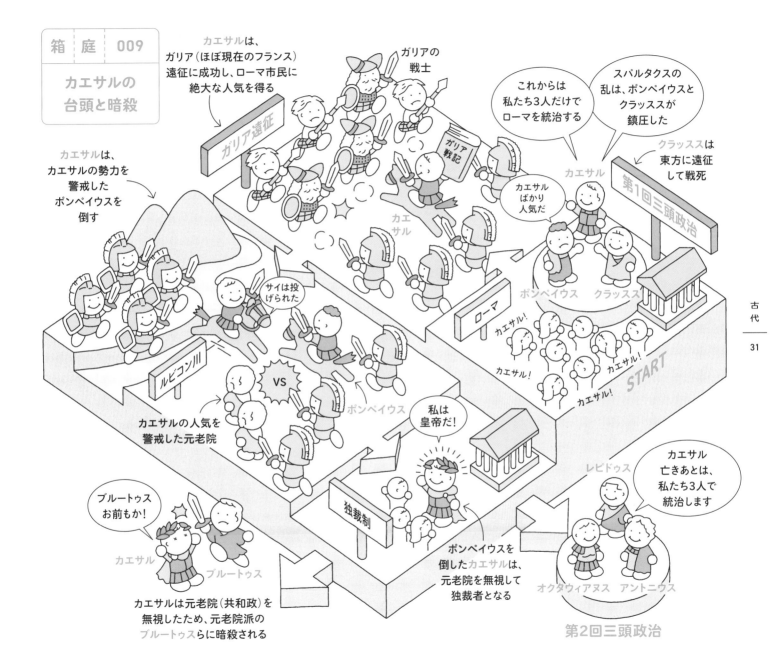

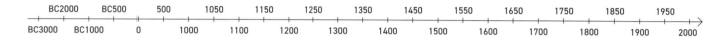

オクタウィアヌス、アントニウス、レピドゥスの３人によって**第２回三頭政治**(P30) が開始されました。しかしすぐに３人の間で主導権争いが始まってしまいます。

まず、レピドゥスがオクタウィアヌスとの派閥争いに敗れて失脚。次にアントニウスが**エジプト**（プトレマイオス朝）(P25) の女王クレオパトラと組んでオクタウィアヌスに戦いを仕掛けるも敗北します。勝利してエジプトをも手に入れたオクタウィアヌスは、ローマの元老院から「皇帝」を彷彿とさせる**アウグストゥス（尊厳者）**の称号を授かりました。ただしカエサルの失脚から学んだオクタウィアヌスは、「皇帝」ではなく（ローマ市民の）第一人者（プリンケプス）を自称しました。

こうして**共和政ローマ** (P26) は終焉。元首政（プリンキパトゥス）と呼ばれる帝政ローマが誕生します。政治的に安定したローマ帝国は次々に**属州**（海外領土）を増やし、約200年間続く**パクス＝ロマーナ**（ローマの平和）と呼ばれる最盛期に入ります。

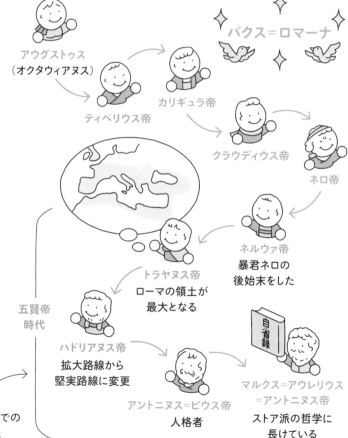

パクス＝ロマーナ

アウグストゥス
（オクタウィアヌス）

ティベリウス帝

カリギュラ帝

クラウディウス帝

ネロ帝

ネルウァ帝

暴君ネロの
後始末をした

五賢帝
時代

トラヤヌス帝

ローマの領土が
最大となる

ハドリアヌス帝

拡大路線から
堅実路線に変更

アントニヌス＝ピウス帝

人格者

マルクス＝アウレリウス
＝アントニヌス帝

ストア派の哲学に
長けている

自省録

アウグストゥスから
マルクス＝アウレリウス＝アントニヌス帝までの
約200年間はローマの最盛期だった

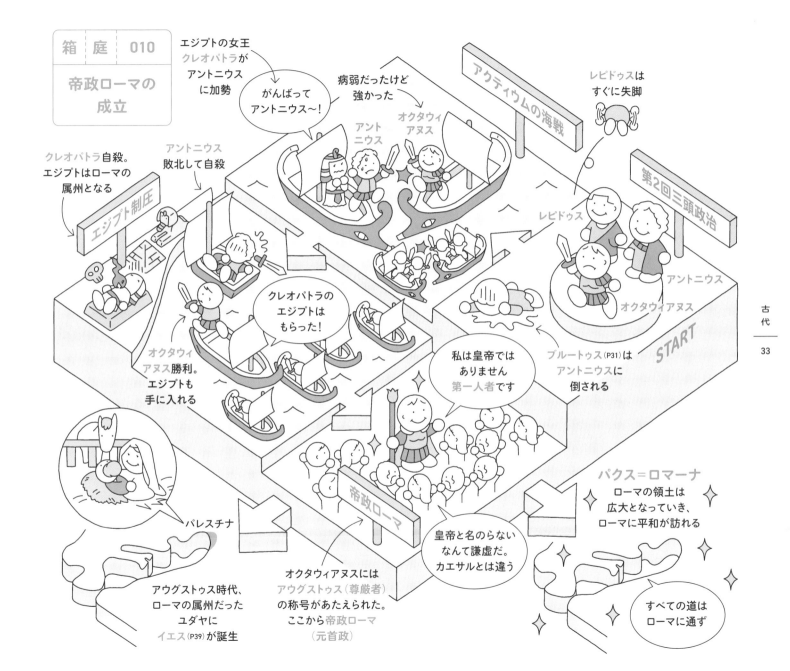

011

3世紀の危機

元首政から専制君主政へ

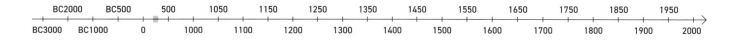

政治的に安定した**ローマ帝国**は、次々に**属州**(海外領土)を増やし、約200年間続く**パクス＝ロマーナ**(P32)と呼ばれる最盛期に入りました。ところが**属州**が徐々に繁栄し始めると、首都ローマの地位が揺らぎ始めます。

3世紀になると、各属州の将軍が勝手に皇帝を名のって潰しあう**軍人皇帝時代**(235〜284)を迎えてしまいます。また、**ゲルマン人**(P42)や**ペルシア帝国（ササン朝）**も頻繁に攻めてきま

す。ローマの国境が長くなりすぎたため、統治しきれなくなってきたのです（3世紀の危機）。

そこで3世紀末に即位した**ディオクレティアヌス帝**は、(在位284〜305)みずからを**主（ドミヌス）**として崇めるよう、市民に要求。強力な権力者となって帝国を統治しようとしました。

以降ローマ帝国は、共和政の伝統を尊重した**元首政**(P32)から、**専制君主政**となります。

ローマの歴史

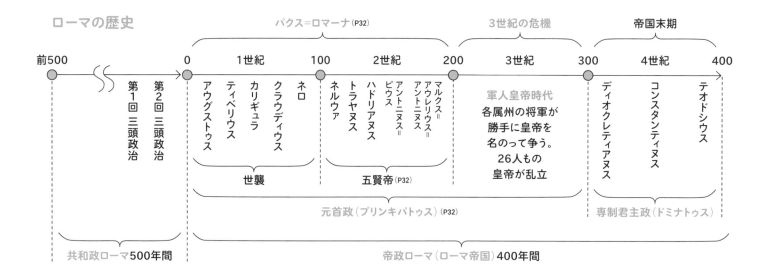

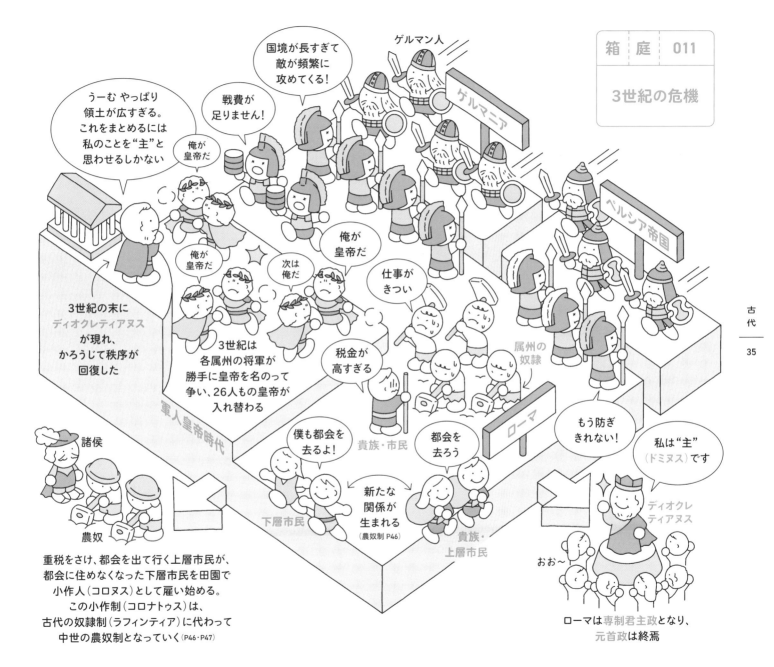

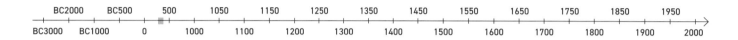

ディオクレティアヌス帝(P34)は、みずからを**主**と名乗って、広大なローマ帝国を統治しようとしました。ところがこの作戦は、重税に苦しむ市民の間に浸透し始めていた**キリスト教**(P38)信者から反感をかいます。キリスト教徒にとっての**主**はディオクレティアヌスではなかったからです。

ディオクレティアヌスは、反発するキリスト教徒を弾圧しました。しかし次のコンスタンティヌス帝の時代には、キリスト教は弾圧しきれないほど広まっていました。そこでコンスタンティヌスは、ミラノ勅令を発布し、キリスト教を**公認**することになります。

在位306〜337

313

このころ、属州の反乱や異民族の侵入は、さらに増えていました。コンスタンティヌス帝は新規まき直しを図るべく、都をローマから古都**ビザンティウム**に移します。そしてビザンティウムをみずからの名前をとってコンスタンティノープルと改称し、**専制君主政**(P34)を維持しようと試みました。

ところがテオドシウス帝の時代になると、**ゲルマン人**(P42)が本格的に帝国に侵入し始めたため、もはや広大な領土をひとつに保つことは難しくなります。そこでテオドシ

在位379〜395

ウスは、帝国を西ローマ帝国と東ローマ帝国（ビザンツ帝国）に分割し、2人の子供に分け与えました。また、ローマ帝国を宗教的（思想的）にまとめるべく、キリスト教を**国教**に定めました（キリスト教国教化）。

395

392

コンスタンティノープル

ローマ

コンスタンティヌス帝は
首都をローマから
ギリシアの
古都ビザンティウム
（コンスタンティノープル）
に移した

のちに
テオドシウス帝が
ローマ帝国を2つに
分割した

西ローマ
帝国

東ローマ
帝国

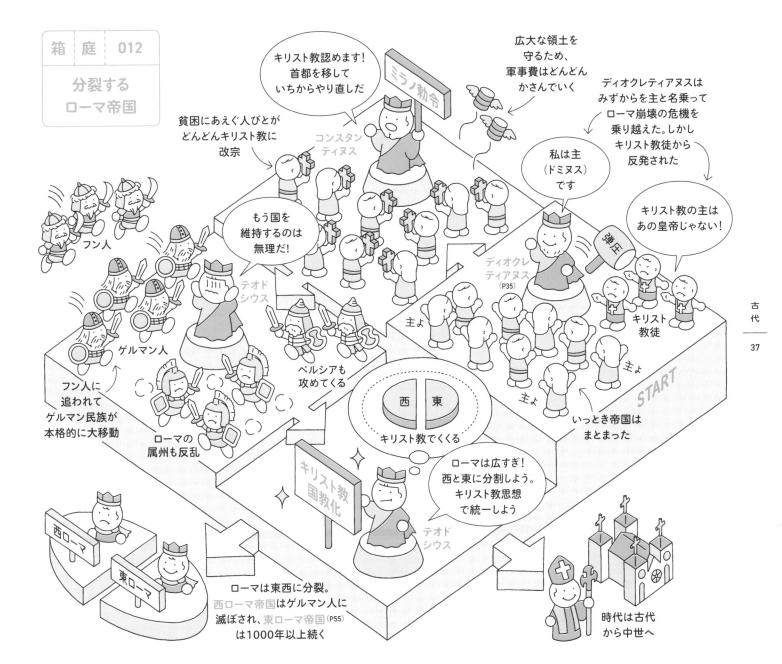

分裂する
ローマ帝国

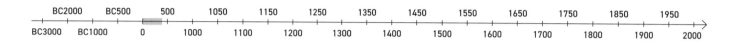

時代を少しさかのぼって、**アウグストゥス**(P32)に始まる隆盛期のローマ帝国。**イエス**はローマ帝国の属州だった**ユダヤ**（パレスチナ地方）に生まれました。

パレスチナの人びとはユダヤ人と呼ばれ、ユダヤ教を信じていました。ユダヤ教の主流は、律法（神の教えや戒め）を知ることを重視するパリサイ派でした。しかし**イエス**はパリサイ派とは違い、神への愛と信仰心を説きました。

奇跡を起こし、病人をいやすイエスの言行は、平民や奴隷たちの心をとらえました。しかしローマ政府やパリサイ派の人々はイエスを危険視します。イエスは十字架にかけられて処刑されてしまいました。

このあと、イエスの弟子であるペテロやパウロたちは、ローマ政府に迫害されながらも、神となった**イエスの教え**（キリスト教）をローマ帝国全土に広げていきます。貴族などの上流階級にも浸透すると、4世紀末にキリスト教は**国教**(キリスト教国教化 P36)となりました。

のちにローマ帝国が東西に分かれると(P36)、**西ローマ**はカトリック教会、**東ローマ**はギリシア正教会という別々の組織になって、地中海世界に浸透していきます。

イエスの教え

目には目を歯には歯をではいけません。右の頬を打たれたら左の頬を差し出しましょう

良き羊飼いは一匹の羊を見失ったら残りの99匹をそこに置いてでも探しにいきます

人はパン（お金・食料）だけで生きているわけではありません

イエスの教えは、弟子のペテロやパウロたちによってローマ全土に広がった

安息日でも病人の世話をします（パリサイ派の形式主義を批判）

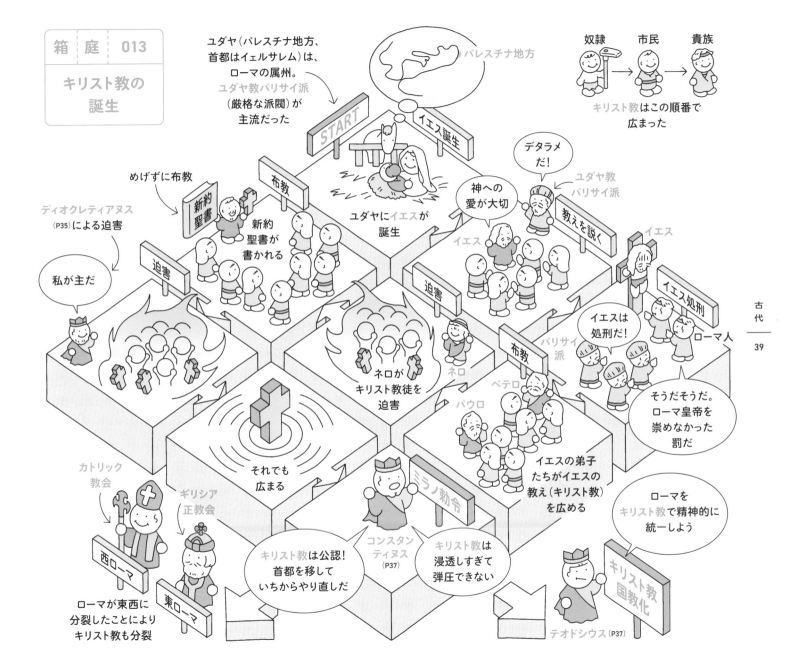

箱庭 | 013

キリスト教の
誕生

中世

014 ゲルマン人の大移動

古代から中世へ

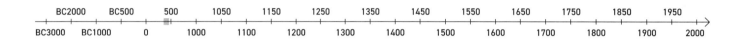

```
BC2000    BC500      500    1050    1150    1250    1350    1450    1550    1650    1750    1850    1950
BC3000  BC1000     0    1000   1100   1200   1300   1400   1500   1600   1700   1800   1900   2000
```

ローマの最盛期は**マルクス＝アウレリウス＝アントニヌス帝**(P32)をもって終りを迎えました。このあとローマ帝国は、短期間で皇帝が入れ替わる**軍人皇帝時代**(P34)と呼ばれる混乱期に突入します。そして4世紀後半、ゲルマン人(P36)が本格的にローマに侵入してきます。

ゲルマン人は**ゲルマニア**（現在、ドイツ、ポーランド、チェコ、スロヴァキア、デンマークがある地域）に暮らしていました。ところがアジア系遊牧民フン族がゲルマン人の居住地に押し寄せてくると、大移動を起こします。ゲルマン人はヨーロッパの土地を次々に奪い、**フランク王国**(P44)、**西ゴート王国**、**東ゴート王国**、418〜711 493〜555 **ヴァンダル王国**、**ブルグンド王国**、**アングロサクソン七**429〜534 443〜534 **王国**、**ランゴバルド王国**など、自分たちの国を次々に建設449〜829 568〜774 していきました。この勢いに押され、**ラテン人**中心のローマ帝国は衰退し、**東西に分裂**(P36)してしまいます。

東西分裂からおよそ80年後の476年、**西ローマ帝国**はゲルマン人の傭兵隊長**オドアケル**の手によって滅ぼされました434頃〜493 （東ローマ帝国は存続）。ただし**カトリック教会**(P38)は、西ローマ476 帝国が滅亡したあとも存続することになります。この時期をもって時代は**中世**へと移行します。

ゲルマン人が建設した国々

アングロサクソン七王国
（ゲルマン人の一派である
アングロサクソンが建国）

ゲルマン人

ライン川

ドナウ川

フランク王国

ブルグンド王国

ランゴバルド王国 東ゴート王国

西ローマ帝国は
ゲルマン人の
傭兵隊長オドアケルに
滅ぼされる。
のちにオドアケルは
東ゴート人の
テオドリックに
倒される

西ゴート王国

カトリック教会
は存続

ヴァンダル王国

ゲルマン人の王国の
ほとんどが短命に終わる。
しかしフランク王国(P44)は
西ヨーロッパ世界の中核と
なるまでに発展する

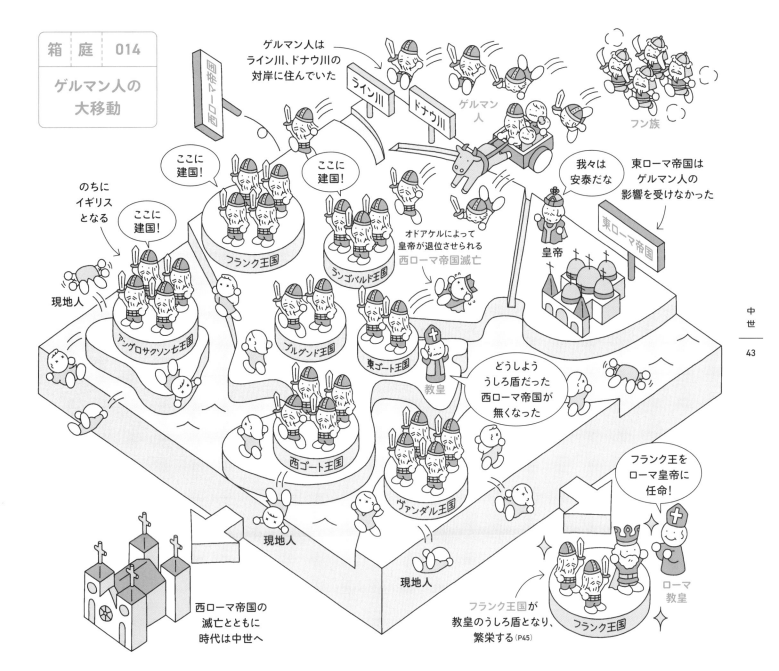

ゲルマン人は
ライン川、ドナウ川の
対岸に住んでいた

ライン川

ドナウ川

ゲルマン人

フン族

囲壁ローマ帝国

ここに
建国！

ここに
建国！

我々は
安泰だな

東ローマ帝国は
ゲルマン人の
影響を受けなかった

のちに
イギリス
となる

ここに
建国！

フランク王国

ランゴバルド王国

オドアケルによって
皇帝が退位させられる
西ローマ帝国滅亡

皇帝

東ローマ帝国

現地人

アングロサクソン七王国

ブルグンド王国

東ゴート王国

教皇

どうしよう
うしろ盾だった
西ローマ帝国が
無くなった

西ゴート王国

ヴァンダル王国

現地人

フランク王を
ローマ皇帝に
任命！

西ローマ帝国の
滅亡とともに
時代は中世へ

現地人

フランク王国が
教皇のうしろ盾となり、
繁栄する（P45）

フランク王国

ローマ
教皇

ゲルマン人(P42)はヨーロッパに数多くの国をつくりました。そのなかで最も発展したのが**フランク王国**です。

ゲルマン人の多くは異端のキリスト教アリウス派を信仰していました。しかし**フランク王クローヴィス**は、みずから正統派のアタナシウス派に改宗しました。そのためアタナシウス派を信仰する現地のローマ人（ラテン人）の信頼を勝ち取ることに成功し、国を大きくできたのです。

クローヴィスのあと、フランク王国の実権を握った**カール＝マルテル**は、**トゥール・ポワティエ間の戦い**で東方から攻めてきたイスラーム勢力を破り、キリスト教世界を守り抜きました。

当時**カトリック教会**は、**西ローマ帝国**が滅亡(P42)したことにより、うしろ盾を失っていました。カール＝マルテルの活躍をみた**ローマ教皇**は、カール＝マルテルの子**ピピン**を「**ローマ教皇公認の王**」と認め、フランク王国をうしろ盾に選びました。

教皇の公認を得たフランク王国はさらに勢い付き、ピピンの子**カール大帝**は、現在のフランス、イタリア、ドイツに当たる広大な領土を統一しました。教皇は、滅びたはず

の西ローマ帝国の王冠を大活躍のカール大帝に授与（**カールの戴冠**）。事実上、フランク王国に「西ローマ帝国」を復活させました。

カトリック教会は、ゲルマン人にキリスト教を布教するために、
禁止されているはずの聖画や聖像の使用を認めた。
東ローマ帝国のギリシア正教会(P38)はこれを批判した

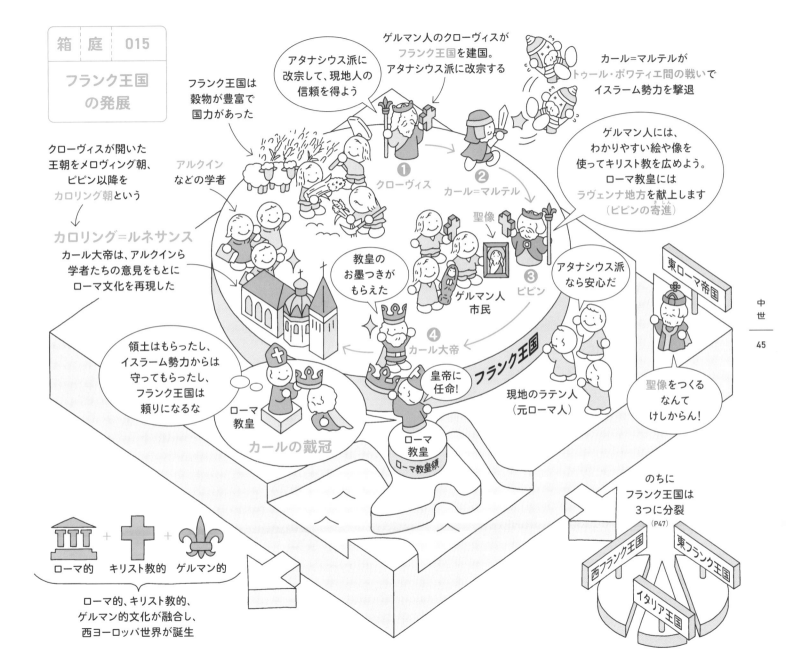

箱庭 015

フランク王国の発展

クローヴィスが開いた王朝をメロヴィング朝、ピピン以降をカロリング朝という

カロリング=ルネサンス
カール大帝は、アルクインら学者たちの意見をもとにローマ文化を再現した

フランク王国は穀物が豊富で国力があった

アルクインなどの学者

アタナシウス派に改宗して、現地人の信頼を得よう

ゲルマン人のクローヴィスがフランク王国を建国。アタナシウス派に改宗する

カール=マルテルがトゥール・ポワティエ間の戦いでイスラーム勢力を撃退

ゲルマン人には、わかりやすい絵や像を使ってキリスト教を広めよう。ローマ教皇にはラヴェンナ地方を献上します（ピピンの寄進）

① クローヴィス
② カール=マルテル
聖像
③ ピピン
④ カール大帝

教皇のお墨つきがもらえた

ゲルマン人市民

アタナシウス派なら安心だ

東ローマ帝国

領土はもらったし、イスラーム勢力からは守ってもらったし、フランク王国は頼りになるな

ローマ教皇

カールの戴冠

皇帝に任命！

ローマ教皇
ローマ教皇領

フランク王国

現地のラテン人（元ローマ人）

聖像をつくるなんてけしからん！

のちにフランク王国は3つに分裂（P47）

西フランク王国
東フランク王国
イタリア王国

ローマ的 ＋ キリスト教的 ＋ ゲルマン的

ローマ的、キリスト教的、ゲルマン的文化が融合し、西ヨーロッパ世界が誕生

中世世界の成立

フランク王国の分裂

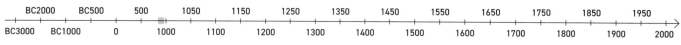

カール大帝(P44)の死後、**フランク王国**は3人の孫による相続争いで、東フランク王国、西フランク王国、イタリア王国 843〜911 843〜987 の3つに分裂してしまいました（現在のドイツ、フランス、イタリアの原型）。

フランク王国をうしろ盾としていたローマ教皇は、この3国のなかから、新しいうしろ盾を選ばなければなりませんでした。そこで、東から侵入してきた異民族を撃退した、一番強そうな**東フランク王国**を選びます。教皇はローマ皇帝の冠を、東フランク王国のオットー1世に授与しました。在位936〜973 こうして**東フランク王国**は、神聖ローマ帝国と呼ばれることになります。962〜1806

西フランク王国は、**カペー家**(P62)が国王に即位してからはフランス王国となり、末長く続きます。

イタリア王国は、神聖ローマ帝国やイスラーム勢力にたびたび攻撃されるうちに、ジェノヴァ、ヴェネツィアといった多くの国々に分裂してしまい、近代まで統一することはありませんでした。

中世を支えた封建制度
封建制度とは、諸侯（荘園の領主）が、
騎士に領地（封土）を与え、
農奴に土地を貸す代わりに、
騎士は家臣として諸侯を守り、
農奴は収穫物を諸侯に納める制度

荘園

私は騎士と双務的契約を結んでいます

収穫物 領主（諸侯） 封土

借地 軍役

農作業があるので荘園の外に出たことはありません

敵から荘園を守ります

封建制
荘園制
農奴制

農奴 騎士

税 説教

説教 寄付

教会
各荘園内に存在

中世には、こうしたシステムの荘園が無数に存在した

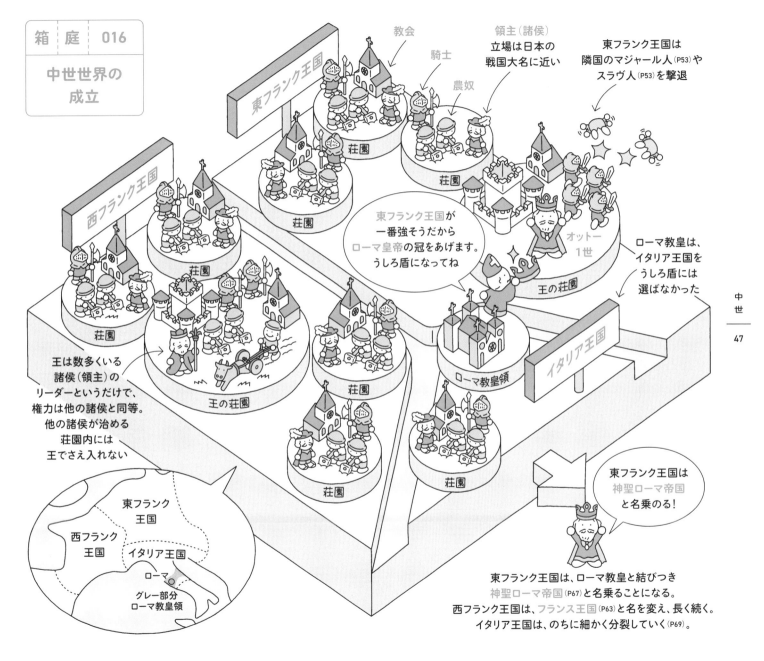

教会

騎士

農奴

領主（諸侯）
立場は日本の
戦国大名に近い

東フランク王国は
隣国のマジャール人（P53）や
スラヴ人（P53）を撃退

東フランク王国

東フランク王国が
一番強そうだから
ローマ皇帝の冠をあげます。
うしろ盾になってね

西フランク王国

荘園

荘園

荘園

荘園

オットー
1世

王の荘園

ローマ教皇は、
イタリア王国を
うしろ盾には
選ばなかった

王は数多くいる
諸侯（領主）の
リーダーというだけで、
権力は他の諸侯と同等。
他の諸侯が治める
荘園内には
王でさえ入れない

王の荘園

荘園

ローマ教皇領

荘園

荘園

イタリア王国

東フランク
王国

西フランク
王国

イタリア王国

ローマ

グレー部分
ローマ教皇領

東フランク王国は
神聖ローマ帝国
と名乗る！

東フランク王国は、ローマ教皇と結びつき
神聖ローマ帝国（P67）と名乗ることになる。
西フランク王国は、フランス王国（P63）と名を変え、長く続く。
イタリア王国は、のちに細かく分裂していく（P69）。

017

カノッサの屈辱

絶頂期を迎える教会権力

ハインリヒ4世が**神聖ローマ帝国**(P46)の**皇帝**だった時代、
司教などの**聖職者を任命する権利**（叙任権）は、伝統的に
神聖ローマ帝国の**皇帝**が持っていました。聖職者に選ばれ
れば裕福な生活ができたので、皇帝に対する賄賂が横行し
ていました。

ローマ教皇はこの状況を打破するため「聖職者の叙任権
は皇帝ではなく教皇にある」と宣言します。しかし皇帝が
反発。皇帝と教皇の間で叙任権闘争が起きます。

ついにローマ教皇グレゴリウス7世は、皇帝ハインリヒ
4世に**破門**を宣告しました（破門されると救われないとされる）。驚いた皇
帝は、雪のなか、**カノッサ城**の門前で、裸足のまま教皇に
許しをこう羽目になりました。

この事件はカノッサの屈辱と呼ばれ、ローマ教皇の影響
力が、王や皇帝に比べていかに大きかったかを物語ってい
ます。カトリック教会は西ヨーロッパ中から**税**（**十分の一
税**）や寄付を徴収していたので、その力は絶大だったのです。

勢いに乗るローマ教皇は、イスラーム教徒の攻撃よって
危機に立たされた**ビザンツ帝国**(P54)を救うべく、**十字軍**(P56)
の派遣を決意します。

中世

48

荘園内の聖職者に教えをこう人びとは、
イェルサレムに対して憧れを持っていた。
よって十字軍(P56)に志願する人は多かった

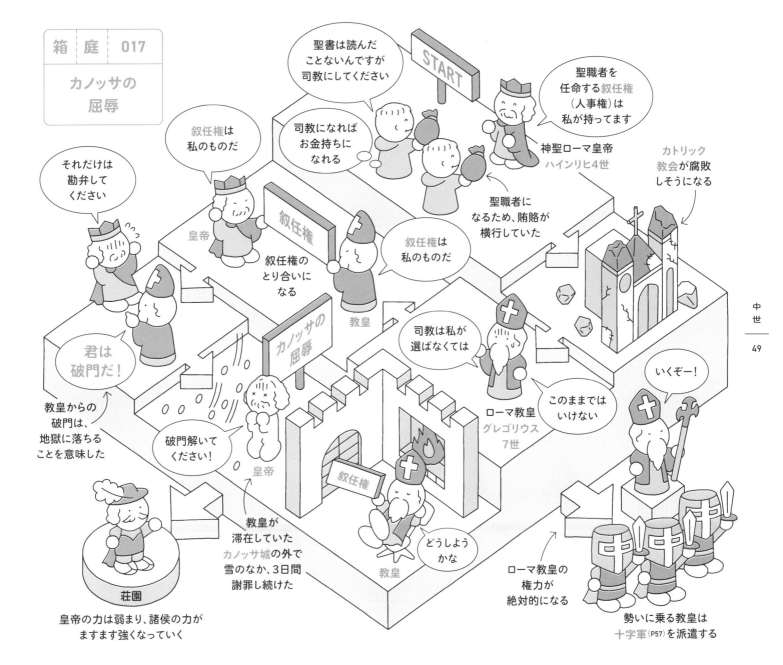

018　ノルマン人の大移動

北方からきたヴァイキング

　ゲルマン人(P42)の大移動にやや遅れて、またしても民族の大移動が起こりました。今度は北欧のユトランド半島やスカンディナヴィア半島からヴァイキングことノルマン人が居場所を求めて移動します。**ノルマン人**は次々に自分たちの国を建設し始めました。

　まず、ロロ率いるノルマン人の一派が、**西フランク王国**(P46)の北側に**ノルマンディー公国**を建設します。そして、ここから別れた一派が、イタリア半島南部に**両シチリア王国（ノルマン＝シチリア王国）**を建設しました。

　またロロの５代あとの**ノルマンディー公ウィリアム**は、**イングランド王国**に上陸し、**ウィリアム I 世**として即位。ノルマン朝を開きました。この出来事はノルマン＝コンクェストと呼ばれています。このウィリアム I 世が、現在のイギリス王室の開祖となりました。

　そして、ドニエプル川流域に進出したノルマン人は、現地に住んでいたスラヴ人と融合しつつ、9世紀にノヴゴロド国、ついでキエフ公国を誕生させました。このキエフ公国から独立したのが、現在のロシアの源流である**モスクワ大公国**(P52)です。

　のちにノルマン人は、**デンマーク王国**を中心として、**ノルウェー王国**、**スウェーデン王国**を建設し、大移動を終えました。

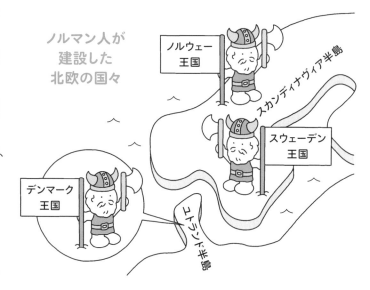

ノルマン人が
建設した
北欧の国々

ノルマン人は、現住地である
ユトランド半島にデンマーク王国、
スカンディナヴィア半島に
ノルウェー王国とスウェーデン王国を
建設した

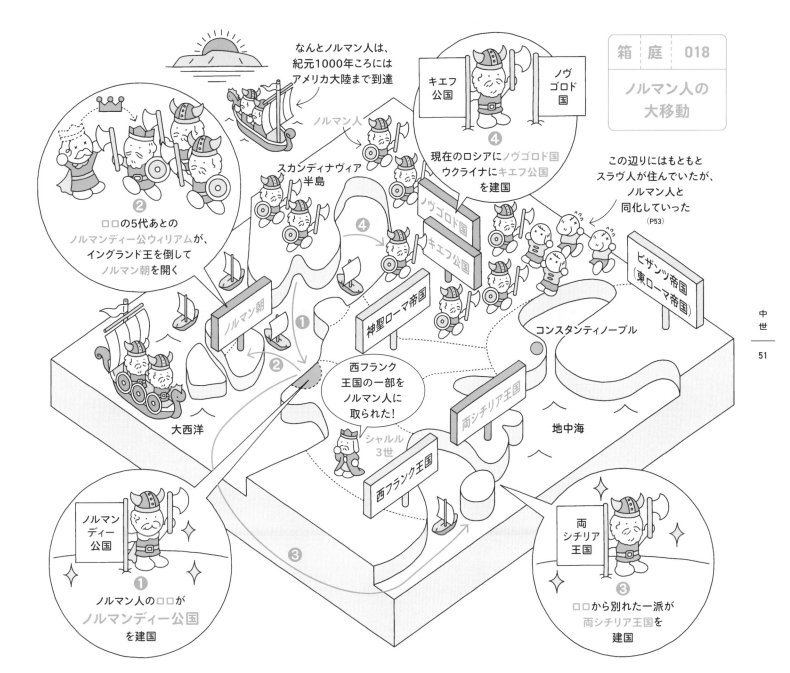

なんとノルマン人は、
紀元1000年ころには
アメリカ大陸まで到達

ノルマン人

スカンディナヴィア
半島

キエフ
公国

ノヴ
ゴロド
国

④

現在のロシアにノヴゴロド国
ウクライナにキエフ公国
を建国

この辺りにはもともと
スラヴ人が住んでいたが、
ノルマン人と
同化していった
(P53)

②
□□の5代あとの
ノルマンディー公ウィリアムが、
イングランド王を倒して
ノルマン朝を開く

ノヴゴロド国

キエフ公国

ノルマン朝

①

②

神聖ローマ帝国

ビザンツ帝国
(東ローマ帝国)

コンスタンティノープル

大西洋

西フランク
王国の一部を
ノルマン人に
取られた！

シャルル
3世

両シチリア王国

地中海

西フランク王国

③

ノルマン
ディー
公国

①
ノルマン人の□□が
ノルマンディー公国
を建国

両
シチリア
王国

③
□□から別れた一派が
両シチリア王国を
建国

スラヴ人と東欧諸国

拡大するヨーロッパ世界

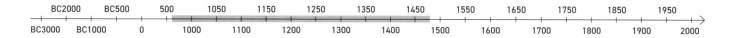

中世

52

　バルカン半島の北西には、大きなカルパチア山脈があります。カルパチア山脈の西側にはポーランド人、チェック人、スロヴァキア人、東側にはロシア人、ウクライナ人、南側にはスロヴェニア人、クロアチア人、セルビア人などがそれぞれに独自の文化圏をつくっていました。彼らは東欧からバルカン半島に広がるスラヴ人という同系の民族ですが、互いに異なった国を建てることになります。

　7世紀、この地域にいち早く建設されたのが、**ブルガール人**によるブルガリア王国です。ブルガール人は、トルコ系（非スラブ系）でしたが、バルカン半島に入ってスラヴ系の一員となりました。12世紀には、**セルビア人**がセルビア王国を建設します。これらの国は**ギリシア正教**(P38)をとり入れ、**ビザンツ帝国**(P54)との関係を深めました。

　10世紀、**チェック人**の**ボヘミア（チェコ）王国**、ポーランド人の**ポーランド王国**などが建設されました。これらの国は**カトリック**(P38)をとり入れました。

　また9世紀、**ノルマン人**(P50)が、**東スラヴ人**と融合しつつ、現在のロシアに**ノヴゴロド国**、ついでウクライナに**キエフ公国**を誕生させました。そして**ギリシア正教**をとり入

れましたが、13世紀から15世紀にかけて、モンゴル人の支配下に組み込まれます。このモンゴル人による支配は「**タタール（モンゴル人）のくびき**」と呼ばれています。

　15世紀、モンゴル人の支配を跳ね除けて独立を回復したのが、商業都市モスクワを中心に発展した**イヴァン3世**の**モスクワ大公国**でした。イヴァン3世は、**ビザンツ帝国**の継承者を自負して「**第3のローマ**」を名乗りました。

在位:1462〜1505

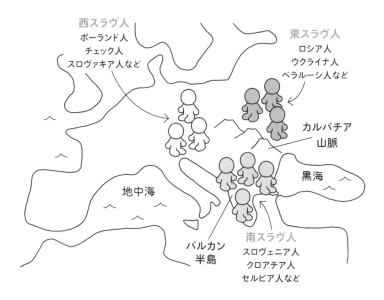

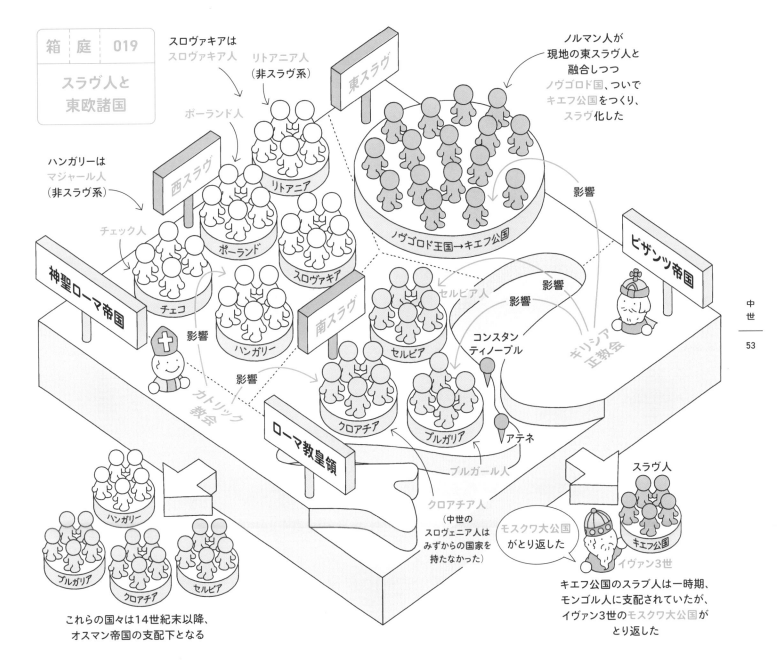

スロヴァキアは
スロヴァキア人

リトアニア人
（非スラヴ系）

ポーランド人

東スラヴ

ノルマン人が
現地の東スラヴ人と
融合しつつ
ノヴゴロド国、ついで
キエフ公国をつくり、
スラヴ化した

ハンガリーは
マジャール人
（非スラヴ系）

西スラヴ

リトアニア

影響

ビザンツ帝国

チェック人

ポーランド

スロヴァキア

ノヴゴロド王国→キエフ公国

神聖ローマ帝国

チェコ

影響

ハンガリー

南スラヴ

セルビア人

影響

影響

セルビア

コンスタン
ティノープル

ギリシア
正教会

カトリック
教会

影響

クロアチア

ブルガリア

アテネ

ローマ教皇領

ブルガール人

スラヴ人

ハンガリー

クロアチア人
（中世の
スロヴェニア人は
みずからの国家を
持たなかった）

モスクワ大公国
がとり返した

キエフ公国

ブルガリア

クロアチア

セルビア

イヴァン3世

これらの国々は14世紀末以降、
オスマン帝国の支配下となる

キエフ公国のスラヴ人は一時期、
モンゴル人に支配されていたが、
イヴァン3世のモスクワ大公国が
とり返した

020 ビザンツ帝国とギリシア正教

1000年続く東ローマ帝国

テオドシウス帝以降、ローマ帝国は、**カトリック**を信仰する**西ローマ帝国**と、ギリシア正教を信仰する**東ローマ帝国**に分かれました(P36)。

西ローマ帝国は、ゲルマン人に滅ぼされ、**フランク王国**(P44)へと形を変えましたが、一方の**東ローマ帝国は1000年**を優に超えて帝国を維持します。

東ローマ帝国は、ギリシアの古都**ビザンティウム**(コンスタンティノープル P36)が首都であるため、ビザンツ帝国とも呼ばれます。ビザンツ帝国が1000年も続いた理由は、地理的にゲルマン人の侵入を受けなかったことと、アジアとヨーロッパの中心という地の利をいかして、貿易都市として発展したことがあげられます。さらに、皇帝がギリシア正教の教皇の立場をも兼ねたので、統治がスムーズだったことも要因です。ユスティニアヌス帝の時代には、北アフリカのヴァンダル王国(P42)やイタリア半島の東ゴート王国(P42)をも征服し、ビザンツ帝国は地中海一帯の支配に成功しました。

しかしそのあとは、**セルジューク朝**(トルコ系のイスラーム王朝)との戦いで大敗。カトリック教会から派遣された**十字軍**(P56)の活躍も虚しく、**オスマン帝国**に滅ぼされてしまいます。

ただし、ビザンツ帝国最後の皇帝の姪が、北方の**モスクワ大公国**（ロシア帝国の前身）の**イヴァン3世**(P52)と結婚したことで、ビザンツ帝国の文化と**ギリシア正教はロシア**へと引き継がれます(P104)。

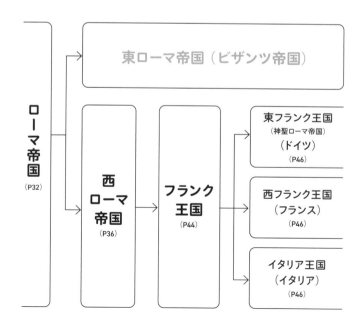

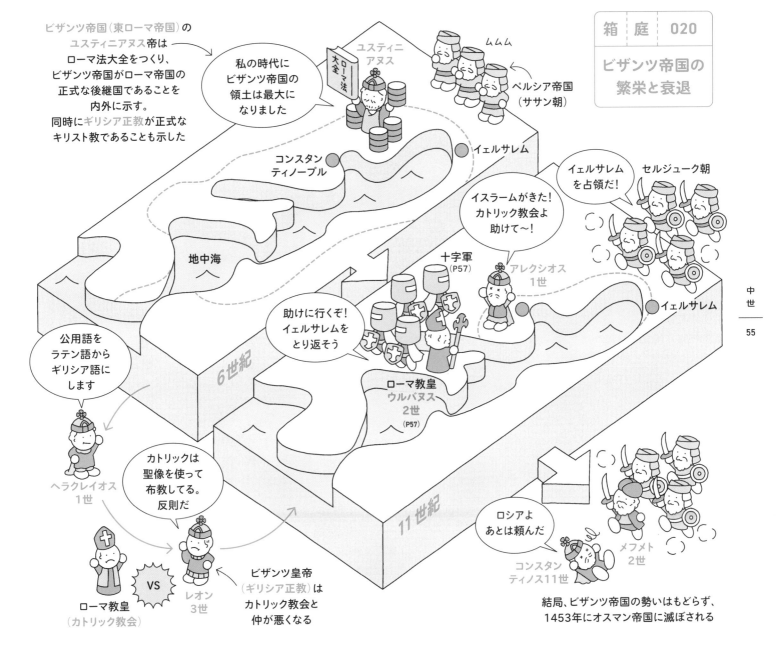

ビザンツ帝国（東ローマ帝国）の
ユスティニアヌス帝は
ローマ法大全をつくり、
ビザンツ帝国がローマ帝国の
正式な後継国であることを
内外に示す。
同時にギリシア正教が正式な
キリスト教であることも示した

私の時代に
ビザンツ帝国の
領土は最大に
なりました

ユスティニ
アヌス

ムムム

ペルシア帝国
（ササン朝）

イェルサレム

コンスタン
ティノープル

イェルサレム
を占領だ！

セルジューク朝

地中海

イスラームがきた！
カトリック教会よ
助けて〜！

十字軍
（P57）

アレクシオス
1世

公用語を
ラテン語から
ギリシア語に
します

助けに行くぞ！
イェルサレムを
とり返そう

イェルサレム

6世紀

ローマ教皇
ウルバヌス
2世
（P57）

ヘラクレイオス
1世

カトリックは
聖像を使って
布教してる。
反則だ

11世紀

ロシアよ
あとは頼んだ

メフメト
2世

ローマ教皇
（カトリック教会）

VS

レオン
3世

ビザンツ皇帝
（ギリシア正教）は
カトリック教会と
仲が悪くなる

コンスタン
ティノス11世

結局、ビザンツ帝国の勢いはもどらず、
1453年にオスマン帝国に滅ぼされる

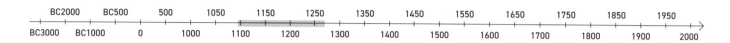

BC2000　BC500　　500　　1050　　1150　　1250　　1350　　1450　　1550　　1650　　1750　　1850　　1950

BC3000　BC1000　　0　　1000　　1100　　1200　　1300　　1400　　1500　　1600　　1700　　1800　　1900　　2000

中世

56

中世を代表する出来事が十字軍の遠征です。
1096〜1270

かつて**カトリック教会**は、ゲルマン人にキリスト教を布教する際、禁止されているはずの**聖像**(P44)を使いました。**東ローマ帝国**はこれを批判し、自分たちが信仰する**ギリシア正教**こそが、伝統を守る正しいキリスト教であると主張しました。それからというもの、西のカトリック教会と東のギリシア正教は、同じキリスト教でありながら、仲が良くありませんでした。

11世紀、**イスラーム教**を国教とするトルコ系の**セルジューク朝**が、東ローマ帝国の聖地**イェルサレム**を占領しました。イスラーム教にとってもイェルサレムは聖地だったのです。東ローマ皇帝は、やむをえず、当時勢力が最高潮に達していたカトリック教会の教皇ウルバヌス2世に助けを求めます。これを受けてウルバヌス2世は、十字軍をイェルサレムに派遣することを決意しました（クレルモン宗教会議）。
1095

十字軍には、神聖ローマ帝国、フランス王国、イギリス王国などの兵が参加。聖地イェルサレム奪回に向けて合計**7回**の遠征が行われます。

十字軍の遠征		
	十字軍	イスラーム軍
第1回遠征	勝	負
第2回遠征	負	勝
第3回遠征	引き分け イスラームの英雄 アイユーブ朝の サラディンが活躍した	
第4回遠征	十字軍が コンスタンティノープル を占領(P58)	
第5回遠征	引き分け	
第6回遠征	負	勝
第7回遠征	負	勝

第3回遠征では、各国の名高い国王が十字軍を率いた

フランス王
フィリップ2世
（尊厳王）
P62

神聖ローマ皇帝
フリードリヒ1世
（赤髭王）

行軍中に
溺死

イギリス王
リチャード1世
（獅子心王）

第6〜7回遠征では
フランス王ルイ9世
（聖王）が活躍するも
十字軍は敗退

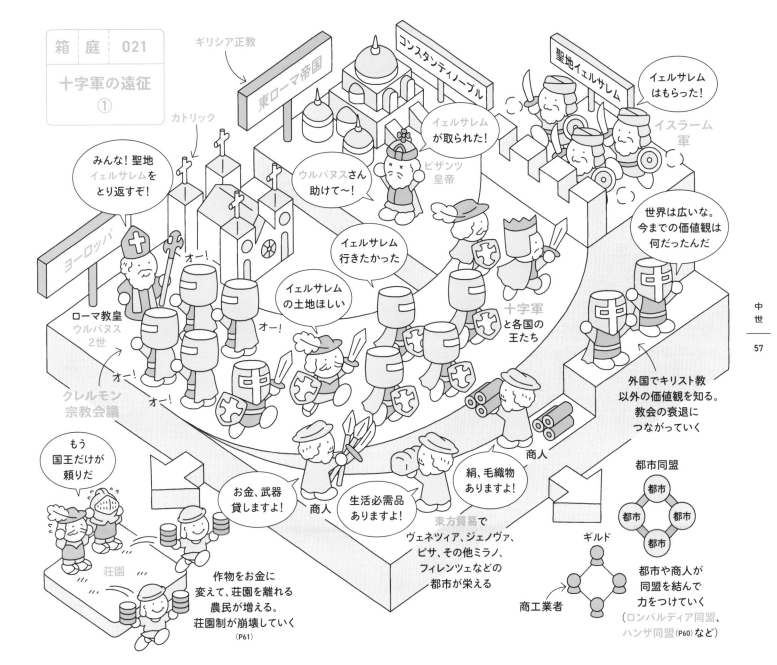

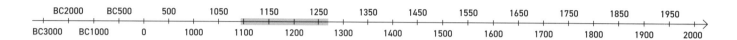

ローマ教皇**ウルバヌス2世**がひと声かければ、多くの**諸侯**や**騎士**、**農民**たちが十字軍(P56)に参加しました。当時、カトリック教会の力はそれほど絶大だったのです。**神聖ローマ帝国**、**フランス王国**、**イギリス王国**などから兵が集結した十字軍は、合計7回の遠征を行います。

1回目の遠征は成功。聖地イェルサレムを無事奪回しました。**2回目**の遠征は苦戦し、聖地を奪い返されます。**3回目**は各国の国王が参戦する大規模な遠征となりましたが、決着がつかずに引き分け。そして**4回目**の遠征では、救援先であるはずのビザンツ帝国の首都**コンスタンティノープル**を十字軍が堂々と占領してしまいます(P56)。

十字軍は、遠征を重ねるごとに聖地回復という目的から遠ざかり、遠征先で略奪行為を繰り返すようになります。十字軍の評判はしだいに悪化。同時にローマ教皇への信頼もカトリック教会の権威も失われていきました。

教会の権威失墜と同時に、遠征に参加した諸侯や騎士も経済的に疲弊していきます。代わりに、遠征でリーダーシップを発揮した各国の**国王**の力が強まっていくことになります。

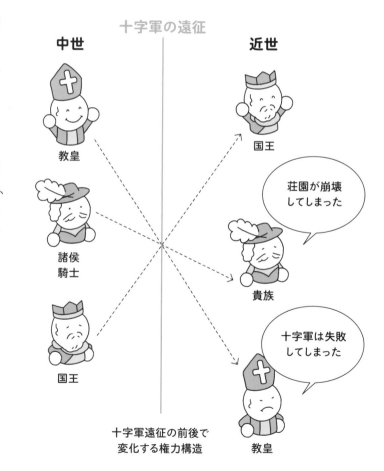

十字軍の遠征

中世 　　　　　　　　　　近世

教皇

諸侯
騎士

国王

国王

荘園が崩壊
してしまった

貴族

十字軍は失敗
してしまった

教皇

十字軍遠征の前後で
変化する権力構造

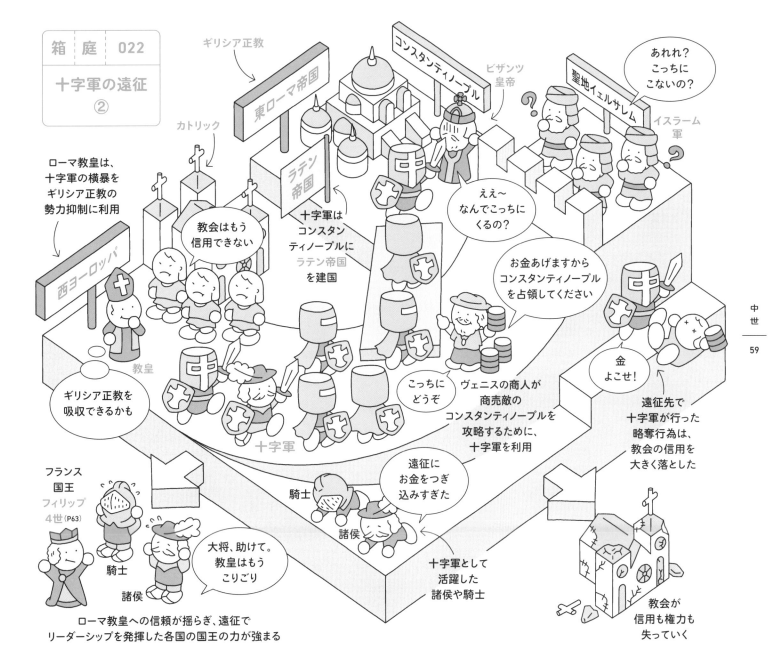

十字軍の遠征②

ギリシア正教

ローマ教皇は、
十字軍の横暴を
ギリシア正教の
勢力抑制に利用

カトリック

東ローマ帝国

コンスタンティノープル

ビザンツ皇帝

聖地イェルサレム

イスラーム軍

あれれ？
こっちに
こないの？

ラテン帝国

西ヨーロッパ

教会はもう
信用できない

十字軍は
コンスタンティノープルに
ラテン帝国
を建国

ええ〜
なんでこっちに
くるの？

お金あげますから
コンスタンティノープル
を占領してください

教皇

ギリシア正教を
吸収できるかも

こっちに
どうぞ

ヴェニスの商人が
商売敵の
コンスタンティノープルを
攻略するために、
十字軍を利用

十字軍

金
よこせ！

遠征先で
十字軍が行った
略奪行為は、
教会の信用を
大きく落とした

フランス
国王
フィリップ
4世(P63)

騎士

諸侯

大将、助けて。
教皇はもう
こりごり

遠征に
お金をつぎ
込みすぎた

騎士

諸侯

十字軍として
活躍した
諸侯や騎士

教会が
信用も権力も
失っていく

ローマ教皇への信頼が揺らぎ、遠征で
リーダーシップを発揮した各国の国王の力が強まる

中世

59

　十字軍の遠征(P56) は「聖地イェルサレムの奪回」という当初の目的から外れましたが、ヨーロッパに大きな変化をもたらしました。

　十字軍運動の進展にともない、交通が発達すると、イスラーム商人との東方貿易が活発化しました。そうしたなかから**ヴェネツィア、ジェノヴァ、ピサ**といった独立都市共和国が成長しました。

　また12世紀、金属製の斧や鎌が普及し始めると、耕地の利用方法が革新され、農業の生産性が向上。荘園で働く農民たちは、余った生産物を互いに交換するようになりました。そうしたなかから商業都市が発展。ドイツの**リューベック**や**ハンブルク**などは、北海からバルト海を股にかけて都市同盟を広げます。イギリスの**ロンドン**は、ベルギーの毛織物工業とタッグを組んで繁栄します。

　こうした各地の物産品は、国際市場となったフランスの**シャンパーニュ地方**で交換され、ヨーロッパ全土に広がりました。この結果、貨幣経済が発展します。また、科学や神学の研究も発展し、大学も誕生しました。

　14世紀、**教会**は黒死病（ペスト）の流行になすすべがあ

りませんでした。また、十字軍も最後までイェルサレムを奪回できず、教皇の権威は失われていきます。諸侯や騎士も没落。代わって国王の力が強くなります。

商工業者

商工業者の同業組合（ギルド）が都市の運営を支えた

各都市の利益や特権を守るために、リューベックを中心としたハンザ同盟やミラノを中心としたロンバルディア同盟などの都市同盟が誕生した

ヴェネツィア、ピサ、ジェノヴァなどの独立都市共和国が成長した

封建制度の崩壊

荘園制
農奴制
の終焉

十字軍遠征で
お金使ったし、確かに
現物よりお金の方が
ほしいかも

諸侯

これからは
作物ではなくて
お金で納税
します

お金貯まった！
独立できるかも

僕も都市に
連れてってー！

ペストの流行で
農民が激減
してしまった

諸侯

農奴

荘園

さあさあ
遠征する方は
こちらから

商人

お金も農民も
減っています。
助けてください

諸侯は自費で
十字軍に参加

出港

諸侯たち

国王

うむ

荘園

十字軍は
略奪ばかり
してるらしい

諸侯
（十字軍）

聖地
奪回の旅に
出るぞ！

さあさあ
東方の珍しいもの
ありますよ〜

どうしよう
教会の評判が
落ちてる

よし、商人と
手を組んで
お金を調達だ

荘園

市民

帰港

国王

商人

おかえり
なさいませ

商人

ワットタイラーの乱（イギリス）
ジャックリーの乱（フランス）

諸侯
（十字軍）

商人

十字軍の
輸送費で大儲けだ！
おまけに商業エリア
も広げられる！

もう
お金使い
果たした

ください

ください

市民

もう
やって
らんない！

諸侯たちは資金不足を
重税で補おうとしたため、
各地で農民が反乱を起こす

商業都市の大富豪メディチ家などが躍進。
時代は、中世封建社会からルネサンス（P75）へ

中世の国々①

フランス

中世は教会中心の時代。**ローマ教皇**の権力は絶大でした。しかし**十字軍運動**がうまくいかなかったことから、教皇の威厳は失墜していき(P58)、代わって非宗教的な力が広がり始めます。こうした変化はヨーロッパ各国に起こりました。

まずは**フランス**王国です。フランス王国は**カロリング朝**(P45)の血筋が途絶えた 987 年、フランスの諸侯ユーグ=カペーが初代国王となって誕生しました（カペー朝）。
在位987〜996
987〜1328

しかしフランスは 12 世紀半ば、領土の西半分がイギリス領となってしまいます(P64)。これを挽回して、その大半をフランス領にしたのが、13 世紀の王フィリップ 2 世でした。
在位1180〜1223

14 世紀、フィリップ 2 世の孫フィリップ 4 世が、教会に課税したことから、ローマ教皇と全面衝突することになります。そこでフィリップ 4 世は、聖職者、貴族、平民の代表からなる三部会と呼ばれる**身分制議会**を招集。国内の引き締めを図り、教皇に対抗しました。
在位1285〜1314
1302

そして翌年、フィリップ 4 世は、教皇権の絶対性を主張するローマ教皇ボニファティウス 8 世を拉致・監禁するアナーニ事件を起こします。この事件により、国王フィリップ 4 世は、王権の優位性を誇るようになるのです。
在位1294〜1303
1303

国王に従いますか？

フランス王
フィリップ
4世

賛成

平民

賛成

貴族

ムム

聖職者

三部会の招集
フィリップ4世は、王権の基盤強化のため
聖職者、貴族、平民からなる三部会を招集した

教皇権の絶対性を
主張するローマ教皇
ボニファティウス8世
は大激怒

教皇なんて
怖くない

王

王の
家来

ボカッ！

ボカッ！

教皇

アナーニ事件
フィリップ4世は
文句を言う教皇を
拉致・監禁

お前は
破門だ…

教皇

ガクッ

教皇は解放されたが
悔しさのあまり憤死

移転

アヴィニョン

ローマ

アヴィニョン捕囚
ほしゅう

こののち、フィリップ4世は
教皇庁（教皇の仕事場）を
自国（フランス）に移してしまう

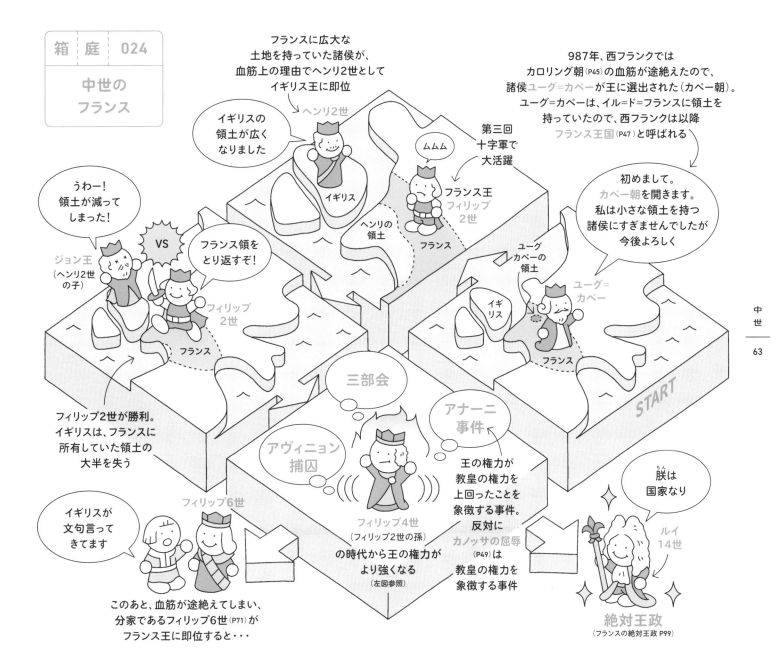

イギリスはフランスから生まれた国だといわれます。イギリスは、1066年に**フランス（カペー朝）**の臣下<ruby>臣下<rt>しんか</rt></ruby>**ノルマンディー公ウィリアム（ウィリアムⅠ世）**がイギリスに上陸して、**ノルマン朝**を建てたことに始まります(P50)。このときフランスの言語文化も紹介されました。例えば英語の「ビーフ beef」「ポーク pork」は、フランス語の「buef（牛）」「porc（豚）」に由来するものです。

ノルマン朝の血筋が途絶えた1154年、フランスからやってきた大領主**アンジュー伯アンリ**がイギリスに**プランタジネット朝**を開き、ヘンリ2世として即位しました。アンジュー伯はフランス内の西側に広大な領土を抱えていました。このため、フランス領の半分近くがイギリス領になります。

しかしこののち、フランスとの戦いに負けたイギリスのジョン王は、この領土の大半をフランス（カペー朝）の**フィリップ2世**(P62)に明け渡すことになります。敗戦の戦費を課税でまかなおうとしたとき、ジョン王は貴族たちの抵抗にあいます。このためジョン王は、不当な課税や逮捕はしないという事項を盛り込んだ大憲章（マグナ＝カルタ）を

認めました。また13世紀末には、貴族たちの力に押されて模範議会という**身分制議会**が設立されました。

のちにイギリスは、領土問題や**フランドル地方**の利権をめぐって、フランスと**百年戦争**(P70)で争うことになります。

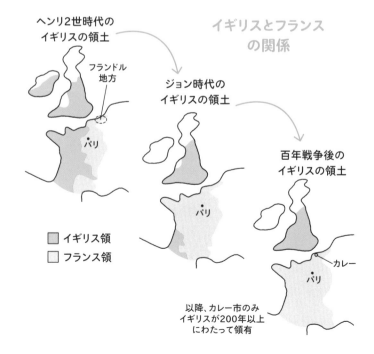

イギリスとフランスの関係

ヘンリ2世時代のイギリスの領土

フランドル地方

ジョン時代のイギリスの領土

パリ

百年戦争後のイギリスの領土

■ イギリス領
□ フランス領

カレー

パリ

以降、カレー市のみイギリスが200年以上にわたって領有

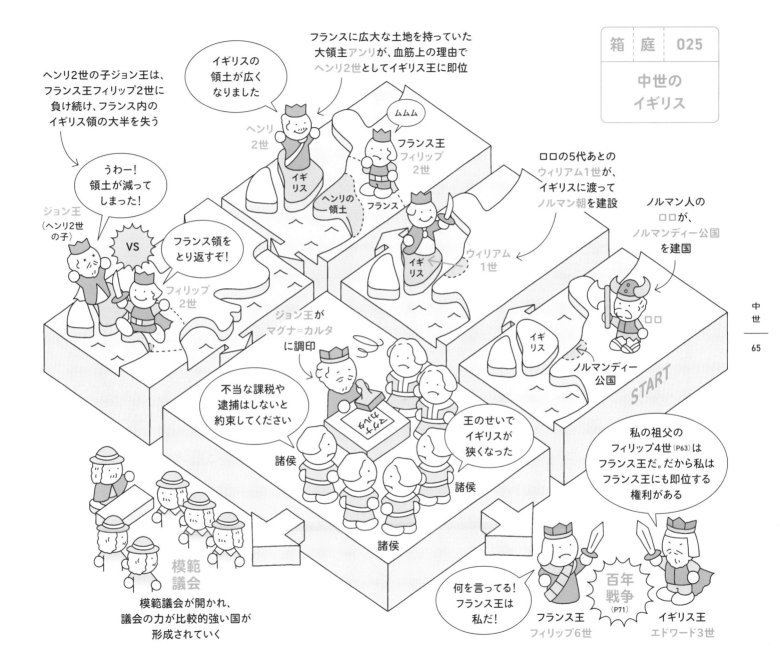

BC3000 BC2000 BC1000 BC500 0 500 1000 1050 1100 1150 1200 1250 1300 1350 1400 1450 1500 1550 1600 1650 1700 1750 1800 1850 1900 1950 2000

中世

66

次は**ドイツ**のルーツ、神聖ローマ帝国（P46）です。
962〜1806

ローマ教皇から、**ローマ帝国**の正式な後継国と認定された神聖ローマ帝国。ところが神聖ローマ帝国の領土には、肝心の**ローマ**が入っていません。これを気にした歴代の神聖ローマ帝国の皇帝は、ローマ市やイタリア半島を手に入れようと、しばしばイタリアに出兵します（**イタリア政策**）。
10〜13世紀

イタリア政策に明け暮れた歴代の皇帝は、国内を留守にすることが多くなりました。そうするうちに、国内の**諸侯**たちが力をつけ、自分たちの領地を統治する権力を強めていきました。やがて諸侯たちの領地は、諸侯たちが主権を持つ領邦へと成長し、多いときで神聖ローマ帝国内に300もの領邦が形成されるようになります。

こうして神聖ローマ帝国は、皇帝による統一国家というよりは、多くの領邦が集まる**連合国家**となりました。皇帝の領地も、数ある領邦のひとつでしかありません。神聖ローマ帝国は、フランスとは異なり、近世になっても皇帝（王）の力が強くならなかったのです。

挙句の果てに、皇帝が存在しない大空位時代を迎えてしまいます。これではまずいということで、「**7人の有力な諸**
1256〜73

侯（七選帝侯）が選挙で神聖ローマ皇帝を決める」という
しちせんていこう
ルールが定まりました（金印勅書）。15世紀にハプスブル
きんいんちょくしょ
1356
ク家から皇帝が選ばれると、以降、伝統的にハプスブルク家から皇帝が選出（世襲）されるようになります。

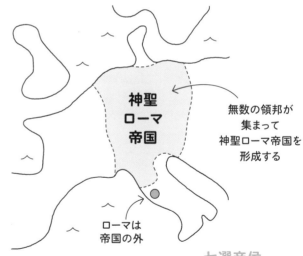

神聖ローマ帝国

無数の領邦が集まって神聖ローマ帝国を形成する

ローマは帝国の外

七選帝侯
下記の7つの領邦を治める7人の諸侯が
神聖ローマ皇帝を選出する

マインツ、ケルン、トリーア、ファルツ、
ザクセン、ベーメン、ブランデンブルク

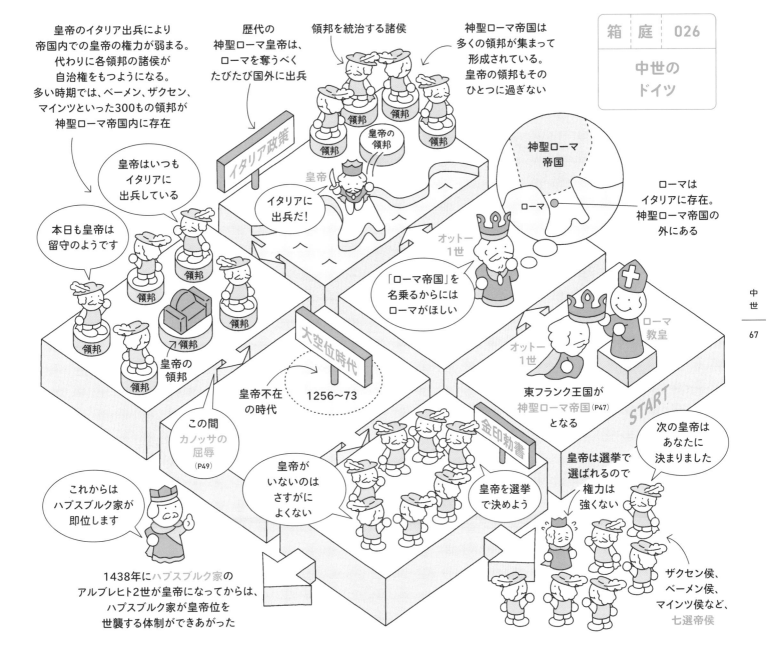

現在のスペイン、ポルトガルがある**イベリア半島**には、ゲルマン人の国、**西ゴート王国**(P42)がありました。ところがイベリア半島は、**イスラーム王朝**である**ウマイヤ朝**の侵略を受けて、イスラーム勢力の支配下に置かれました。この状況をまき返そうと**「カトリック国家の回復」**を掲げて始まったのが、レコンキスタ（国土回復運動）です。
718～1492

12世紀、レコンキスタの過程で、この地にカトリック国家である**ポルトガル王国**が誕生しました。15世紀には、**カスティリャ王国**と**アラゴン王国**が合わさって、カトリック国家の**スペイン王国**が誕生します。このスペイン王国が、ほぼ800年間続いたレコンキスタを完了することになりました。

ローマ教皇のお膝元である**イタリア半島**には8世紀以来、ローマ教皇領がありました。しかしたびたび**神聖ローマ皇帝**の侵攻を受け、弱体化を余儀なくされます（イタリア政策 P66）。**両シチリア王国、ヴェネツィア共和国、ミラノ公国**など、さまざまな勢力が興隆し、イタリアは19世紀まで統一をみることはありませんでした。

スカンディナヴィア半島の北欧は14世紀末、**デンマーク**のマルグレーテ女王を中心に、**ノルウェー**と**スウェーデン**とで**カルマル同盟**を結成。北海からバルト海の商業利権の維持に努めました。
在位1387～1412
1397

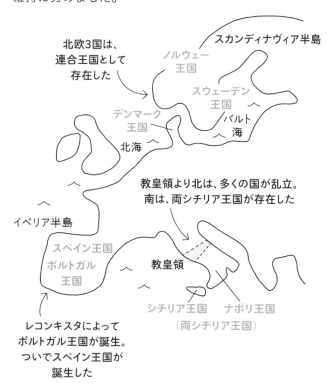

北欧3国は、連合王国として存在した

スカンディナヴィア半島

ノルウェー王国

スウェーデン王国

デンマーク王国

バルト海

北海

イベリア半島

教皇領より北は、多くの国が乱立。南は、両シチリア王国が存在した

スペイン王国 ポルトガル王国

教皇領

レコンキスタによってポルトガル王国が誕生。ついでスペイン王国が誕生した

シチリア王国　ナポリ王国
（両シチリア王国）

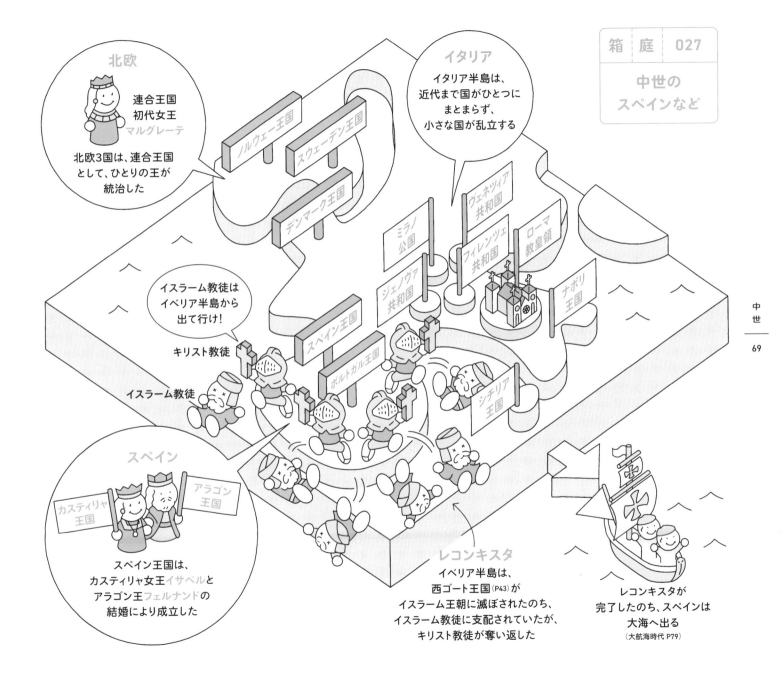

北欧

連合王国
初代女王
マルグレーテ

北欧3国は、連合王国
として、ひとりの王が
統治した

イタリア

イタリア半島は、
近代まで国がひとつに
まとまらず、
小さな国が乱立する

ノルウェー王国

スウェーデン王国

デンマーク王国

ミラノ
公国

ヴェネツィア
共和国

ジェノヴァ
共和国

フィレンツェ
共和国

ローマ
教皇領

ナポリ
王国

イスラーム教徒は
イベリア半島から
出て行け！

キリスト教徒

スペイン王国

ポルトガル王国

シチリア
王国

イスラーム教徒

スペイン

カスティリャ
王国

アラゴン
王国

スペイン王国は、
カスティリャ女王イサベルと
アラゴン王フェルナンドの
結婚により成立した

レコンキスタ

イベリア半島は、
西ゴート王国(P43)が
イスラーム王朝に滅ぼされたのち、
イスラーム教徒に支配されていたが、
キリスト教徒が奪い返した

レコンキスタが
完了したのち、スペインは
大海へ出る
（大航海時代 P79）

百年戦争

駆け抜けるジャンヌ=ダルク

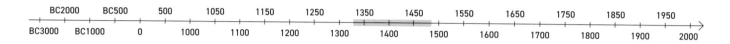

中世後期、教会の影響力は急速に衰えていきました(P60)。すると「教会の仲裁」という切り札がなくなり、国王同士の利権争いが激化し始めます。

フランス王フィリップ4世(P62)を継いだ**シャルル4世**が1328年に死去すると、**カペー朝**(P62)が途絶え、フランスに**ヴァロワ朝**が誕生しました。するとフィリップ4世の孫だった**イギリス王エドワード3世**(在位1327〜77)が、血筋を根拠にフランスの王権をも主張し始めました。イギリスは、自国産の羊毛の輸出先である毛織物生産が盛んな**フランドル伯領**に、フランスが進出するのを阻止したかったのです。両国は対立し、**百年戦争**(1339〜1453)が勃発します。

前半は、エドワード3世と息子の**エドワード黒太子**(1330〜76)が大活躍し、イギリスが優勢でした(**クレシーの戦い**(1346)、**ポワティエの戦い**(1356))。フランスはこの間、**黒死病**(P60)の流行や**ジャックリーの乱**(P61)が重なり、崩壊の危機におちいります。

そこに現れたのがフランスの農家に生まれた少女、**ジャンヌ=ダルク**(1412〜31)でした。神の啓示を受けたジャンヌ=ダルクはフランス軍を率いて出陣。イギリスに奪われていた**オルレアン城**をとりもどします(**オルレアンの解放**(1429))。勢力を

盛り返したフランスは、イギリス軍をフランスから追い出すことに成功しました。フランスは戦争には勝利したものの、諸侯や騎士たちが疲弊して没落。代わりに国王を中心とした**中央集権化**が加速します(フランスの絶対王政 P98)。

百年戦争のあとイギリスでは、**ランカスター家**(紋章の絵柄が赤いバラ)と**ヨーク家**(紋章の絵柄が白いバラ)が王位継承権を争う**バラ戦争**(1455〜85)が勃発します。バラ戦争は、イギリス中の諸侯や騎士が両家のどちらかについて30年間も続きました。そのため諸侯や騎士は、疲弊して没落していきました。最終的に、**ランカスター家**の血筋にあたる**ヘンリ=テューダー**が勝利。ヘンリは**ヘンリ7世**(在位1485〜1509)として即位すると、国内の統治制度を急速に整えていきます(以降**テューダー朝**(1485〜1603))。

ジャンヌ=ダルクは
オルレアン城を解放した翌年、
イギリス軍に身柄を確保された。
宗教裁判の結果、異端とされて
ルーアンで火刑に処された

START

フランス

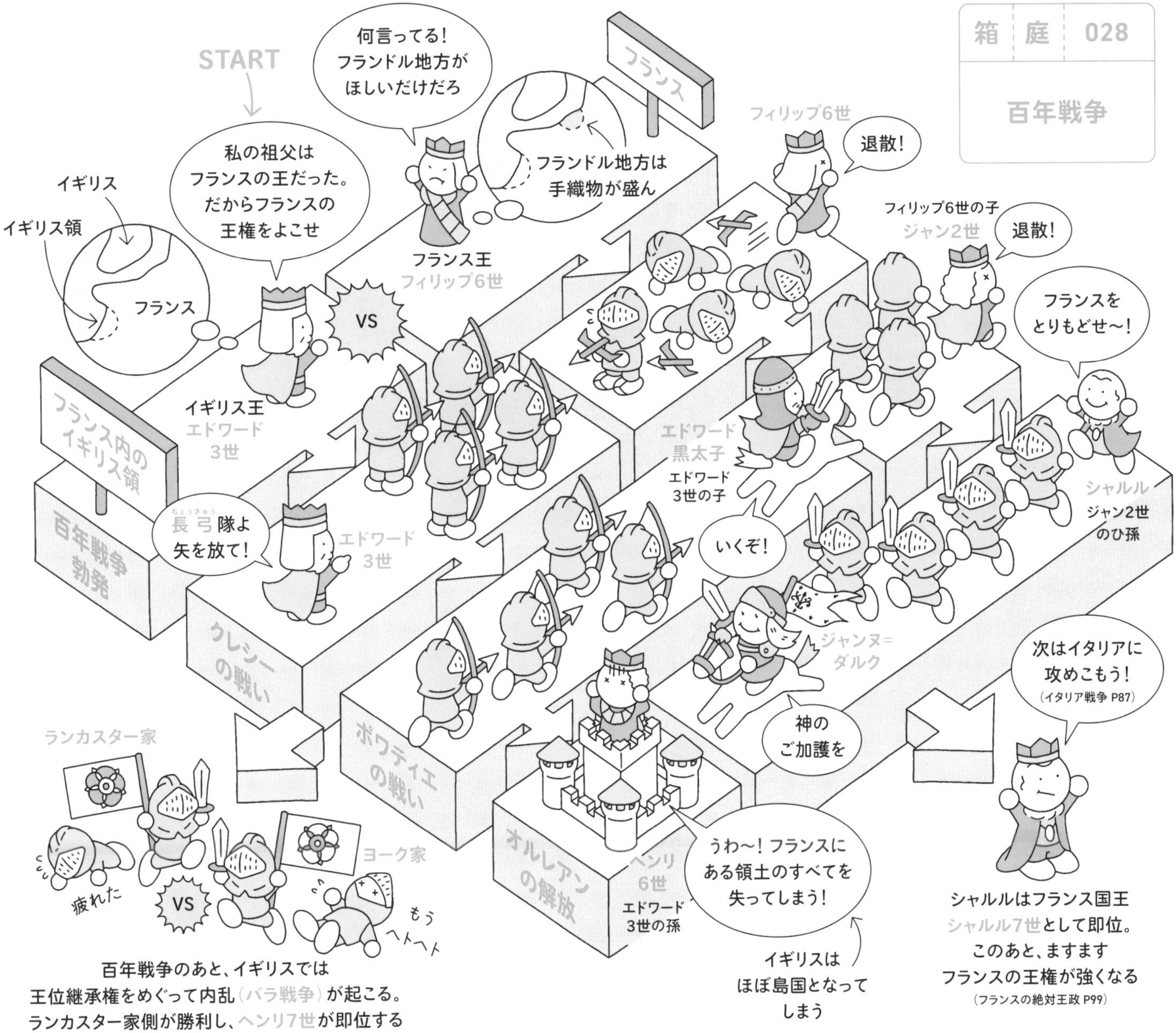

イギリス
イギリス領
フランス

何言ってる！
フランドル地方が
ほしいだけだろ

私の祖父は
フランスの王だった。
だからフランスの
王権をよこせ

フランドル地方は
手織物が盛ん

フランス王
フィリップ6世

イギリス王
エドワード
3世

フランス内の
イギリス領

百年戦争
勃発

長弓隊よ
矢を放て！

エドワード
3世

クレシー
の戦い

ポワティエ
の戦い

オルレアン
の解放

フィリップ6世

退散！

フィリップ6世の子
ジャン2世

退散！

フランスを
とりもどせ～！

エドワード
黒太子
エドワード
3世の子

いくぞ！

ジャンヌ＝
ダルク

神の
ご加護を

シャルル
ジャン2世
のひ孫

次はイタリアに
攻めこもう！
（イタリア戦争 P87）

シャルルはフランス国王
シャルル7世として即位。
このあと、ますます
フランスの王権が強くなる
（フランスの絶対王政 P99）

ランカスター家

疲れた

VS

ヨーク家

もう
へトへト

ヘンリ
6世
エドワード
3世の孫

うわ～！ フランスに
ある領土のすべてを
失ってしまう！

イギリスは
ほぼ島国となって
しまう

百年戦争のあと、イギリスでは
王位継承権をめぐって内乱（バラ戦争）が起こる。
ランカスター家側が勝利し、ヘンリ7世が即位する

近世

BC3000　BC2000　BC1000　BC500　0　500　1000　1050　1100　1150　1200　1250　1300　1350　1400　1450　1500　1550　1600　1650　1700　1750　1800　1850　1900　1950　2000

近世

74

十字軍の失敗(P58)によって、**ローマ教皇**に対する信頼は以前ほどありません(P60)。また十字軍としてイェルサレムを目指した人びとは、自分が住む荘園外の価値観、つまりカトリック以外の価値観を知ることになりました。

こうしたなか、イスラーム圏との東方貿易で栄えたイタリアの都市フィレンツェから**ルネサンス**が起こります。ルネサンスとは**「再生」**という意味で、教会中心の価値観から**「人間らしさ」**（ヒューマニズム）を重んじる価値観にもどろうという運動です。ルネサンスの芸術には、それまでの聖像とは異なり、キリスト教以前のギリシアを題材とし

た絵画や彫刻が数多くみられます。ダ＝ヴィンチ（1452～1519）、ミケランジェロ（1475～1564）、ラファエロ（1483～1520）などの芸術家たちは「人間らしさ」をギリシア文化に見出したのです。

貿易で巨万の富を得たフィレンツェの貴族、**メディチ家**を始めとした富裕層が、芸術家や思想家のパトロンとなり、イタリア・ルネサンスは大いに栄えました。ただしイタリア・ルネサンスにおいては、ローマ教皇も大口のパトロンだったため、教会を賛美する作品も少なくありません。しかしドイツやフランスなどに広がってからは、教会を批判する作品も生まれ始めました（北方ルネサンス）。

北方ルネサンス
（イタリア以外のルネサンス）
ルネサンス運動は
イタリアのフィレンツェで起きたが、
のちにアルプス以北にも
広がっていった。
人間のありのままの姿を
表現する作品が
より多くなっていった

ブリューゲル
（ネーデルラント）
神ではなく
農民を描いた

ホルバイン
（ドイツ）
神ではなく
個人を描いた

エセー

モンテーニュ
（フランス）
自分の考えを
日記風に執筆した

四大悲劇

シェイクスピア
（イギリス）
娯楽作品を
執筆した

愚神礼賛

エラスムス
（ネーデルラント）
聖職者を
批判した

ドン＝キホーテ

セルバンテス
（スペイン）
時代遅れの
騎士を面白
おかしく描いた

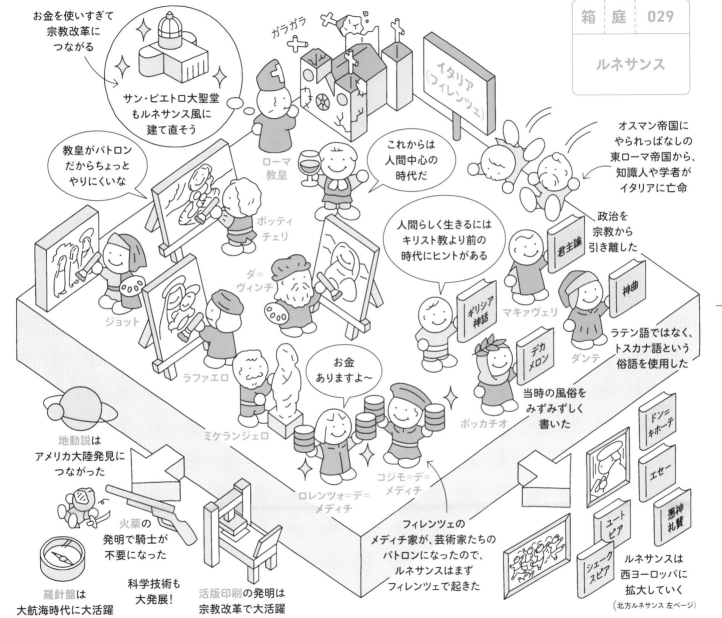

14世紀、肉食文化が普及したヨーロッパでは、**インド**で生産される**香辛料**（胡椒など）が高値で取引されていました。ところが15世紀になると、**オスマン帝国**の勢力が拡大したため、東方貿易が不安定になり、香辛料の価格が高騰し始めました。そこでポルトガルは、香辛料を直接入手するべく、インド航路の開拓を目指しました。大航海時代の幕開けです。
（15〜17世紀）

航路を開発するためには、大きな船が必要です。大きな船を出す費用を捻出できたのは、**ポルトガル**と**スペイン**の国王でした。両国の国王は**レコンキスタ**（P68）で強力なリーダシップを発揮してきたため、大きな権力と財力を持っていたのです。

まず**ポルトガル**の船が、エンリケ王子（航海王子）の支援のもと、**アフリカ西岸**に到着します。続いてポルトガルの航海者バルトロメウ＝ディアスがアフリカの**喜望峰**に到達。そしてポルトガルの航海者ヴァスコ＝ダ＝ガマがついに**インド**の**カリカット**にたどり着きます。
（1394〜1460）
（1450頃〜1500）
（1469頃〜1524）

こうしてインド航路を切り開いたポルトガルは、オスマン帝国を通らずに、インドと香辛料を直接取引できるようになました。ポルトガルの国王は、莫大な利益を手に入れ、首都**リスボン**は一時期、商業の中心地となります。

ポルトガルの船はさらに航海をすすめ、16世紀には日本の**種子島**にも到達しました。

ポルトガルのインド航路
陸路を塞がれたポルトガルは航路の開発を目指した

ポルトガル
アフリカ西岸
カリカット
大西洋
インド洋
喜望峰

胡椒を使うと肉はうまい

ヨーロッパ人にとって胡椒は欠かせなかった

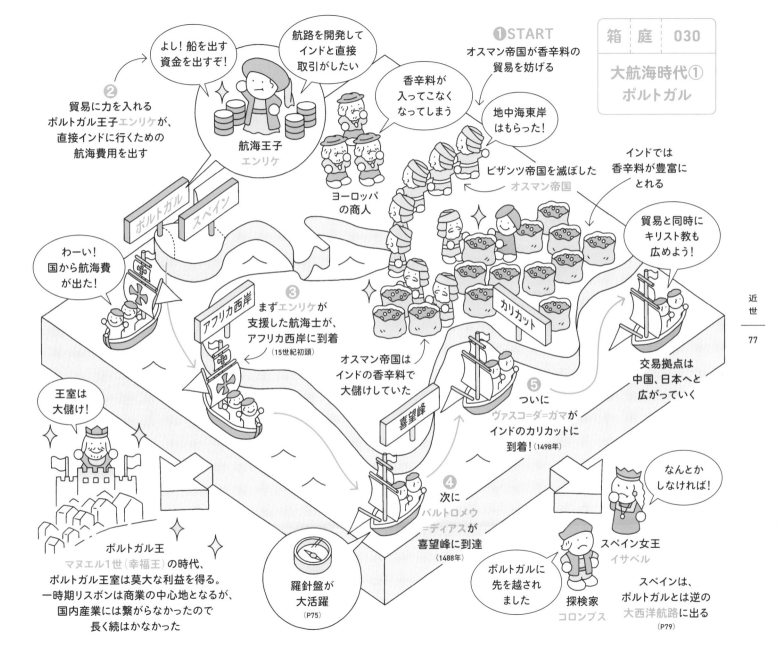

近世

78

探検家コロンブスは、**地球球体説**を信じていました。大西洋を西に進めば**インド**に到着できると考えていたのです。ポルトガルに先を越された(P76)**スペイン**の女王**イサベル**は、コロンブスに大西洋航路開拓の援助を約束します。

コロンブスは西に向かって出港。2か月間の航海をへて陸地に到着します。しかしそこはインドではなく、カリブ海に浮かぶ**サンサルバドル島**でした。のちに探検家**アメリゴ＝ヴェスプッチ**が、この地は「新世界である」ことを指摘しますが、コロンブスは生涯この地をインドだと信じていました。よって現在もこのエリアは**西インド諸島**と呼ばれています。

こののち、スペイン王**カルロス1世**の支援を受けた航海士**マゼラン**の艦隊が、南アメリカ大陸をぐるっと回って太平洋を横断し、フィリピンに到着します。さらにインド洋を通って地球一周を達成しました。

カルロス1世は早速、探検家の**コルテス**や**ピサロ**を新大陸に派遣。彼らは**アステカ王国**(P136)や**インカ帝国**(P136)を征服し、先住民に大量の銀を掘らせました。スペイン王室は巨万の富を築きあげ、次の**フェリペ2世**の代にスペインは、

「**太陽の沈まぬ国**」(P88)と呼ばれるまでになります。

こうして商業の中心地は、地中海から大西洋に移っていきます。

スペインの大西洋航路
ポルトガルにインド航路を抑えられてしまったスペインは、大西洋航路を開発した

大西洋航路がアジアへの近道です

トスカネリ
イタリアの天文学者

コロンブスはトスカネリの地球球体説を信じていた

コロンブス

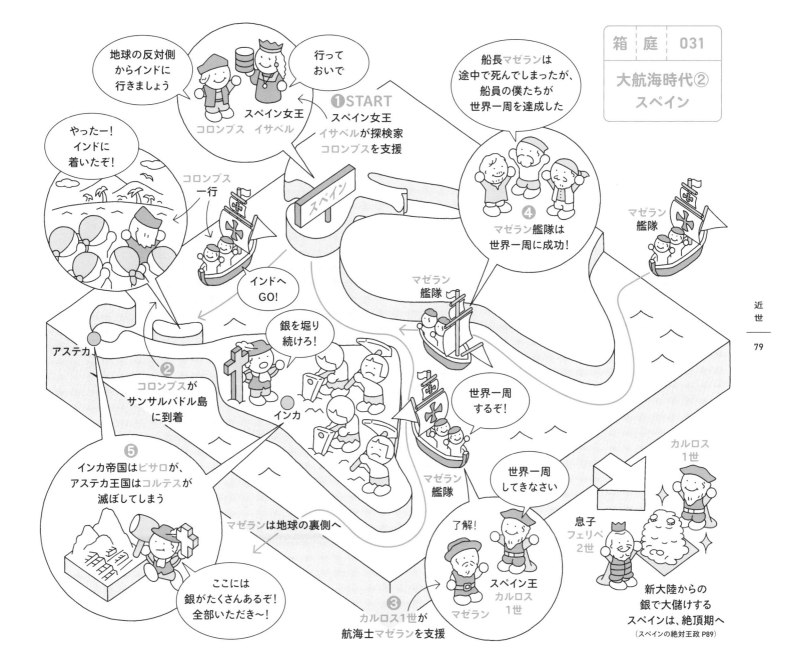

　かつては絶大な権威を誇った**カトリック教会**ですが、以前ほどの勢いはありません(P60)。ローマ教皇レオ10世は資金集めのために、免罪符（天国に行くための証書）を売り出していました。免罪符の買い手として目をつけられていたのが、**ドイツ（神聖ローマ帝国）**(P66)の農民たちです。

　カトリック教会に搾取される母国の農民たちをみた神学者ルターは、95か条の論題（救いは教会ではなく、聖書にあると書かれた紙）をヴィッテンベルク教会の門に貼りつけ、教会を非難。ここに宗教改革が始まります。

　教皇と神聖ローマ皇帝は、ルターの教えに従う人びとをプロテスタント（抗議する者）と呼んで、排除しようとしました。しかしルター派は瞬く間に浸透。人びとの声を抑えきれなくなった皇帝は、アウクスブルクの宗教和議を提案。これにより**領主（諸侯）**が、**カトリック**か**プロテスタント（ルター派）**のどちらかを選択できるようになりました（**領邦**(P66)内の人びとは、領主が選んだ宗派に従う）。

　こうしてドイツは、諸侯が**政治と宗教の両方**を統制するようになりました。諸侯の主権は一層強くなり、ドイツは帝国でありながら、**主権国家連合**の性格を持つようになります。

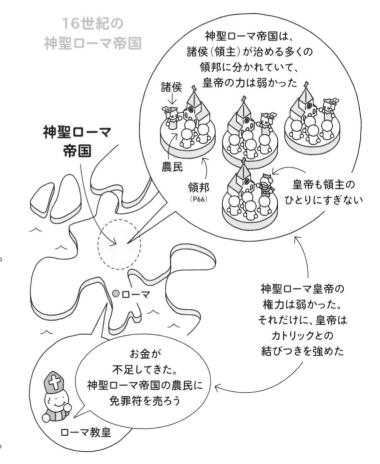

16世紀の
神聖ローマ帝国

神聖ローマ帝国は、諸侯（領主）が治める多くの領邦に分かれていて、皇帝の力は弱かった

神聖ローマ帝国

諸侯

農民

領邦(P66)

皇帝も領主のひとりにすぎない

神聖ローマ皇帝の権力は弱かった。それだけに、皇帝はカトリックとの結びつきを強めた

ローマ

お金が不足してきた。神聖ローマ帝国の農民に免罪符を売ろう

ローマ教皇

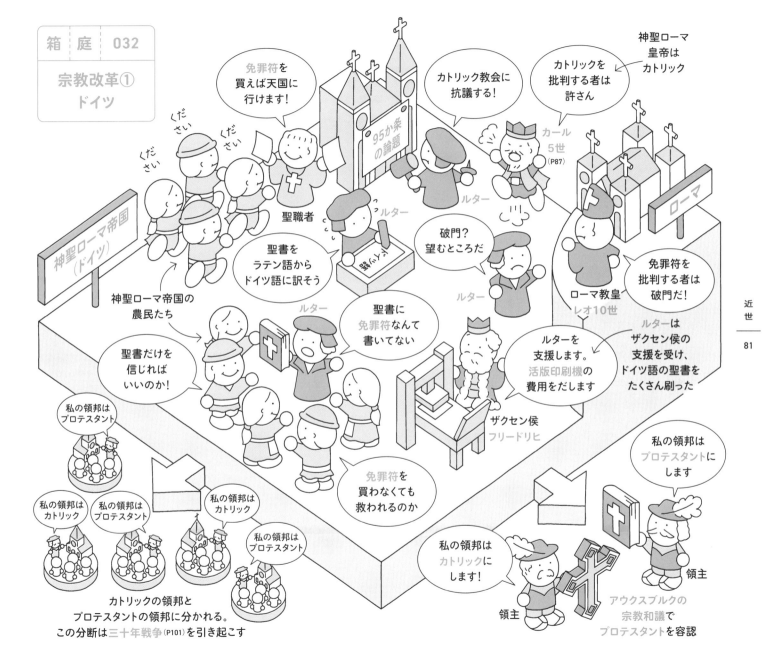

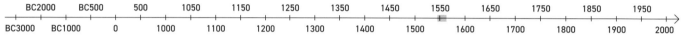

ルター(P80)に続いて宗教改革(P80)を起こしたのは、スイスで活躍したカルヴァンです。

カルヴァンが説いた予定説（神による救済は、あらかじめ定められているという説）は、お金儲けをうしろめたく感じていた当時の商工業者たちに広く受け入れられました。カトリックの教えでは「お金儲けは悪」とされてきましたが、カルヴァンは「お金が儲かるのは、神から与えられた仕事に忠実だったから」と説いたのです。資本主義の精神は、カルヴァン派の倫理が影響しているといわれます。

カルヴァン派はフランス、イギリス、スペイン領ネーデルラントなどの商工業地域を中心に、広く浸透していきました。

一方カトリック教会は、カルヴァン派などのプロテスタント(P80)に対抗します（対抗宗教改革）。カトリック教会はトリエント公会議で、カトリック教会の正統性を強調。異端者は排斥の対象になりました。宣教師イグナウティウス＝ロヨラやフランシスコ＝ザビエルらイエズス会が、日本などのキリスト教未開拓の地へ送られたのもこの時期です。

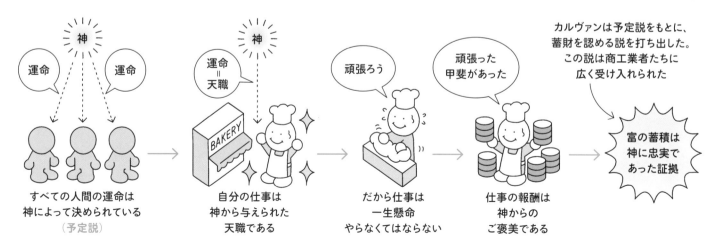

運命　運命

神

すべての人間の運命は
神によって決められている
（予定説）

運命
＝
天職

神

BAKERY

自分の仕事は
神から与えられた
天職である

頑張ろう

だから仕事は
一生懸命
やらなくてはならない

頑張った
甲斐があった

仕事の報酬は
神からの
ご褒美である

カルヴァンは予定説をもとに、
蓄財を認める説を打ち出した。
この説は商工業者たちに
広く受け入れられた

富の蓄積は
神に忠実で
あった証拠

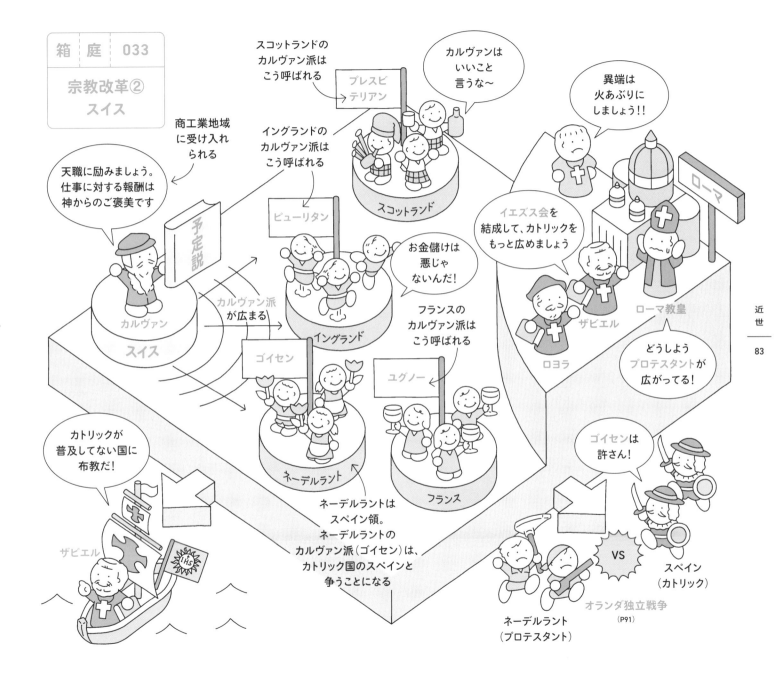

034 宗教改革③

イギリスのプロテスタント ── イギリス国教会

イギリスの宗教改革は、**ドイツやスイスの宗教改革**(P80・P82)とは違い、**国家主導**で行われます。

イギリス国王**ヘンリ7世**(P70)のあとを継いだヘンリ8世(在位1509〜47)は、王妃との離婚を望んでいました。そこでヘンリ8世は離婚を禁じている**カトリック教会**を離脱し、イギリス国教会(1534)というイギリス独自の教会制度を始めました。

ヘンリ8世はカトリック教会の土地をとりあげ、国民(特にジェントリ(P92)と呼ばれる地主階級)に分け与えたので、この変革はイギリス国内で大いに受け入れられました。

イギリス国教会は、カトリック教徒だったメアリ1世(在位1553〜58)の時代に一度弾圧されます。しかし次にエリザベス1世(在位1558〜1603)が即位すると、イギリス国教会は**国教**として認定され、儀式や教義が整えられました(統一法(1559))。

こうしてイギリスは、宗教と政治の両方を国王が統制する体制ができあがりました。ただし、**議会を尊重するイギリスの伝統**(模範議会 P64)は守られます。

エリザベス1世の死後、**ピューリタン**(P92)と呼ばれるイギリス国内の**カルヴァン派**(P82)と、イギリス国王(イギリス国教会)が争うことになります。

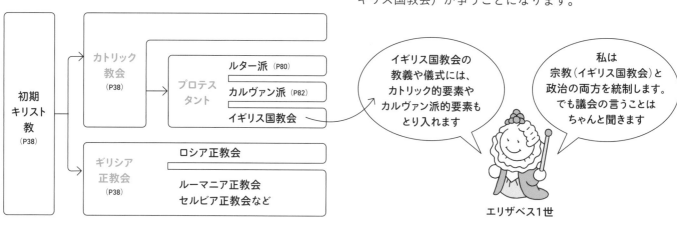

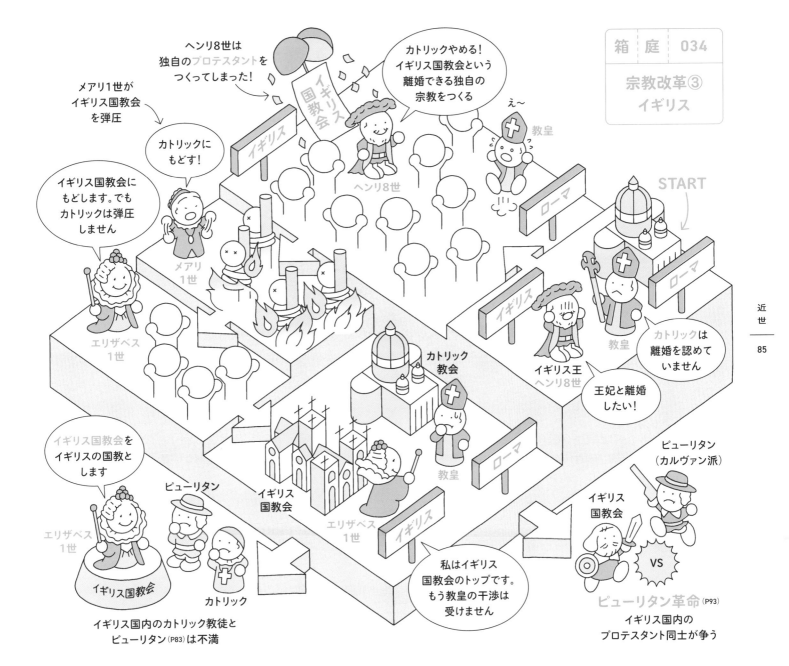

メアリ1世が
イギリス国教会
を弾圧

ヘンリ8世は
独自のプロテスタントを
つくってしまった！

カトリックやめる！
イギリス国教会という
離婚できる独自の
宗教をつくる

え～

教皇

START

カトリックに
もどす！

イギリス国教会に
もどします。でも
カトリックは弾圧
しません

ヘンリ8世

ローマ

ローマ

イギリス

カトリックは
離婚を認めて
いません

エリザベス
1世

メアリ
1世

イギリス王
ヘンリ8世

教皇

王妃と離婚
したい！

カトリック
教会

イギリス国教会を
イギリスの国教と
します

ピューリタン

イギリス
国教会

教皇

ピューリタン
（カルヴァン派）

エリザベス
1世

イギリス
国教会

VS

カトリック

イギリス
国教会

エリザベス
1世

イギリス国内のカトリック教徒と
ピューリタン（P83）は不満

私はイギリス
国教会のトップです。
もう教皇の干渉は
受けません

ピューリタン革命（P93）
イギリス国内の
プロテスタント同士が争う

　中世後期になると、ローマ教皇や諸侯の力が弱まりました(P60)。すると、各諸侯が治める荘園と荘園の境目が薄れ、代わりに国と国との境目（国境）が明確となり始めました。各国の国王は、自国の方針のすべてを決めることができる最高権力者となっていきます。

　国家の方針を決める権力を主権といい、主権が存在する国家を主権国家といいます。現在の日本は、主権を国民が持つ主権国家です。16世紀、主権を国王が独占する主権国家、すなわち絶対王政の国家が次々に誕生し始めました。

　こうした主権国家の形成を促したのがイタリア戦争です。
1494〜1559
イタリア戦争は、「商業都市イタリア」をほしがるフランス王室（ヴァロワ朝）と、「ローマを有するイタリア」をほし
1328〜1589
がる神聖ローマ皇帝（ハプスブルク家）(P66) が約60年間も争った戦争です。この戦争には、イギリスを含めたさまざまな勢力が自国の利益のために参戦。その結果できた勢力圏が各国の国土となりました。

　イタリア戦争をきっかけに、フランス王室とハプスブルク家の対立は続くことになります。

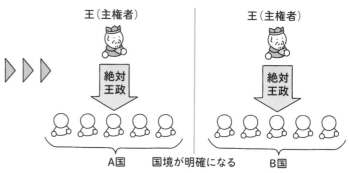

中世（封建制）
ローマ教皇がトップに君臨していたので、国王の力は弱かった

諸侯　王　諸侯　諸侯　王　諸侯

軍役　封土

A国　国境が曖昧だった　B国

近世（主権国家体制）
ローマ教皇や諸侯の力が弱まり、国王の力が強くなる

王（主権者）　　王（主権者）

絶対王政　　絶対王政

A国　国境が明確になる　B国

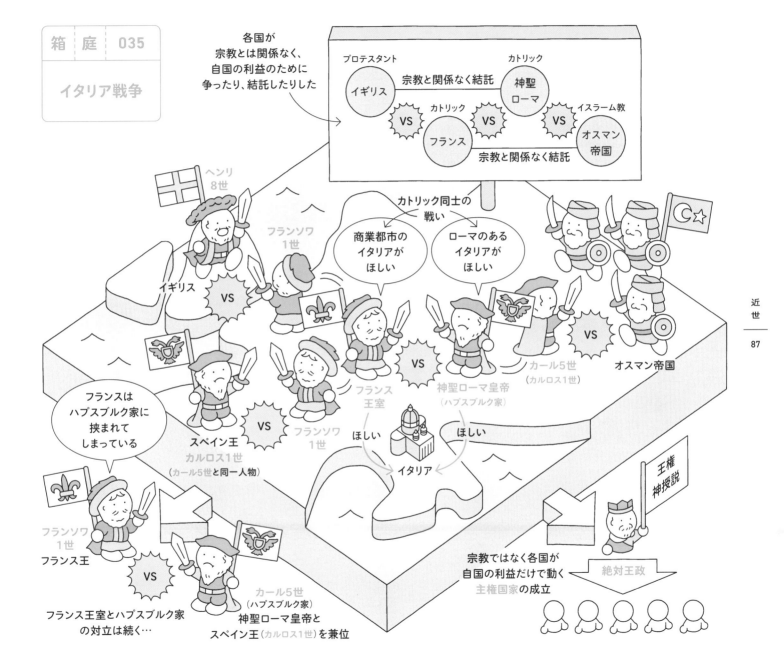

036

スペインの絶対王政

太陽の沈まぬ国

1516年、スペインに**ハプスブルク家**(P86)**の王朝**（ハプスブルク朝）が誕生します。初代国王はカルロス1世(P87)です。カルロス1世の父方の祖父は**神聖ローマ帝国の皇帝マクシミリアン1世**（ハプスブルク家）、母方の祖母はスペインの女王イサベルという最高に高貴な血筋でした。

カルロス1世は19歳のときに、祖父から**神聖ローマ帝国の皇帝**をも受け継ぐことになりました。その称号はカール5世(P87)。こうしてスペイン国王カルロス1世は、**神聖ローマ皇帝カール5世**も兼ねることになります。

この結果、カルロス1世の支配は、オーストリア、ベルギー、オランダ、ルクセンブルク、ミラノ、ナポリ、シチリアなどフランスを除くヨーロッパ大陸、中米・南アメリカ大陸、遠くフィリピンにまで広がりました。

16世紀後半、息子フェリペ2世の時代には、南米ポトシ銀山の銀生産量が急増します。さらにポルトガルを併合したことで、領土はアフリカ、インドにまで広がりました。

こうしたことからスペインは、「本国に夜がきても、領土のどこかしらを太陽が照らす絶大な国力を持つ国」であることが比喩されて「太陽の沈まぬ国」と呼ばれました。

しかしスペインの衰退は、**オランダ独立戦争**(P90)から始まります。当時オランダは、スペイン王室に支配されていました。しかし、プロテスタント勢が主導するオランダの独立にイギリスが手を貸したのです。このイギリスのオランダ支援は、カトリックによって全ヨーロッパの統合を目ざそうとしていたフェリペ2世にとって、大きな痛手でした。スペインはイギリスにアルマダの海戦で敗北し、没落していくことになります。

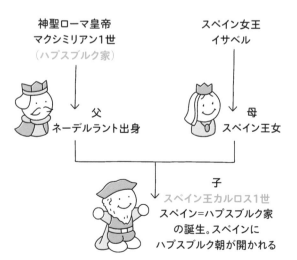

神聖ローマ皇帝
マクシミリアン1世
（ハプスブルク家）

スペイン女王
イサベル

父
ネーデルラント出身

母
スペイン王女

子
スペイン王カルロス1世
**スペイン=ハプスブルク家
の誕生。スペインに
ハプスブルク朝が開かれる**

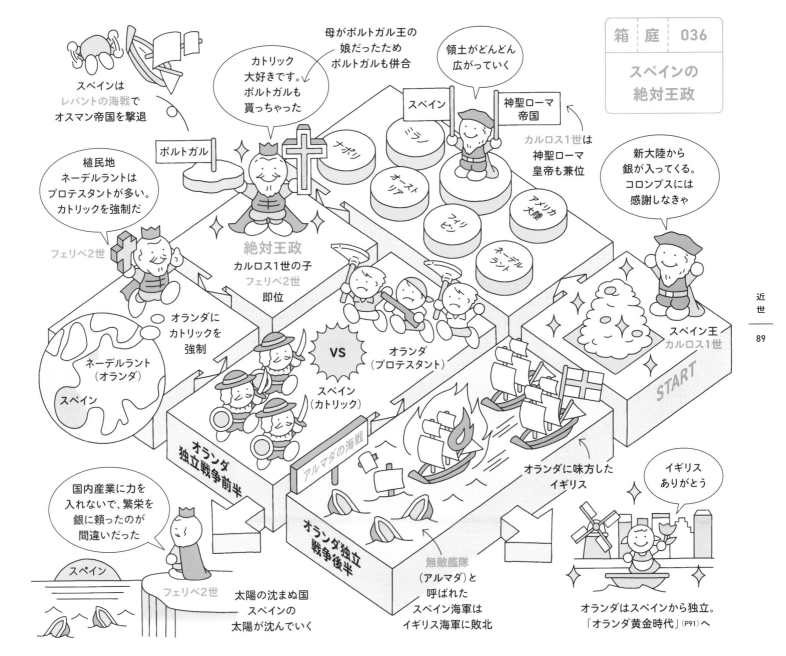

スペインは
レバントの海戦で
オスマン帝国を撃退

カトリック
大好きです。
ポルトガルも
貰っちゃった

母がポルトガル王の
娘だったため
ポルトガルも併合

領土がどんどん
広がっていく

スペイン　神聖ローマ
帝国

カルロス1世は
神聖ローマ
皇帝も兼位

新大陸から
銀が入ってくる。
コロンブスには
感謝しなきゃ

植民地
ネーデルラントは
プロテスタントが多い。
カトリックを強制だ

ポルトガル

絶対王政

カルロス1世の子
フェリペ2世
即位

フェリペ2世

オランダに
カトリックを
強制

ネーデルラント
（オランダ）

スペイン

VS

スペイン
（カトリック）

オランダ
（プロテスタント）

オランダ
独立戦争前半

アルマダの海戦

オランダ独立
戦争後半

オランダに味方した
イギリス

スペイン王
カルロス1世

START

ミラノ

ナポリ

オーストリア

アメリカ大陸

フィリピン

ネーデルランド

国内産業に力を
入れないで、繁栄を
銀に頼ったのが
間違いだった

イギリス
ありがとう

スペイン

フェリペ2世

太陽の沈まぬ国
スペインの
太陽が沈んでいく

無敵艦隊
（アルマダ）と
呼ばれた
スペイン海軍は
イギリス海軍に敗北

オランダはスペインから独立。
「オランダ黄金時代」(P91)へ

037

オランダの独立と繁栄

黄金時代の17世紀

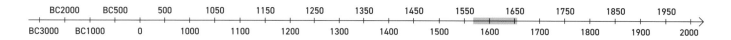

宗教改革以降、商業国オランダ（ネーデルラント）には、ゴイセン(P83)と呼ばれるカルヴァン派のプロテスタントが多く住んでいました。

しかし、オランダを支配していたスペイン王室（ハプスブルク家）はカトリックを信仰していたため、オランダにカトリックを強制しました。これに反抗したオランダの市民は、指導者オラニエ公ウィレムのもと、スペインに対して独立戦争を起こします。これがオランダ独立戦争です。
1568〜1609

イギリスの支援もあり（アルマダの海戦 P92）、オランダはネーデルラント連邦共和国（首都はアムステルダム）として独立に成功しました。そしてバタヴィア（現在のジャカルタ）に植民地を建設し、ここを拠点に東南アジアの香辛料貿易を独占します。さらに台湾を領有したほか、アフリカにケープ植民地、アメリカにニューアムステルダム
1652
（現在のニューヨーク）などを建設していき、世界貿易を手中に収めます。

オランダの市民生活は豊かになり、レンブラントやフェルメールといった著名な画家も登場
1606〜69   1632〜75
し、文化面でも充実。「17世紀はオランダの世紀」と呼ばれるようになります。

しかしオランダは、中継貿易（他国からの輸入品を別の国に輸出する貿易形態）で国が繁栄したため、国内産業の成長が滞ってしまいました。オランダは、イギリスと海の覇権をめぐって争うイギリス＝オランダ戦争に破れ、その
1652〜54
あと衰退していきます。

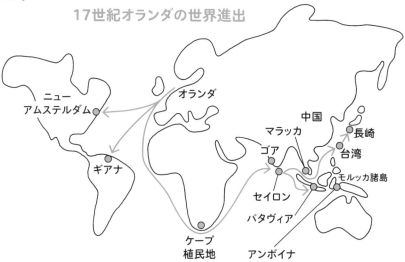

17世紀オランダの世界進出

ニューアムステルダム

オランダ

中国

マラッカ

長崎

ゴア

台湾

ギアナ

モルッカ諸島

セイロン

バタヴィア

アンボイナ

ケープ植民地

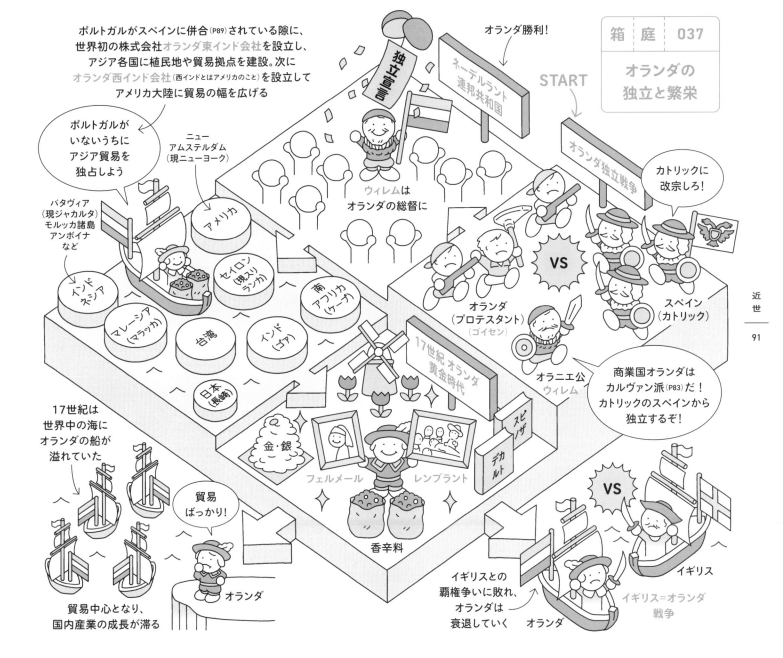

ポルトガルがスペインに併合(P89)されている隙に、
世界初の株式会社オランダ東インド会社を設立し、
アジア各国に植民地や貿易拠点を建設。次に
オランダ西インド会社(西インドとはアメリカのこと)を設立して
アメリカ大陸に貿易の幅を広げる

ポルトガルが
いないうちに
アジア貿易を
独占しよう

ニュー
アムステルダム
(現ニューヨーク)

バタヴィア
(現ジャカルタ)
モルッカ諸島
アンボイナ
など

アメリカ

セイロン
(現スリ
ランカ)

南
アフリカ
(ケープ)

インド
ネシア

マレーシア
(マラッカ)

台湾

インド
(ゴア)

日本
(長崎)

オランダ勝利!

START

独立宣言

ネーデルラント
連邦共和国

オランダ独立戦争

カトリックに
改宗しろ!

ウィレムは
オランダの総督に

オランダ
(プロテスタント)
(ゴイセン)

VS

スペイン
(カトリック)

オラニエ公
ウィレム

商業国オランダは
カルヴァン派(P83)だ!
カトリックのスペインから
独立するぞ!

17世紀は
世界中の海に
オランダの船が
溢れていた

17世紀 オランダ
黄金時代

スピ
ノザ

デカ
ルト

金・銀

フェルメール

レンブラント

貿易
ばっかり!

香辛料

オランダ

貿易中心となり、
国内産業の成長が滞る

イギリスとの
覇権争いに敗れ、
オランダは
衰退していく

VS

イギリス

オランダ

イギリス=オランダ
戦争

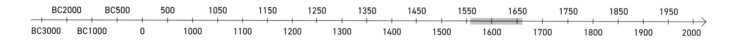

BC2000	BC500	500	1050	1150	1250	1350	1450	1550	1650	1750	1850	1950
BC3000	BC1000	0	1000	1100	1200	1300	1400	1500	1600	1700	1800	1900	2000

近世

92

イギリスには、国王が**宗教**と**政治**の両方を統制する**絶対王政**が誕生しました(P84)。ただし女王エリザベス I 世は、議会を尊重するイギリスの伝統を守ります(模範議会 P64)。
_{在位1558〜1603}

エリザベス I 世は、中央の政策は**議会**と相談して決め、目の届かない地方の統治は、地方の地主である**ジェントリ**(P84)に任せました（ジェントリは毛織物のための牧場や工場を経営して収入を得ていた)。イギリスの政治はこの仕組みで大いに安定します。イギリスの毛織物は海外で売れに売れ、国力は増していきました。

さらにエリザベス I 世は、海外進出を目指します。大西洋の覇権は当時、アメリカ大陸を発見したスペインが握っていました(スペインの絶対王政 P88)。そこでイギリスは、オランダの独立を口実にスペインと衝突。無敵艦隊（アルマダ）とうたわれたスペインの大艦隊をアルマダの海戦(P88)で破り、
₁₅₈₈
大西洋の覇権をスペインから奪いました。

またエリザベス I 世は、貿易会社である東インド会社を創設し、植民地建設にも力を入れました。
₁₆₀₀

エリザベス I 世の死後、イギリスの雲行きが怪しくなります。跡を継いだジェームズ I 世が**イギリス国教会**(P84)の
_{在位1603〜25}

名のもとに王権神授説を唱え、議会を無視した専制政治を行ったのです。カトリックや、ピューリタンと呼ばれるイギリスの**カルヴァン派**(P82)は弾圧されました。

さらにジェームズ I 世の子、チャールズ I 世は、当時
_{在位1625〜49}
ピューリタンが多かった議会を解散してしまいます。

クロムウェルを中心とした議会はこれに反発。ネーズ
_{1599〜1658}
ビーの戦いでクロムウェルは、国王に味方する王党派を打
₁₆₄₅
ち破りました。そして国王チャールズ I 世を処刑してしまいます。ここに、イギリスに初の**共和政**が敷かれました。
₁₆₄₉

このクロムウェルによる革命は、ピューリタン主導で行なわれたのでピューリタン革命と呼ばれます。
_{1640〜60}

1620年、弾圧から逃れた約100名のピューリタンがメイフラワー号でアメリカへ移住した。彼らの上陸地はニューイングランド植民地(P140)に発展した

ピルグリム=ファーザーズ

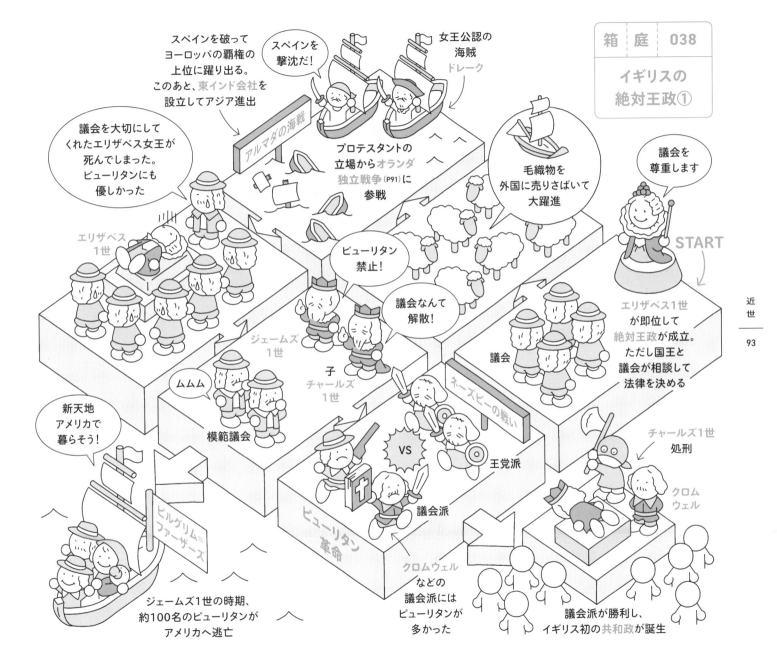

イギリスの絶対王政②

名誉革命と立憲君主政

共和政の誕生
共和政のイギリスは
英蘭戦争を優勢に進め、
世界貿易の覇権を
オランダから奪う

クロムウェル

ピューリタン革命を成功させ、イギリスに**共和政**を敷いた**クロムウェル**(P92)。このあとクロムウェルは、**アイルランド**を征服しました。さらに当時海上交易をリードしていたオランダと、貿易権を争う英蘭戦争を起こします。英蘭戦争を優勢に進めたクロムウェルは、護国卿となり、独裁政治を始めました。

この独裁政治に対して民衆の不満が爆発。再びイギリスに国王が呼びもどされ、**王政が復活**することになります(王政復古)。ところがこの王も、次の王も、議会を軽視する態度をとりました。ついに議会は、**外国**から国王を迎え入れ「イギリスの国王と認める代わりに、議会の主権を約束させる」という策にでました(権利の章典)。こうしてオランダからウィリアム3世とその妻メアリ2世がイギリス国王と

して招かれ、イギリスは、議会が力を持つ立憲君主政(立憲王政)となりました。議会が行ったこの革命は、血を流さずに成功したので名誉革命と呼ばれます。

安定したイギリスは、アン女王の代にスコットランドを併合。**グレートブリテン王国**となります。

次のジョージ1世の時代には、議会政治がさらに徹底され、「王は君臨すれども統治せず」と言われるまでになります。

エリザベス1世 絶対王政となる

ジェームズ1世 議会を解散

チャールズ1世 ピューリタン、カトリックを弾圧

ピューリタン革命 1640

クロムウェル 共和政となる

王政復古 1660

チャールズ2世 (カトリックの復興を図って)議会と衝突

ジェームズ2世 (カトリックの復興を図って)議会と衝突

名誉革命 1688

ウィリアム3世・メアリ2世 立憲君主政となる

アン女王 グレートブリテン王国となる

ジョージ1世 「王は君臨すれど統治せず」が確立

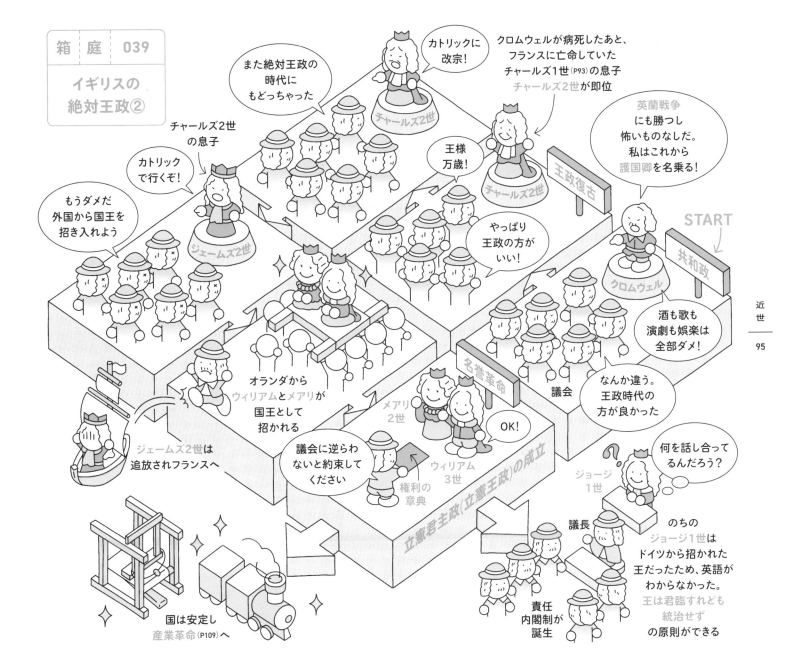

また絶対王政の
時代に
もどっちゃった

カトリックに
改宗！

クロムウェルが病死したあと、
フランスに亡命していた
チャールズ1世(P93)の息子
チャールズ2世が即位

チャールズ2世
の息子

カトリック
で行くぞ！

王様
万歳！

英蘭戦争
にも勝つし
怖いものなしだ。
私はこれから
護国卿を名乗る！

もうダメだ
外国から国王を
招き入れよう

やっぱり
王政の方が
いい！

START

王政復古

共和政

酒も歌も
演劇も娯楽は
全部ダメ！

オランダから
ウィリアムとメアリが
国王として
招かれる

なんか違う。
王政時代の
方が良かった

ジェームズ2世は
追放されフランスへ

議会に逆らわ
ないと約束して
ください

OK！

権利の
章典

ウィリアム
3世

メアリ
2世

名誉革命

議会

何を話し合って
るんだろう？

ジョージ
1世

立憲君主政(立憲王政)の成立

議長

国は安定し
産業革命(P109)へ

責任
内閣制が
誕生

のちの
ジョージ1世は
ドイツから招かれた
王だったため、英語が
わからなかった。
王は君臨すれども
統治せず
の原則ができる

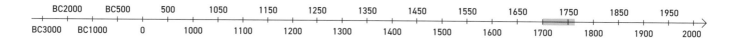

大航海時代(P76・78)をきっかけに、スペインとポルトガルは植民地獲得に乗りだしました。しかし両国が勢いを失うと、それに代わって頭角をあらわしたのが、**オランダ**、**イギリス**、**フランス**でした。

18世紀、ヨーロッパではカフェやコーヒーハウスが人気を呼び、コーヒーやサトウキビの需要が高まりました。そこで、コーヒーやサトウキビがカリブ海のプランテーションで大規模に栽培されることになります。労働力は西アフリカから搬送される黒人奴隷でした。また、綿製品がヨーロッパで大流行すると、北アメリカ大陸南部では原料の綿花栽培が発展しました。こうした、ヨーロッパ、アメリカ大陸、アフリカ大陸の間で行われる貿易を大西洋三角貿易(P138)といいます。

大西洋三角貿易の主導権を握ったのは、**イギリス**でした。そこにはイギリスとフランスの植民地戦争が深く関わっています。当時フランスは、北アメリカ大陸にケベック（いまのカナダ）とルイジアナを、イギリスは東岸側に13植民地を得ていました。しかしフレンチ＝インディアン戦争で、
1754〜63
フランスはイギリスに完敗し、北アメリカ大陸のすべての植民地を失ったのです。

同じ時期、インドでプラッシーの戦いとカーナティック
1757
戦争が起こり、イギリスはインド植民地化の主導権も獲得
1744〜63
しました。こうしてイギリスは、第1次植民地帝国の時代を築きます。

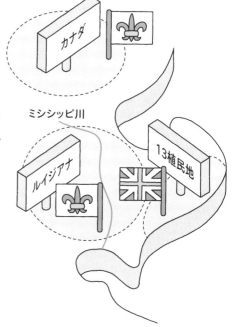

イギリスは北アメリカ大陸に13植民地を築いた。（最初の植民地ヴァージニア、弾圧から逃れてアメリカに渡ったピューリタン(P92)が基礎をつくったニューイングランド、オランダから奪ったニューヨーク(P90)など）

一方、フランスはルイジアナやカナダなどの植民地を築いた。以降、両者で領土争いが起きる

ミシシッピ川

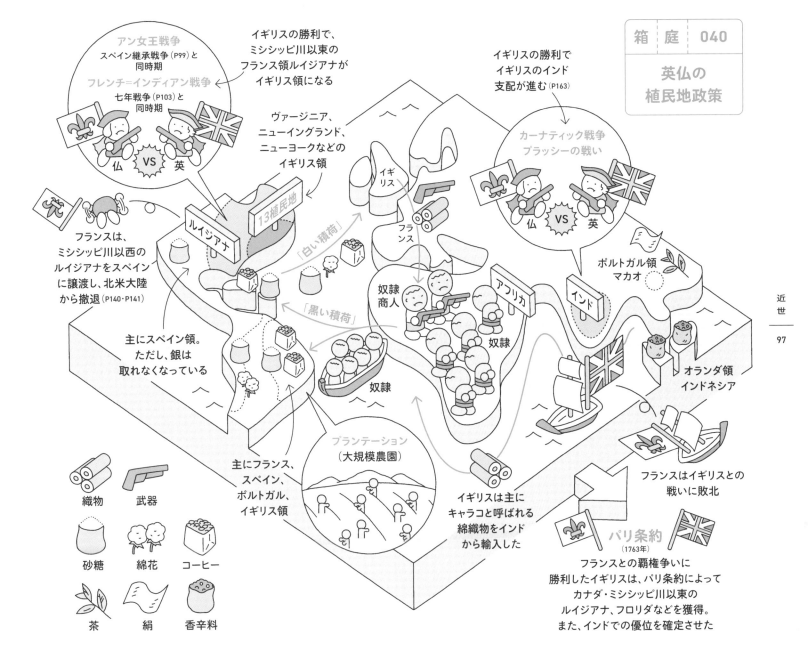

アン女王戦争
スペイン継承戦争（P99）と
同時期
フレンチ＝インディアン戦争
七年戦争（P103）と
同時期

イギリスの勝利で、
ミシシッピ川以東の
フランス領ルイジアナが
イギリス領になる

ヴァージニア、
ニューイングランド、
ニューヨークなどの
イギリス領

イギリスの勝利で
イギリスのインド
支配が進む（P163）

カーナティック戦争
プラッシーの戦い

仏 VS 英

仏 VS 英

ポルトガル領
マカオ

フランスは、
ミシシッピ川以西の
ルイジアナをスペイン
に譲渡し、北米大陸
から撤退（P140・P141）

13植民地

ルイジアナ

イギ
リス

フランス

「白い積荷」

奴隷
商人

アフリカ

インド

オランダ領
インドネシア

主にスペイン領。
ただし、銀は
取れなくなっている

「黒い積荷」

奴隷

奴隷

フランスはイギリスとの
戦いに敗北

主にフランス、
スペイン、
ポルトガル、
イギリス領

プランテーション
（大規模農園）

イギリスは主に
キャラコと呼ばれる
綿織物をインド
から輸入した

パリ条約
（1763年）

織物　武器

砂糖　綿花　コーヒー

茶　絹　香辛料

フランスとの覇権争いに
勝利したイギリスは、パリ条約によって
カナダ・ミシシッピ川以東の
ルイジアナ、フロリダなどを獲得。
また、インドでの優位を確定させた

百年戦争(P70)のあと、フランスにも**宗教戦争**が起こります。ユグノーと呼ばれるフランスの**カルヴァン派**(P82)と、**カトリック教徒**が 30 年間にわたってフランス国内で衝突したのです（ユグノー戦争）。
<small>1562～98</small>

この内乱をしずめたのが 1589 年にフランス国王に即位したアンリ 4 世です（以降ブルボン朝）。アンリ 4 世はもとはユグノーでしたが、みずからカトリックに改宗。そうすることで、カトリックを国教としつつ、ユグノーの信仰も認めました（ナントの王令）。ユグノー戦争は終わり、国内は安定をとりもどしていきます。
<small>在位1589～1610　1589～1792, 1814～30</small>
<small>1598</small>

このあと即位したルイ 13 世と、宰相のリシュリューは、王権に抵抗する貴族や平民を抑えるため、**議会**(三部会 P62)を停止しました。このためフランスの王権が急速に強くなっていきます。次のルイ 14 世の時代には、宰相マザランや財務総監コルベールのサポートのもと、フランスの王権は**絶頂期**を迎えます。太陽王と呼ばれたルイ 14 世は、ヴェルサイユ宮殿の建設に着手。国内外にその威力をみせつけました。
<small>在位1610～43　1585～1642</small>
<small>在位1643～1715　1602～61</small>
<small>1619～83</small>

やがてフランスの勢いを警戒する国も多くなります。それらの国々と戦ったスペイン継承戦争では、多くの戦費を
<small>1701～13</small>

費やす羽目になりました。ルイ 14 世は、国民の宗教をカトリックに統一して王権の絶対性を築こうと考え、**ナントの王令**を廃止。国民にカトリックを強制します。

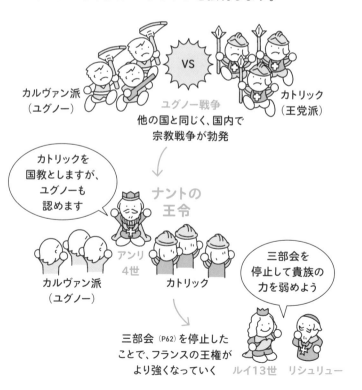

カルヴァン派
（ユグノー）

VS

カトリック
（王党派）

ユグノー戦争

他の国と同じく、国内で
宗教戦争が勃発

カトリックを
国教としますが、
ユグノーも
認めます

ナントの
王令

アンリ
4 世

カルヴァン派
（ユグノー）

カトリック

三部会を
停止して貴族の
力を弱めよう

三部会 (P62) を停止した
ことで、フランスの王権が
より強くなっていく

ルイ13世　リシュリュー

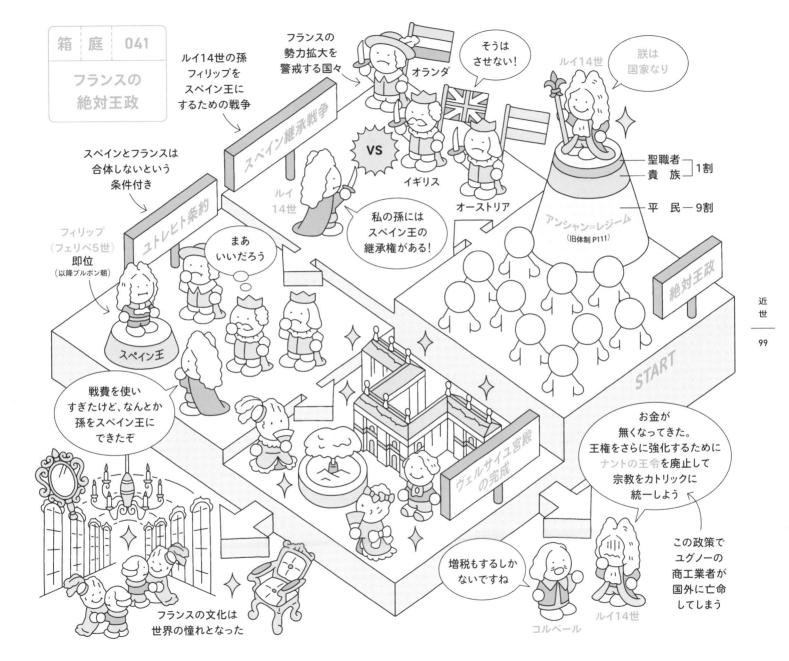

ドイツの専制君主政①

三十年戦争と神聖ローマ帝国の弱体化

ヨーロッパ各地で**宗教改革**が続く16世紀、**神聖ローマ帝国（ドイツ）**は、諸侯たちが治める数多くの**領邦**で構成された連合国家でした(P66)。

アウクスブルクの宗教和議(P80)により、**カトリックの領邦**と**ルター派の領邦**が誕生してからは、両者は二手に分かれ、30年間に及ぶ戦争の時代をみます（**三十年戦争**）。
_{1618～48}

この戦争で、**ハプスブルク家**（カトリック）が統治するスペインは、カトリック陣営に加勢しました。フランスはカトリック国にもかかわらず、プロテスタント陣営に加勢します。なぜならフランスは、地理的に神聖ローマ帝国（皇帝がハプスブルク家(P66)）とスペイン（王がハプスブルク家(P88)）に挟まれ、長年にわたってハプスブルク家と対立していたからです。

30年間もの争いの末、結局**神聖ローマ帝国**はひとつにまとまらず、**ウエストファリア条約**によって事実上解体します。神聖ローマ帝国は、諸侯たちがほぼ完全な**主権**を持つ領邦国家連合となりました。

三十年戦争のあとドイツでは、プロイセン王国（1701年に**プロイセン公国**が昇格して成立した領邦国家）と、オーストリア大公国（ハプスブルク家が統治する領邦国家）の対立が強まっていきます。

1740年、プロイセン王に**フリードリヒ2世**(P102)が即位すると、彼は行政と財政を整え、自国に**啓蒙専制君主政**(P102)を確立しました。そしてオーストリアの女帝**マリア＝テレジア**(P102)と、石炭が豊富な**シュレジエン地方**をめぐって争うことになります(オーストリア継承戦争 P102)。

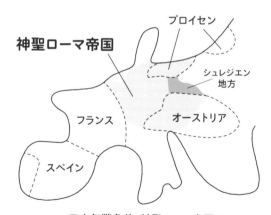

三十年戦争後、神聖ローマ帝国は
ウエストファリア条約によって事実上解体。
諸侯たちが主権を持つ領邦国家連合となる。
そのなかで、オーストリアとプロイセンが力を持つ

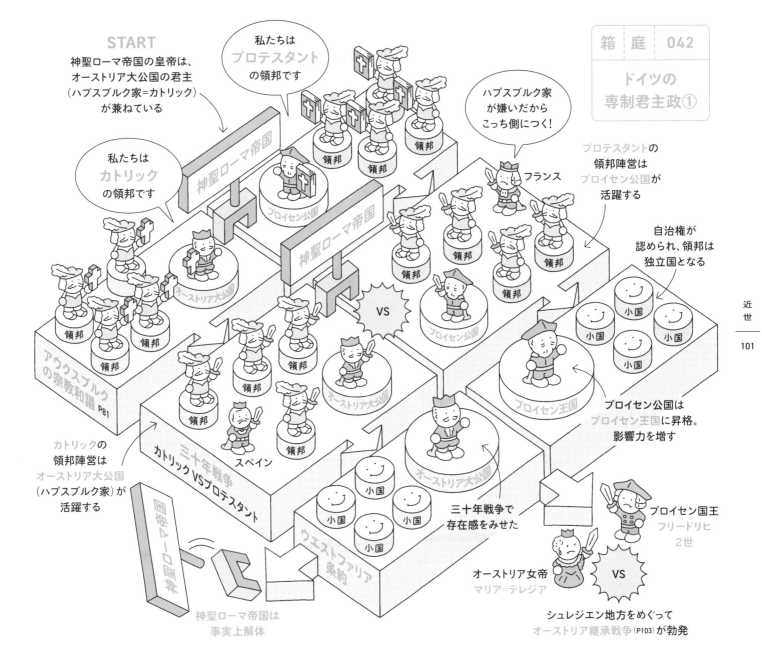

START
神聖ローマ帝国の皇帝は、
オーストリア大公国の君主
（ハプスブルク家＝カトリック）
が兼ねている

私たちは
プロテスタント
の領邦です

ハプスブルク家
が嫌いだから
こっち側につく！

私たちは
カトリック
の領邦です

プロテスタントの
領邦陣営は
プロイセン公国が
活躍する

フランス

自治権が
認められ、領邦は
独立国となる

プロイセン公国は
プロイセン王国に昇格。
影響力を増す

カトリックの
領邦陣営は
オーストリア大公国
（ハプスブルク家）が
活躍する

三十年戦争
カトリックVSプロテスタント

スペイン

三十年戦争で
存在感をみせた

プロイセン国王
フリードリヒ
2世

神聖ローマ帝国は
事実上解体

ウエストファリア
条約

オーストリア女帝
マリア＝テレジア

VS

シュレジエン地方をめぐって
オーストリア継承戦争（P103）が勃発

アウクスブルク
の宗教和議 P81

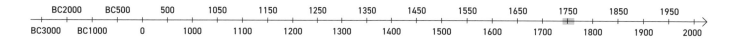

　三十年戦争のあと、神聖ローマ帝国は**領邦国家連合**(P100)になりました。数ある領邦国家のなかでも有力だったのが、**オーストリア大公国**と、強大な軍事力を誇る**プロイセン公国**（1701年に王国昇格）でした。

　オーストリアは、女帝マリア＝テレジア（在位1740〜80）の家督相続の是非をめぐって起きたオーストリア継承戦争（1740〜48）で、フランスとの戦いに勝利しました。しかし、この戦争でフランスに味方してオーストリアと戦った**プロイセン**に、石炭が豊富なシュレジエン地方を奪われてしまいました。オーストリアはこの地域を奪回するため、長年対立してきた**フランス**と歴史的和解を遂げて同盟関係を築きます（外交革命）。そしてこの同盟関係をより確かなものにするため、マリア＝テレジアは娘、マリ＝アントワネット(P110)（1755〜93）をフランス王家に嫁がせました。

　一方、**プロイセン**の国王フリードリヒ2世（在位1740〜86）は、社会や生活をよりよくするという啓蒙思想を利用して、**専制君主政**を敷きました（啓蒙専制君主政）。そのもとで、産業の育成や芸術の推進、寛容な宗教政策を進め、強い国づくりを目ざしました。この啓蒙専制君主政は、のちのオーストリア君主**ヨーゼフ2世**（マリア＝テレジアの長男）にも影響を与えます。

　マリア＝テレジアが行った**外交革命**によって、オーストリアとフランスが結びつきを強めると、フリードリヒ2世はこれに反発し、イギリスに接近しました。そしてフランスを味方につけたオーストリアと、イギリスを味方につけたプロイセンの間に七年戦争（1756〜63）が起こります。

　この結果、イギリスを味方につけたプロイセンはオーストリアを破って**シュレジエン地方**を**確保**し、ドイツ最強の軍事国家へと突き進んでいきます。

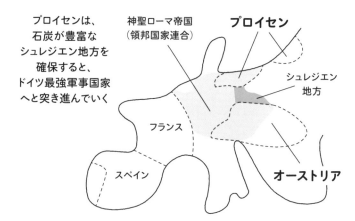

プロイセンは、石炭が豊富なシュレジエン地方を確保すると、ドイツ最強軍事国家へと突き進んでいく

神聖ローマ帝国（領邦国家連合）　**プロイセン**　シュレジエン地方　フランス　スペイン　**オーストリア**

プロイセンと
オーストリアの間にある
石炭が豊富な
シュレジエン地方を
奪い合う

ドイツ
最強軍事国

プロイセン

ハプスブルク家
大嫌い!

フランス
ルイ15世

代々
ハプスブルク家
が統治する国

オーストリア

VS

フリードリヒ
2世

イギリス
ジョージ2世

フランス国王の
「朕は国家なり(P99)」
とは異なり、
フリードリヒ2世は
「王は国家に尽くすべき」
と考えた

君主は
国家第一の
しもべ!

マリア=
テレジア

イギリス
ジョージ2世

VS

フリードリヒ
2世

やった!
シェレジエンを
確保した

オーストリア継承戦争

今度は
こっちにつこう

フランスが
宿敵ハプスブルク家と
手を組む

マリア=
テレジア

外交革命

フランス
ルイ15世

七年戦争

勝

負

フリードリヒ
2世

プロイセンは
超大国へ

マリア=
テレジア

フランス王
ルイ16世に
嫁ぎます

私も啓蒙
専制君主

ヴォルテール

オーストリアが
フランスと親交を
深めるため

次女
マリ=アントワネット

長男
ヨーゼフ2世

フリードリヒ2世は
啓蒙専制君主と呼ばれ、
産業の育成、福祉の向上、
芸術の推進、宗教の自由など
上からの近代化を行った

ビザンツ帝国最後の皇帝の姪が、**モスクワ大公国**（ロシア帝国の前身）の**イヴァン3世**と結婚したことで、ビザンツ帝国と**ギリシア正教**の文化は**ロシア**へと引き継がれることになりました（P54）。

モスクワ大公国に**イヴァン4世（イヴァン雷帝）**（在位1533〜84）が即位してからは、君主の称号は公式に**ツァーリ**（語源はカエサルCaesar）を用いるようになります。意味は**皇帝**です。17世

ビザンツ帝国
ビザンツ帝国が滅びる
（P54）

モスクワ大公国
モスクワ大公国が
ビザンツ帝国の文化を受け継ぐ
（P54）

清（中国）との
国境も定めた

ロシア帝国
ピョートル1世が勢力を拡大し、
ロシア帝国と呼ばれるようになる

紀、モスクワ大公国の王朝が断絶して誕生した<ruby>ロマノフ朝<rt>1613〜1917</rt></ruby>も、この称号を受け継ぎ、皇帝による**強権体制**（ツァーリズム）を築きます。

17世紀は、西欧諸国が海外に植民地や勢力圏を広げていた時期でした。ロシアも後れを取るなとばかりに世界に目を向けます。

ところが、大きな問題が立ちはだかります。ロシアは冷帯気候の国。冬は港が凍ってしまい、**1年をつうじて使える港**（不凍港）がないのです。これはロシア発展の根幹に関わる問題でした。

こうしたなか、17世紀末に即位した<ruby>ピョートル1世<rt>在位1682〜1725</rt></ruby>は、強国スウェーデンとの<ruby>北方戦争<rt>1700〜21</rt></ruby>に勝利し、バルト海の覇権を手に入れます。この間にバルト海沿岸に建てられた要塞が、のちに首都**サンクト＝ペテルブルク**となります。

さらに18世紀末、**啓蒙専制君主**を自負する女帝<ruby>エカチェリーナ2世<rt>在位1762〜96</rt></ruby>（P156）は、オスマン帝国を攻略し、黒海の北岸にあるクリミア半島を奪いました。

不凍港獲得問題から展開した南下政策は、ロシアが地中海に出るきっかけをつくります。

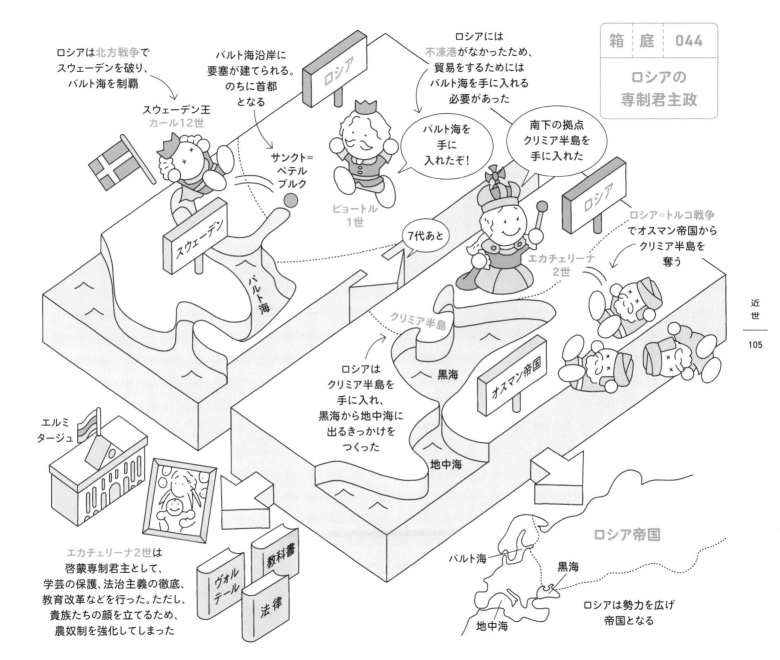

ロシアは北方戦争で
スウェーデンを破り、
バルト海を制覇

バルト海沿岸に
要塞が建てられる。
のちに首都
となる

ロシア

ロシアには
不凍港がなかったため、
貿易をするためには
バルト海を手に入れる
必要があった

スウェーデン王
カール12世

サンクト=
ペテル
ブルク

バルト海を
手に
入れたぞ！

南下の拠点
クリミア半島を
手に入れた

ピョートル
1世

ロシア

ロシア=トルコ戦争
でオスマン帝国から
クリミア半島を
奪う

スウェーデン

バルト海

7代あと

エカチェリーナ
2世

クリミア半島

ロシアは
クリミア半島を
手に入れ、
黒海から地中海に
出るきっかけを
つくった

黒海

オスマン帝国

エルミ
タージュ

地中海

ロシア帝国

バルト海

黒海

エカチェリーナ2世は
啓蒙専制君主として、
学芸の保護、法治主義の徹底、
教育改革などを行った。ただし、
貴族たちの顔を立てるため、
農奴制を強化してしまった

ヴォル
テール

教科書

法律

地中海

ロシアは勢力を広げ
帝国となる

近代

045 産業革命

イギリスで起きた新しい波

BC2000　BC500　　500　　1050　　1150　　1250　　1350　　1450　　1550　　1650　　1750　　1850　　1950

BC3000　BC1000　　0　　1000　　1100　　1200　　1300　　1400　　1500　　1600　　1700　　1800　　1900　　2000

18世紀になると、ヨーロッパでは新たな機械が次々に発明されるようになり、農業から**工業中心**の社会へと移行します。こうした大きな変化を産業革命といいます。

産業革命はまず**イギリス**で起こりました。その理由はいくつかあります。イギリスは多くの**植民地**を築くことに成功し、巨万の富を得ていました(P96)。人びとの暮らしは向上し、質の高い製品をほしがるようになっていました。また、当時イギリスで囲い込みという農業の合理化が起こったため、街には仕事をほしがる失業した農民であふれていました。つまりイギリスには、産業革命のための**資金**も**需要**も**労働力**も十分に備わっていたのです。

産業革命は**綿工業**の分野から始まります。当時イギリスは、**綿織物**をインドから輸入していました。しかし多軸紡績機や水力紡績機などが発明されると、質のいい綿織物を自国で大量に生産できるようになりました。綿織物の原料である**綿花**は**大西洋三角貿易**(P96)によって安く仕入れることが可能だったため、それまでの毛織物に代わり、綿織物はたちまちイギリスの主力製品になりました。

次にそれらの製品を早く運ぶため、紡績機の開発で得た技術が蒸気船や蒸気機関車に応用されました。これに伴って、**鉄鋼業**や**石炭業**なども発展しました。イギリスは世界の工場としての地位を確立していきます。このあと、産業革命の波は、ベルギー、フランス、ドイツ、アメリカへと広がっていきます。

産業革命によって、生産力は飛躍的に向上しました。しかし**資本家**と**労働者**という新たな階級対立を生んでしまいます。そればかりか、機械によって仕事を奪われた手工業職人による機械打ち壊し運動なども起こりました。さらに**人口集中**、**長時間労働**などの問題も浮上し始めます。

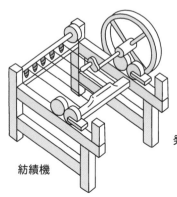

紡績機

飛び杼

ジョン=ケイが飛び杼
（綿織機に使用する部品）を
発明すると、綿糸が不足し始めた。
のちにハーグリーヴズが
ジェニー紡績機を発明すると、
綿糸の大量生産が可能となった

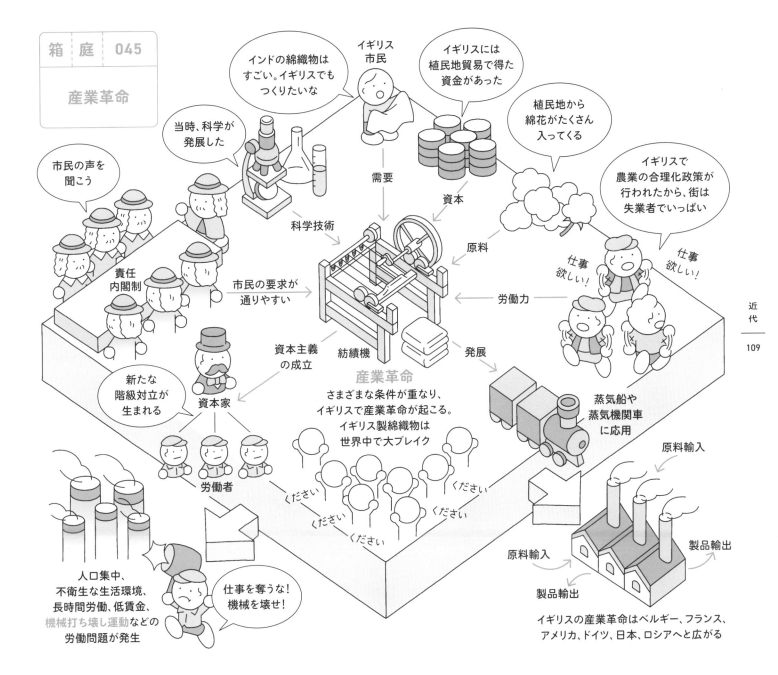

フランスは、**絶対君主**で名をとどろかせた**ルイ14世**(P98)の時代から、ヨーロッパの内外で数々の戦争を繰り広げてきました。国際的にも中心的な存在として注目され、その繁栄ぶりは豪華絢爛な**バロック様式**の建造物、**ヴェルサイユ宮殿**の建設となってあらわれました。

しかし、こうしたことから財政は破綻。この局面を打開するため、課税政策の改革案が準備されます。税の負担をこれまでのように**平民**（第三身分）だけに押しつけるのではなく、特権身分の**聖職者**（第一身分）や**貴族**（第二身分）にも負担してもらおうという案でした。

1789年5月、時の国王**ルイ16世**在位1774〜92は、長らく開催されていなかった**三部会**(P62)を開いて、この改革案を通そうとします。しかし当然、**特権身分**は猛反発しました。特権身分は**平民**代表らと議決方法をめぐって激しく対立し、三部会は空転してしまいます。こうしたなか、平民代表たちは、宮殿の手前にある**球戯場**（テニスコート）に集まって、新しい**国民議会**をつくり、憲法を制定するまで解散しないことを誓います（**球戯場**（テニスコート）の誓い）。1789〜91

7月14日、パリの民衆が、悪政のシンボルだった**バス**ティーユ牢獄を襲撃し、武器を手にとって蜂起（ほうき）しました（**バスティーユ牢獄襲撃**）。ここに**フランス革命**の火ぶたは切られることになります。1789〜99

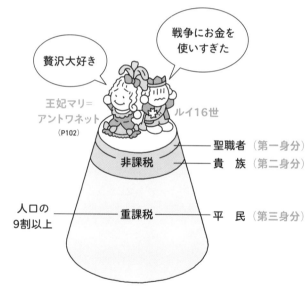

戦争にお金を使いすぎた

贅沢大好き

王妃マリ＝アントワネット(P102)

ルイ16世

聖職者（第一身分）
貴族（第二身分）

非課税

人口の9割以上

重課税

平民（第三身分）

アンシャン＝レジーム

フランス革命以前のフランスの制度を**アンシャン＝レジーム**（旧制度）という。人口の9割以上は第三身分であり、フランス国土の3割以上が第一身分と第二身分の土地だった

175年間
開かれていなかった
三部会が開催されるも、
話し合いは平行線に

私たちから
税金を取るなんて
とんでもない

聖職者や
貴族にも納税を
お願いしたい

戦争の
しすぎで
お金がない

もっと贅沢
したい!

貴族や聖職者も
納税しろ!

聖職者や
貴族からも
税金を取ろう

ルイ16世

マリ＝
アントワネット

貴族

財政総監
ネッケル

非課税

聖職者
貴族

聖職者

平民

そのためには
三部会を開かな
くてはなりません

重課税

我々平民は
国民議会を
結成する!

平民

三部会の開催

アンシャン＝レジーム
（旧制度）

START

武器を
手に入れたぞ!
みんなで革命を
成し遂げよう

議会場を
締め出された平民たちは、
国民議会を独自に結成

球戯場の誓い

バスティーユ
牢獄

バスティーユ牢獄襲撃

バスティーユ
を襲撃だ!

人間は
平等

人権
宣言

箱 庭 046

フランス革命①
革命の火蓋

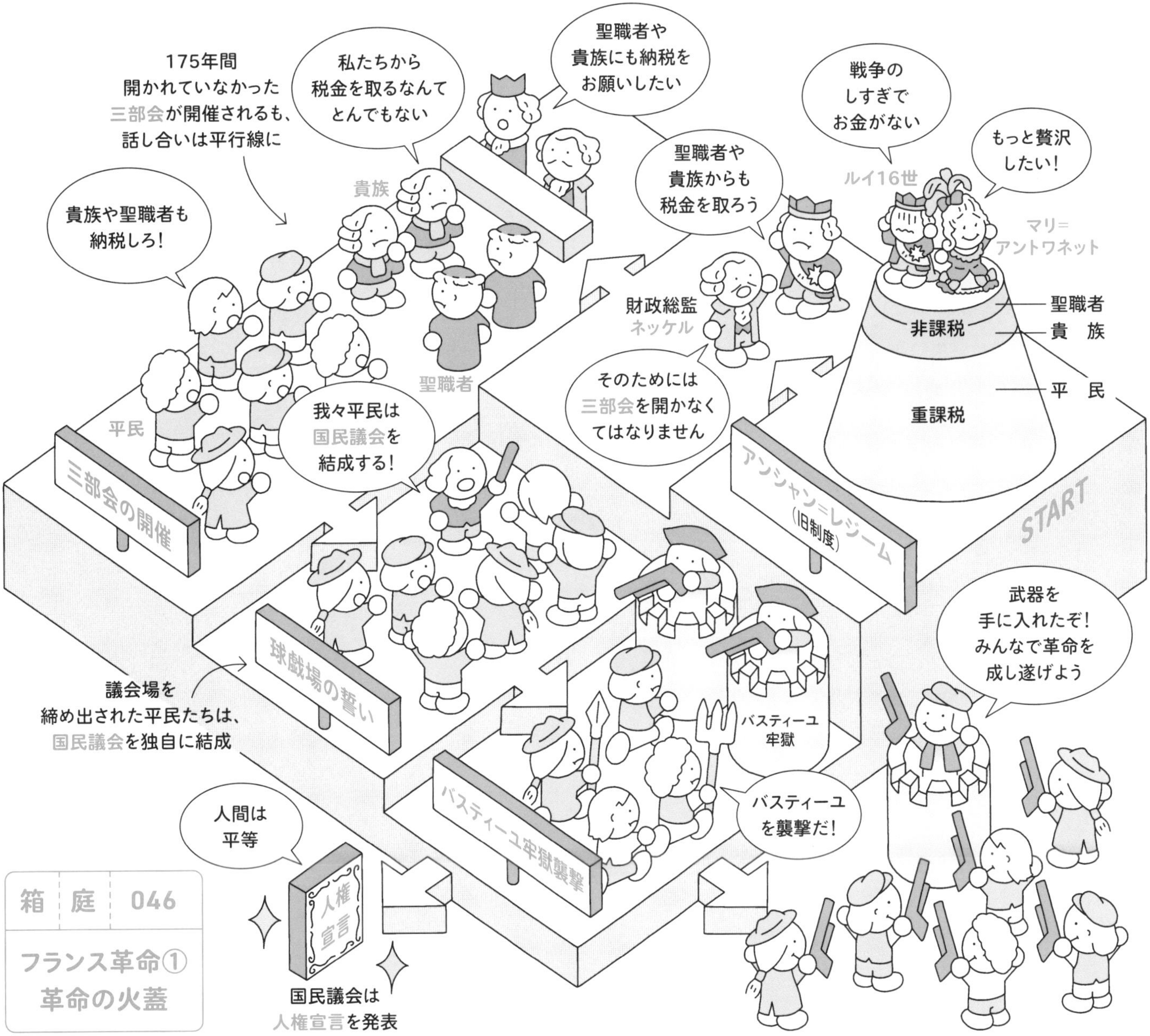

国民議会は
人権宣言を発表

フランス革命②

国王の逃亡

1789年7月下旬、**バスティーユ牢獄襲撃**(P110)に刺激された農民たちは、各地で暴動を起こします。**国民議会**(P110)は、この混乱を収めるため、8月早々に封建的特権の廃止₁₇₈₉を決めて農奴制を取りやめました。続いて政治家ラ＝ファイエット_{1757〜1834}らが起草した「人権宣言」₁₇₈₉を出して、人間の自由・平等の権利を不可侵とします。こうして**アンシャン＝レジーム（旧制度）**(P110)は解体されました。

10月には、女性たちが「パンをよこせ」と声をあげながらヴェルサイユ行進₁₇₈₉を行ないます。これをきっかけに**ルイ16世**一家は、住んでいた**ヴェルサイユ宮殿**(パリ郊外)から、パリにある昔ながらの**テュイルリー宮殿**に移されました。

革命が急進化することに恐怖心を覚えた国王一家は1791年6月、王妃マリ＝アントワネットの実家であるオーストリアへの逃亡を図りました。しかし途中のヴァレンヌで捕まり、パリへ連れもどされてしまいます（ヴァレンヌ逃亡事件）₁₇₉₁。民衆は、国王の逃亡を「裏切り」と非難し、「そんな国王は要らない！」といった声さえあげるようになりました。

9月には、立憲君主政を内容とする1791年憲法が制定され、立法議会が開催される運びとなりました。しかしこの間、オーストリアとプロイセンが、共同で**革命への介入警告**を宣言してきます。

ここからフランス革命は、国内問題から国際問題へと進展するのです。

ヴェルサイユ行進

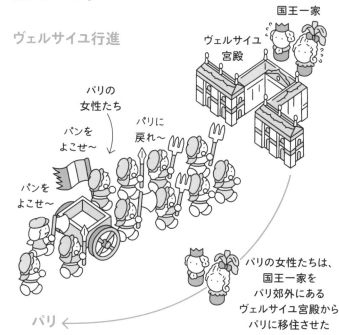

国王一家

ヴェルサイユ宮殿

パリの女性たち

パンをよこせ〜

パリに戻れ〜

パンをよこせ〜

パリ ←

パリの女性たちは、国王一家をパリ郊外にあるヴェルサイユ宮殿からパリに移住させた

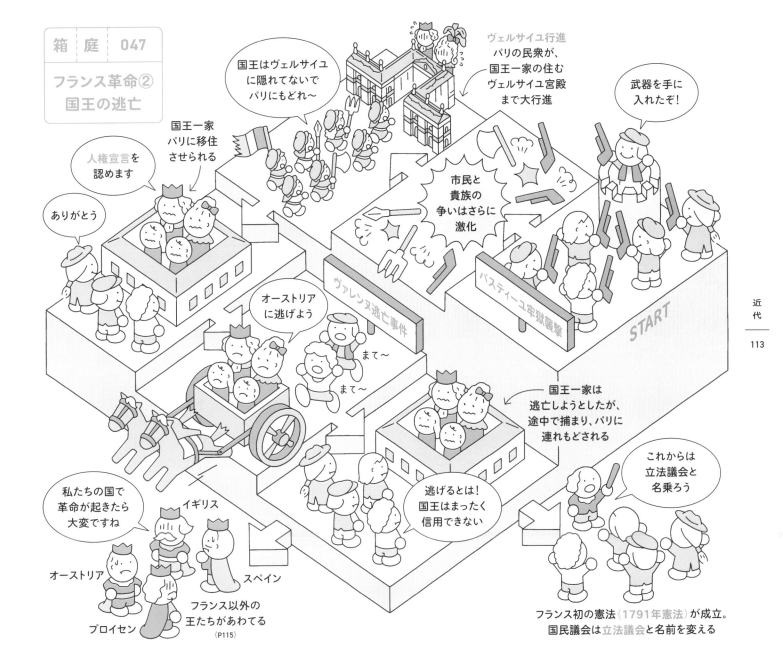

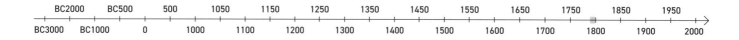

1792 年 4 月、**立法議会**(P112)**政府**は、**フランス革命への介入警告**(P112)をしてきたオーストリアに対して、宣戦布告しました。ところが結果は連戦連敗。プロイセンも、国境を越えてフランスに侵攻してくる始末でした。

そのときです。全国から革命歌「ラ＝マルセイエーズ」を歌いながら**義勇兵**（自発的な志願兵）がパリに集まり始めます。革命の急進勢力であるジャコバン派（山岳派）や穏健的なジロンド派は、義勇軍の活躍に大いに期待しました。

8 月、テュイルリー宮殿に向かったパリの民衆が、「ルイ 16 世は反革命者である」として**国王を逮捕**（8 月 10 日事件）。ここに王権は停止されました。

9 月、義勇兵からなるフランス革命軍（義勇軍）は、侵攻してきたオーストリアとプロイセンの連合軍をヴァルミーの戦いで破りました。この戦いは革命政府にとって初めての勝利となりました。

こうして新しく国民公会が開かれ、王政廃止の宣言とともに、フランス史上初の**共和政**（第一共和政）が誕生しました。

翌 1793 年 1 月にルイ 16 世が処刑されると、革命の広がりを警戒する近隣諸国は、対仏大同盟（第 1 回）をたちあげて、フランス革命をつぶしに向かいます。

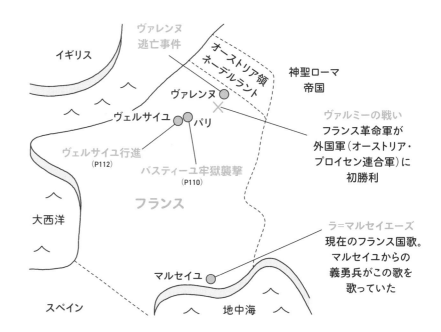

イギリス

ヴァレンヌ逃亡事件

オーストリア領ネーデルラント

神聖ローマ帝国

ヴァレンヌ

ヴェルサイユ　パリ

ヴァルミーの戦い
フランス革命軍が外国軍（オーストリア・プロイセン連合軍）に初勝利

ヴェルサイユ行進（P112）

バスティーユ牢獄襲撃（P110）

フランス

大西洋

ラ＝マルセイエーズ
現在のフランス国歌。マルセイユからの義勇兵がこの歌を歌っていた

マルセイユ

スペイン

地中海

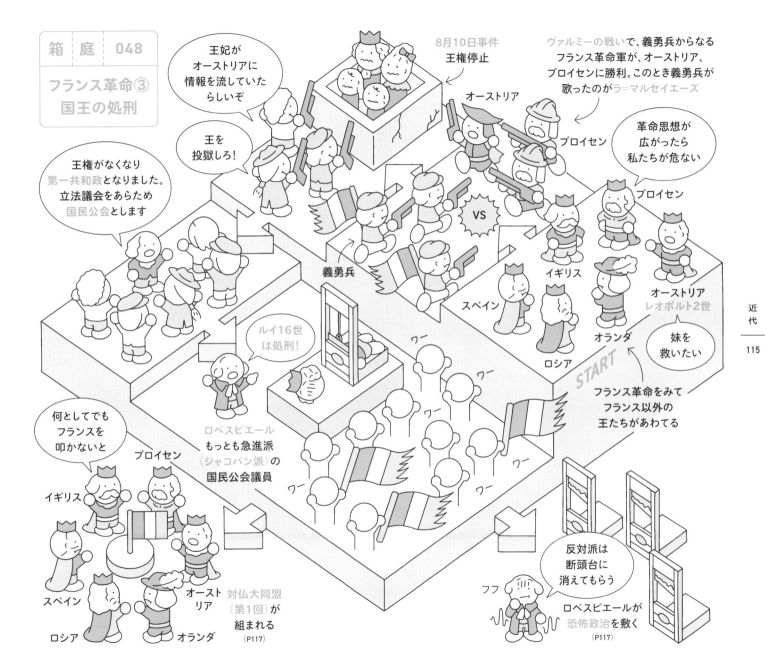

王妃がオーストリアに情報を流していたらしいぞ

王を投獄しろ！

王権がなくなり第一共和政となりました。立法議会をあらため国民公会とします

8月10日事件
王権停止

ヴァルミーの戦いで、義勇兵からなるフランス革命軍が、オーストリア、プロイセンに勝利。このとき義勇兵が歌ったのがラ＝マルセイエーズ

オーストリア

プロイセン

革命思想が広がったら私たちが危ない

プロイセン

VS

義勇兵

イギリス

スペイン

オーストリア
レオポルト2世

ルイ16世は処刑！

ロベスピエール
もっとも急進派（ジャコバン派）の国民公会議員

ロシア

オランダ

妹を救いたい

フランス革命をみてフランス以外の王たちがあわてる

START

近代

115

何としてでもフランスを叩かないと

イギリス

プロイセン

スペイン

ロシア

オーストリア

オランダ

対仏大同盟（第1回）が組まれる
（P117）

ワー

ワー

ワー

ワー

ワー

反対派は断頭台に消えてもらう

フフ

ロベスピエールが恐怖政治を敷く
（P117）

BC2000　BC500　500　1050　1150　1250　1350　1450　1550　1650　1750　1850　1950
BC3000　BC1000　0　1000　1100　1200　1300　1400　1500　1600　1700　1800　1900　2000

近代

116

　1793 年早々、**国民公会**(P114)は義勇軍の活躍を評価すると それを強制、つまり**徴兵制**を決めました。そして 6 月、「**対仏大同盟**(P114)に対抗して、革命を守るための体制づくり」という名目で、急進勢力の**ジャコバン派**(P114)の独裁が始まります。

　ジャコバン派は男子普通選挙制を特徴とする「1793 年憲法」を制定（実施されず）。さらに農民への土地分配を内容とする**封建的特権の無償廃止、革命暦や最高価格令の制定**などを決めました。しかし指導者ロベスピエールのもとで恐怖政治〔1793〜94〕が行なわれ、「反革命者」「スパイ摘発」の名目で約 2 万人が断頭台の露と消えたといわれます。

　結局 1794 年 7 月、テルミドール 9 日のクーデタ〔1794〕によってロベスピエールは逮捕され、みずからも断頭台へ送られました。ジャコバン派の独裁は崩壊し、5 人の総裁からなる総裁政府〔1795〜99〕へバトンタッチとなります。しかし総裁政府は、フランスに安定をもたらすことができませんでした。

断頭台に消えた革命家たち

ダントン
1759〜94

ロベスピエールと同じジャコバン派（山岳派）の革命家。ある時期から恐怖政治の緩和を主張したため、陰謀罪などを口実にロベスピエールらによって処刑された

エベール
1757〜94

民衆向けの新聞を発行して、民衆の支持を得た。ジャコバン派（山岳派）に属したが、キリスト教廃止運動などの急進的な活動がロベスピエールらと対立し、処刑された

ブリッソ
1754〜93

ロベスピエールのジャコバン派（山岳派）に比べて、比較的穏健なジロンド派の指導者。国民公会で山岳派と対立して、他のジロンド派とともに処刑された

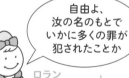

自由よ、汝の名のもとでいかに多くの罪が犯されたことか

ロラン夫人
1754〜93

ジロンド派の本部といわれたサロン（ブリッソらが所属）を経営した。ジロンド派が急進的なジャコバン派（山岳派）との対立で力を失うと、断頭台へ送られた

ロベスピエール
1758〜94

フランス革命を代表するジャコバン派の革命家。公安委員会を主導して、反革命派とみなした者を処刑する恐怖政治を確立した。テルミドール9日のクーデタで処刑された

サン＝ジュスト
1767〜94

ロベスピエールの右腕として、多くの反革命勢力と政敵を処刑し、恐怖政治を推し進めた。その美貌と冷血さで有名。最後はロベスピエールとともに断頭台へ

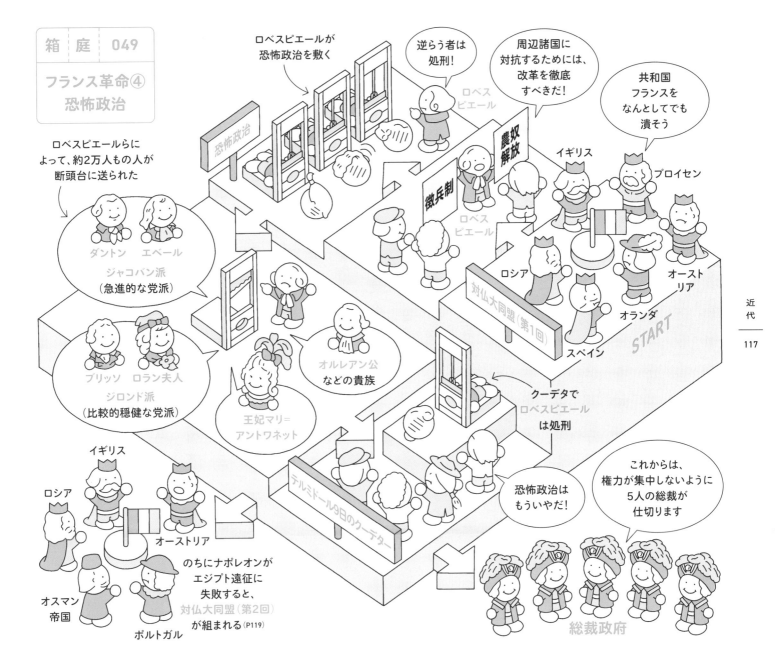

BC2000　BC500　　500　　　1050　　1150　　1250　　1350　　1450　　1550　　1650　　1750　　1850　　1950

BC3000　BC1000　　0　　1000　　1100　　1200　　1300　　1400　　1500　　1600　　1700　　1800　　1900　　2000

　5人の総裁からなる**総裁政府**(P116)は早速、足腰の弱さを露呈しました。依然として安定しない社会に不満を持った民衆の間から、「王政復活」を掲げる反乱が起こったのです。総裁政府は右往左往。この反乱を鎮圧したのが、軍人ナポレオン＝ボナパルト でした。総裁政府はナポレオンを頼り、ナポレオンにおんぶに抱っこの状態となります。

　1797年、イタリア遠征 に勝利したナポレオンは、**対仏大同盟（第1回）**(P114)を破ると、その名声は世界に響きわたりました。翌年ナポレオンは、インド航路を遮断してイギリスに打撃を与えるため、エジプト遠征 を行います。しかしイギリスは、**アブキール湾の海戦**に勝って、フランス軍をエジプトから排除します。このあとイギリスは、ロシアやオーストリアなどと対仏大同盟（第2回）を結成します。

　この2回目の対仏大同盟結成を知ったナポレオンは、頼りにならない総裁政府を倒して、統領政府 を打ち建てました（ブリュメール18日のクーデタ）。ここで**フランス革命**(P110)は終了となります。

　ナポレオンはカトリックを保護して国民の支持を固め、1802年には、初の**国民投票**で終身統領に就きました。1804年には、法のもとでの平等や私有財産を保障する「フランス民法典」（ナポレオン法典）を定めます。そして国民投票で**皇帝**（ナポレオン1世）となり、フランス**第一帝政**が始まります。

ナポレオン全盛時代

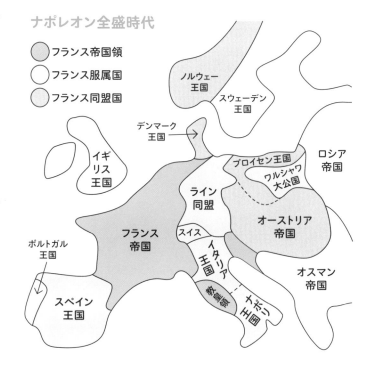

- フランス帝国領
- フランス服属国
- フランス同盟国

ノルウェー王国
スウェーデン王国
デンマーク王国
イギリス王国
プロイセン王国
ワルシャワ大公国
ロシア帝国
ライン同盟
オーストリア帝国
フランス帝国
スイス
イタリア王国
オスマン帝国
ポルトガル王国
スペイン王国
ナポリ王国
教皇領

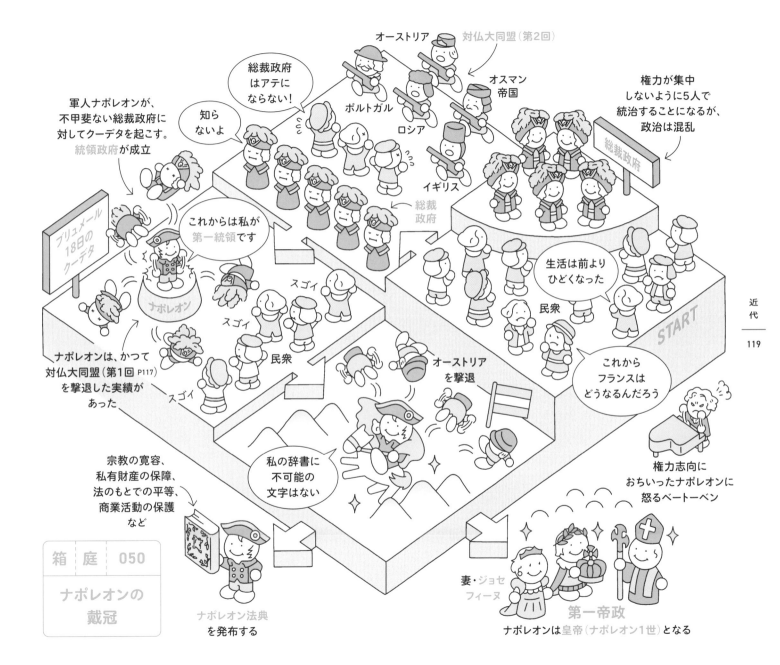

箱 | 庭 | 050

ナポレオンの
戴冠

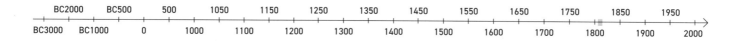

1804年、フランスに**ナポレオン**を皇帝としたフランス**第一帝政**(P118)が始まりました。すると翌1805年、イギリスはオーストリア、ロシア、スウェーデンと対仏大同盟（第3回）を結成します。

1805年10月、ネルソン提督が率いるイギリス海軍が、トラファルガーの海戦でフランス軍を破りました。しかし12月、アウステルリッツの三帝会戦で、ナポレオンのフランス軍がオーストリアとロシアに勝利。この結果、対仏大同盟は解体しました。惨敗したオーストリア皇帝は翌1806年、**神聖ローマ帝国**皇帝の地位を放棄。**神聖ローマ帝国は**消滅の憂き目をみます。破竹の勢いをみせるフランス軍は、今度はプロイセンに侵攻。首都ベルリンを占領しました。

次にフランスは、イギリスに打撃を加えるべく、大陸封鎖令を出して、ヨーロッパ諸国にイギリスとの貿易を禁止するよう命じました。ところがロシアがイギリスと密貿易を始めます。これをみたフランスは、ロシアに遠征し、制裁を加えようとしましたが、失敗します（ロシア遠征）。

この失敗をきっかけにライプツィヒの戦い（諸国民戦争）が起こると、対仏大同盟（第4回）軍がナポレオンを逮捕。ナポレオンはエルバ島に追放されました。

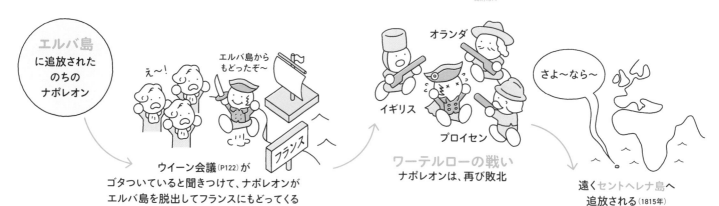

エルバ島に追放されたのちのナポレオン

え〜！ エルバ島からもどったぞ〜 フランスへ

ウイーン会議(P122)がゴタついていると聞きつけて、ナポレオンがエルバ島を脱出してフランスにもどってくる

オランダ イギリス プロイセン

ワーテルローの戦い
ナポレオンは、再び敗北

さよ〜なら〜

遠くセントヘレナ島へ
追放される（1815年）

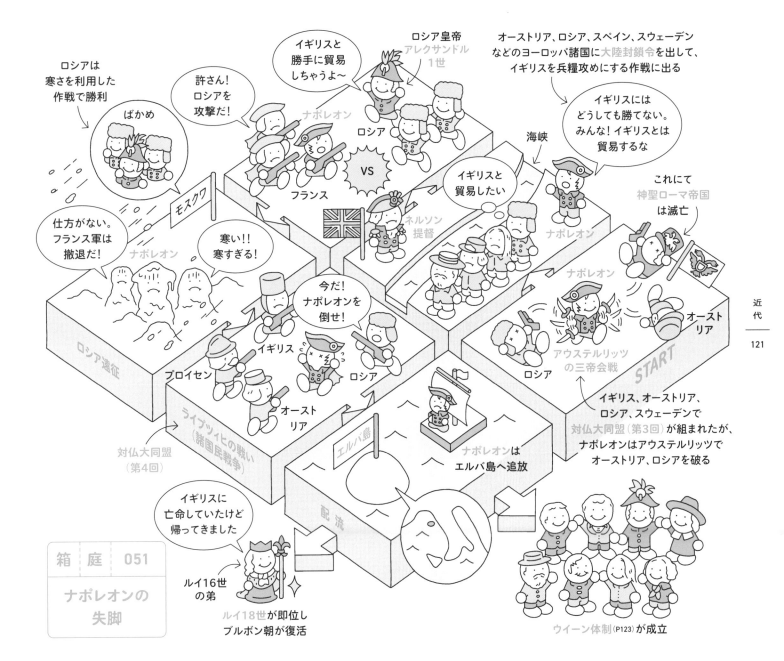

箱庭 051

ナポレオンの
失脚

　ナポレオンの失脚後、ナポレオンの支配を受けていた国々は一斉にフランスから独立しました。早速これらの国々の支配者たちは、ナポレオン以前の旧体制へもどすため、ウィーン会議を開きます。各国の領土分配を話し合うこの会議はなかなか進まず、代わりに毎夜舞踏会が開かれたので「会議は踊る、されど進まず」と揶揄されました。

　会議は、オーストリアの外相メッテルニヒの進行で進められました。まずオーストリアは、北イタリアのロンバルディアとヴェネツィアを獲得します。オーストリア、プロイセンなど35の君主国と、ハンブルクなど4つの自由市で構成されるドイツ連邦の成立もこのときに決められました。イギリスは南アフリカの**ケープ植民地**(P90)とセイロン島を獲得。ナポレオンを破ったロシアは、ポーランドとフィンランドを獲得しました。オランダはベルギーを併合し、**ネーデルラント連邦共和国**(P90)からオランダ王国となります。スイスは**永世中立国**となりました。

　さらに、フランス革命のような市民革命が自国で起きたとき、お互いに助け合えるよう、四国同盟(イギリス・オーストリア・プロイセン・ロシア)や神聖同盟(イギリスを除くヨーロッパ諸国とロシア)が組まれました。これらの体制をウィーン体制といいます。

　フランスの外相タレーランは、この会議で正統主義を主張。フランスに**ブルボン朝**(P98)を復活させました(復古王政)。しかし自由と平等を求める市民にとって、王政は受け入れられませんでした。

　このあとフランスでまたもや**革命**が勃発します(七月革命・二月革命 P124)。この革命の興奮は一気に広がり、ヨーロッパ中で反乱や革命が活発化します(諸国民の春 P124)。**ギリシアの独立**(P161)や**ラテンアメリカの国々の独立**(P150)は、その先駆けとなりました。

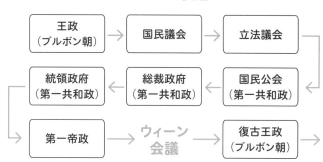

フランスの変容

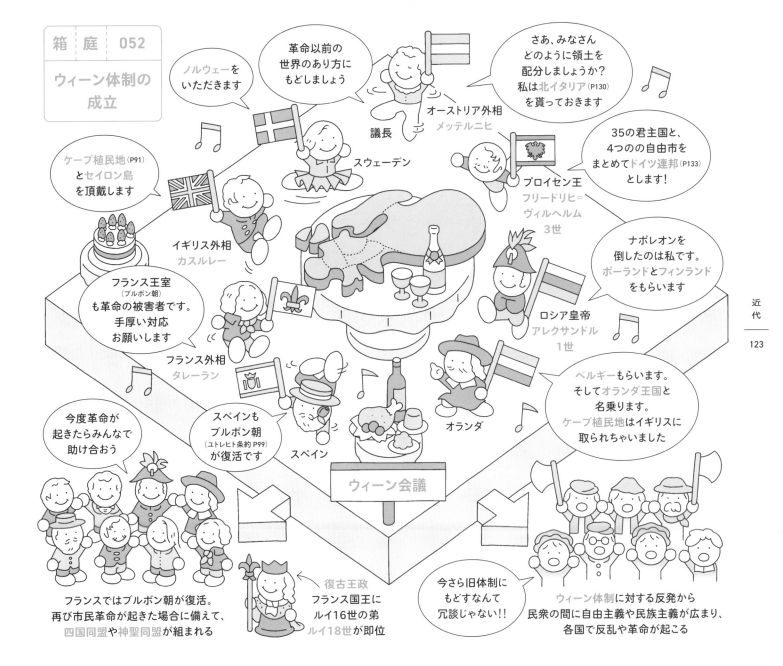

ウイーン会議ののち、フランスに**ブルボン朝**が復活。ルイ18世が即位しました（復古王政 P122）。次のシャルル10世は**絶対王政**を復活しようとしました。

しかし**自由主義**を主張する市民にとって、絶対王政は受け入れられませんでした。フランスに再び革命の波が押し寄せます（七月革命）。

ブルボン朝は倒され、今度は大富豪の自由主義者ルイ＝フィリップが国王に即位しました（七月王政）。しかしルイ＝フィリップは、銀行家などの大資本家に手厚い対応をしたため、工場経営者や労働者の不満が爆発します。そしてまたもや革命が起こります（二月革命）。

二月革命の影響はヨーロッパ中に広がり、ドイツ連邦の**三月革命**（オーストリアでメッテルニヒが追放され、プロイセンで自由主義内閣が成立）、**ハンガリーの独立運動**、**イタリア統一運動**などの民族運動を引き起こしました（諸国民の春）。こうして**ウィーン体制**(P122)は崩壊します。

ルイ＝フィリップが失脚したのち、フランスに第二共和政が成立しました。しかし依然として国はまとまりませんでした。民衆はとうとうナポレオンの甥であるルイ＝ナポレオンを**大統領**に選びます。

実権を握ったルイ＝ナポレオンは、みずからナポレオン3世を名乗ると（以降第二帝政）、**クリミア戦争**(P156)、**アロー戦争**(P168)、**イタリア統一戦争**(P130)と勝ち進み、国民の支持を獲得していきます。

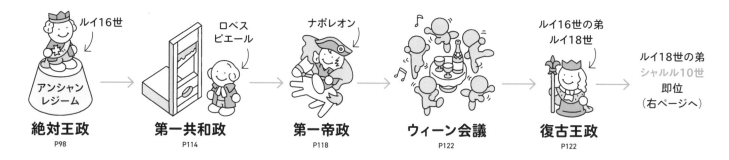

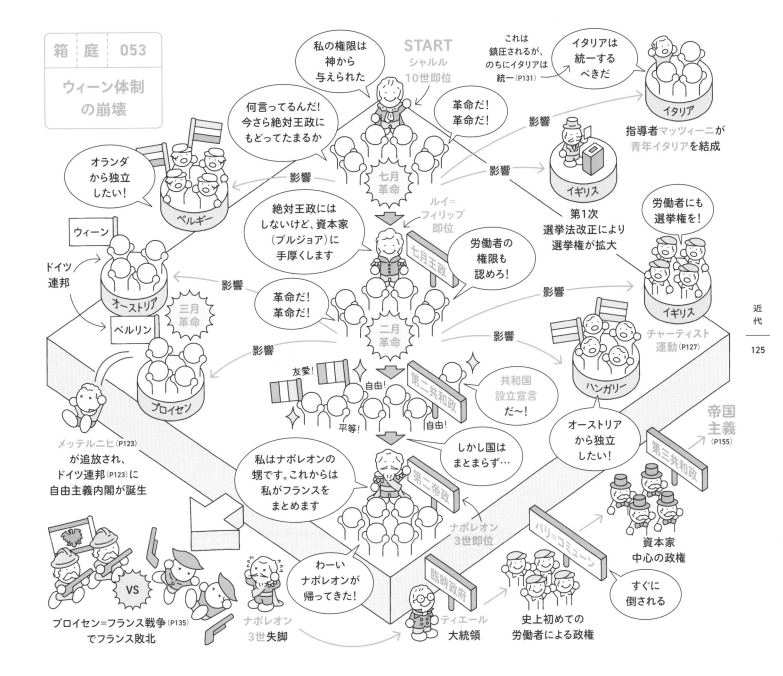

箱庭 053

ウィーン体制の崩壊

054 ヴィクトリア女王の時代①

パクス=ブリタニカ

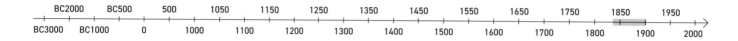

| BC2000 | BC500 | 500 | 1050 | 1150 | 1250 | 1350 | 1450 | 1550 | 1650 | 1750 | 1850 | 1950 |

近代

126

フランスで革命が激化していたころ、**産業革命**(P108)が成功したイギリスは巨万の富を築いていました。植民地から原料を輸入し、最新式の機械で製品を製造。その製品を世界中に売りさばいていたのです。

ヴィクトリア女王（在位1837〜1901）の時代になるとイギリスは最盛期を迎え、パクス=ブリタニカ（イギリスの平和）と呼ばれるようになります。

イギリスは伝統的に、王より議会のほうが政治力を持っていました（王は君臨すれども統治せず P94）。このため、市民の声が通りやすかったこともイギリスが繁栄した理由のひとつです。イギリス議会の特徴は、保守党が帝国主義的な対外政策を受け持ち、自由党が市民生活を守るという二大政党制内閣でした。この時期、保守党のディズレーリ（1804〜81）と、自由党のグラッドストン（1809〜98）がほぼ交互に政権を担当します。**ディズレーリ**は、エジプトからのスエズ運河株の買収(P164)や、インド帝国の樹立(P162)などを実現し、イギリスの勢力拡大に貢献。**グラッドストン**は、選挙法の改正、公立学校の設立、労働組合法の制定などを実現し、民主化に貢献しました。

なお、グラッドストンはイギリスの支配下にあった**アイルランド**の自治を主張しました。しかし彼の時代に、この主張が認められることはありませんでした。アイルランド問題は20世紀まで持ち越されます（下図）。

喉に刺さった骨
20世紀まで未解決だったアイルランド問題は
イギリスにとって「喉に刺さった骨」だった

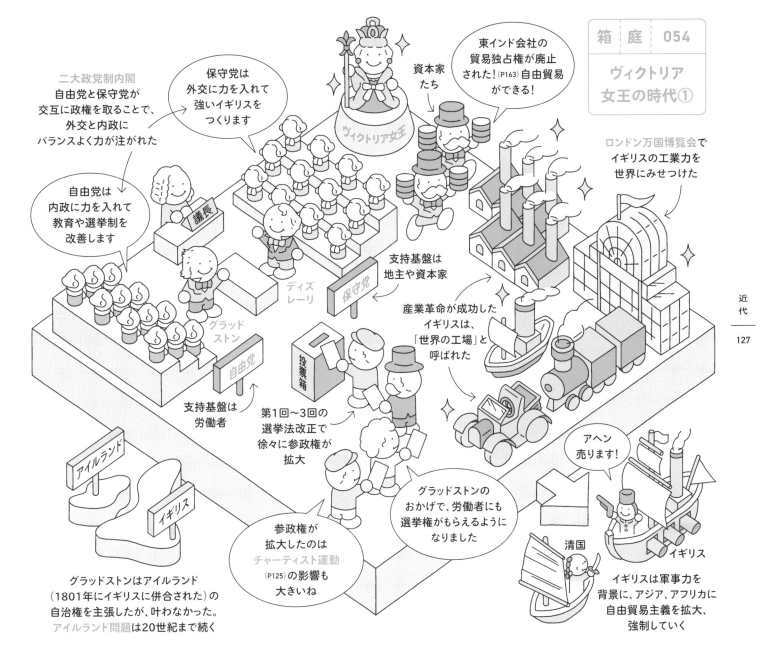

055 ヴィクトリア女王の時代②

「ヴィクトリア朝」の植民地政策

BC2000	BC500		500	1050	1150	1250	1350	1450	1550	1650	1750	1850	1950

BC3000　BC1000　0　1000　1100　1200　1300　1400　1500　1600　1700　1800　1900　2000

近代

128

　ヴィクトリア女王(P126)の時代、イギリスは、**自由党のグラッドストン**(P126)が国内の市民生活を守り、**保守党のディズレーリ**(P126)が帝国主義的な対外政策を受け持つ**二大政党制**(P126)で国力が向上しました。

　保守党の政権下、首相ディズレーリは大市場であるインドへの航路を確かなものしようとします。そこで、当時財政難におちいっていたエジプト政府から、**スエズ運河**の株を買収し、エジプトへの圧力を強めました。さらにディズレーリは、インドに**インド帝国**（イギリスのヴィクトリア女王が皇帝を兼ねる）(P162)を成立させ、植民地体制を確立します。インド帝国という金融・製品の一大市場は、イギリスに莫大な富をもたらしました。

　イギリスは**アヘン戦争**(P168)にも勝利。イギリスにとって非常に有利な条約を中国と結びました。

　そして**金本位制**（金を通貨の価値基準とする制度）の進展を背景に、金やダイヤモンドを求めてアフリカへ侵攻。アフリカを南アフリカ連邦(P164)としてイギリスの自治領としました。また、東南アジアをマレー連合州として支配。**ニュージーランド**、**オーストラリア**、**カナダ**を自治領とす

るなど、イギリスはその勢力圏を拡大していきます（第2次植民地帝国）。また、**クリミア戦争**(P156)に勝ってロシアの南下を止めたのもこの時期です。

　イギリスにやや遅れ、フランスやドイツなどの周辺国も自国内の革命が落ち着くと、一斉に製造業に力を入れ始め、植民地政策に乗り出します。そして19世紀末には、**帝国主義時代**が幕を開けます。

インドへの最短ルート
イギリスはスエズ運河を
押えて、植民地インドへの
最短ルートを確保した

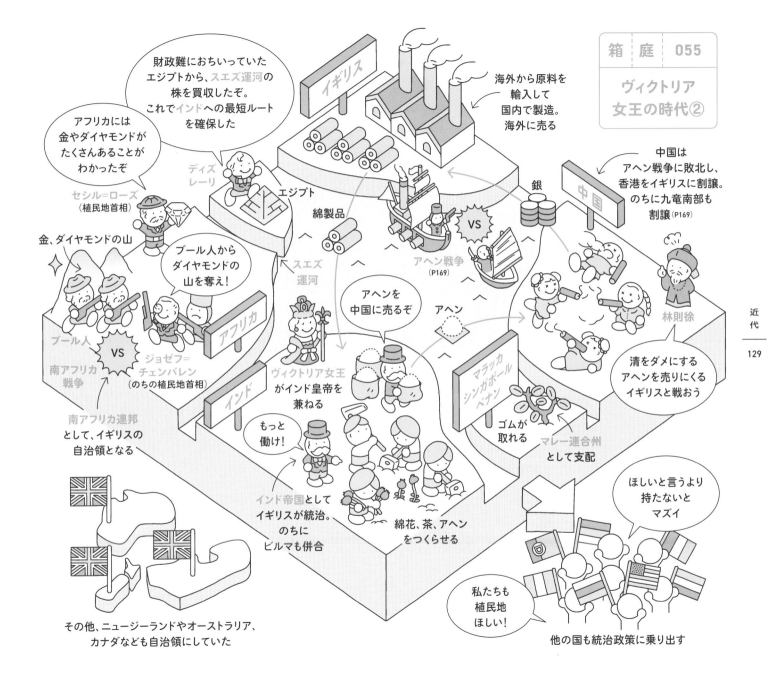

BC2000　BC500　　500　　1050　　1150　　1250　　1350　　1450　　1550　　1650　　1750　　1850　　1950
BC3000　BC1000　0　　1000　1100　1200　1300　1400　1500　1600　1700　1800　1900　2000

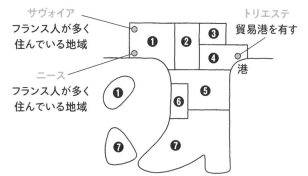

サヴォイア
フランス人が多く
住んでいる地域

トリエステ
貿易港を有す

ニース
フランス人が多く
住んでいる地域

港

統一する前のイタリア

❶サルデーニャ王国

❷ロンバルディア ─┐
❸南チロル ───────┼─── オーストリア領
❹ヴェネツィア ───┘

❺中部イタリア（無数の国々）─┐「小さな国なのでフランスが保護する」
❻ローマ教皇領 ──────────┘という名目でフランス軍が駐屯

❼両シチリア王国

近代

130

　イタリアには、もともと統一国家はなく、小さな国々が乱立していました（上図）。

　イタリアの統一は北イタリアの工業国だった**❶サルデーニャ王国**の国王**ヴィットーリオ＝エマヌエーレ2世**と、首相**カヴール**を中心に進められます。
在位1849〜61
1810〜61

　彼らはまずフランスの**ナポレオン3世**(P124)を誘って、**オーストリア**と戦い、当時オーストリアに支配されていた**❷ロンバルディア**を獲得します（イタリア統一戦争）。翌年、
1859
フランス人（フランス語が母国語）が多く暮らす**サヴォイア**と**ニース**をフランスに譲り渡す代わりに、**❺中部イタリア**の併合が承認されました。

　ちょうどそのころ、南イタリアで、革命家**ガリバルディ**
1807〜82
が古い体制だった**❼両シチリア王国**の王室を倒し、両シチリア王国の実権を握っていました。ガリバルディは両シチリア王国をヴィットーリオ＝エマヌエーレ2世に無償で明け渡したので、ここに**南北イタリアが統一**。イタリア王国
1861
が誕生しました。

　このあとイタリア王国は、**プロイセン**の軍事力にあやかり、**トリエステ**以外の**❹ヴェネツィア**、さらに**❻ローマ教皇領**も獲得します（ヴェネツィア併合 P132・ローマ教皇領占領 P134）。

　こうしてイタリアの統一は**❸南チロル**と**トリエステ**などを残すのみとなりました（未回収のイタリア）。

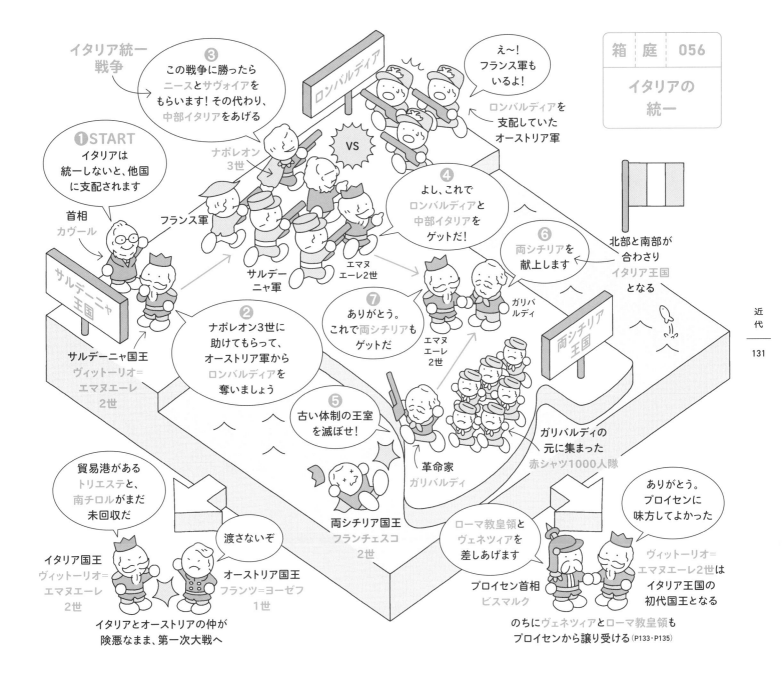

ドイツの統一①

ビスマルクの野望

ドイツは**ウィーン会議**で、**ドイツ連邦**(P122) として生まれ変わりました。ただしドイツ連邦は、**オーストリア**と**プロイセン**という2つの国家が主導権を争っていたため、まとまりに欠けていました。

この状況を打破するため、軍事に力を入れていたプロイセンの首相ビスマルクは**「話し合いではなく、武力によってドイツを統一する」**(在任1862〜90)という鉄血政策を断行。プロイセン＝オーストリア戦争（普墺戦争）(1866)でオーストリアを破ると、**プロイセン主導**で北ドイツ連邦(1867〜71)をつくりあげました。これにともない、ドイツ連邦は解体されます。なお、プロイセン＝オーストリア戦争でプロイセンに味方した**イタリア王国**(P130)は、プロイセンから**ヴェネツィア**を譲り受けました（ヴェネツィア併合）。

このあと、ビスマルクは**フランスに進攻**（プロイセン＝フランス戦争 P134）します。**南部ドイツ**の国々は北ドイツ連邦に加わらず独立を保っていましたが、ビスマルク率いる**北ドイツ連邦**と一緒にフランス軍と戦わざるを得なくなりました(P134)。

こうしてビスマルクの、プロイセンを中心とした**ドイツ統一**の願いが叶うことになります。

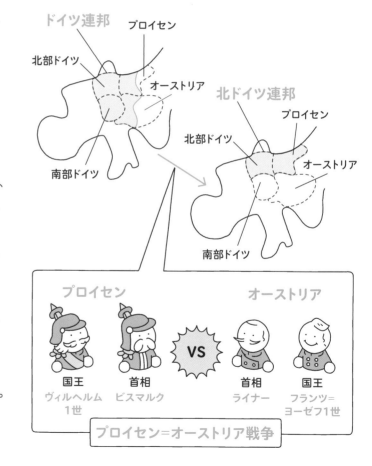

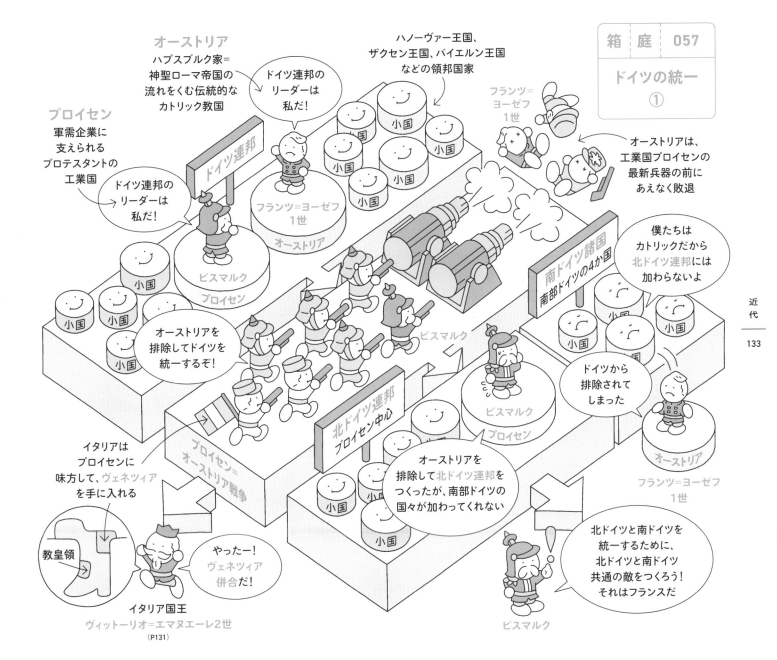

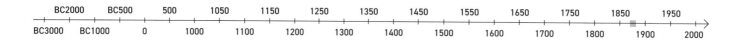

　ドイツ統一を目指す**ビスマルク**（P132）は、フランスの**ナポレオン３世**（P124）に戦争を仕掛けました（プロイセン＝フランス戦争（普仏戦争））。すると、それまで**北ドイツ連邦**に従わず、独立を保っていた南部ドイツの国々も、フランスと戦うために、ビスマルク率いる北ドイツ連邦に従わざるを得なくなりました。

　プロイセン＝フランス戦争でフランスを圧倒したドイツは、石炭が豊富な**アルザス・ロレーヌ地方**をフランスから獲得。ビスマルクは、フランスの**ヴェルサイユ宮殿**でドイツ帝国の成立を宣言しました（ドイツの統一）。

　一方、ナポレオン３世は失脚。フランスは支配下に置いていたローマ教皇領から撤退します。この隙に、イタリアがローマ教皇領の占領に成功しました（ローマ教皇領占領）。イタリアの統一は南チロルとトリエステなどを残すのみとなります（未回収のイタリア P130）。

　このあとビスマルクは、フランスの逆襲を防ぐために、ロシア、オーストリアと**三帝同盟**、イタリア、オーストリアと**三国同盟**を結びます。こうしてフランスは孤立していきます（ビスマルク体制 P176）。

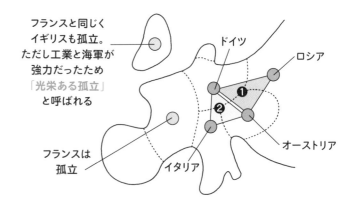

フランスと同じくイギリスも孤立。ただし工業と海軍が強力だったため「光栄ある孤立」と呼ばれる

フランスは孤立

ドイツ

ロシア

オーストリア

イタリア

ドイツ帝国誕生ののち、フランスの逆襲に備えてドイツは、ロシア、オーストリアと三帝同盟（❶）、イタリア、オーストリアと三国同盟（❷）を結ぶ。これらの布陣を**ビスマルク体制**という

ドイツの変容

| 東フランク王国 P46 | 神聖ローマ帝国 P46 | ナポレオンによる支配 P118 | ドイツ連邦 P122 | 北ドイツ連邦 P132 | ドイツ帝国 |

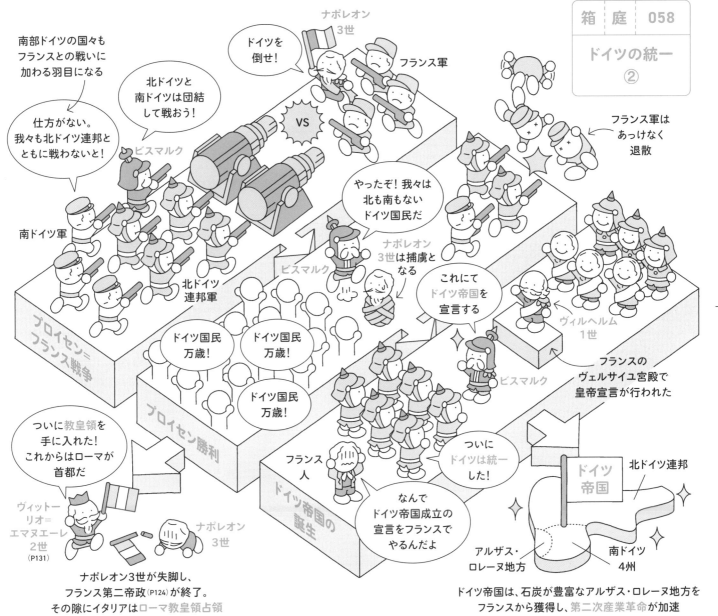

BC2000	BC500	500	1050	1150	1250	1350	1450	1550	1650	1750	1850	1950	
BC3000	BC1000	0	1000	1100	1200	1300	1400	1500	1600	1700	1800	1900	2000

近代

136

　メソポタミア文明、エジプト文明、インダス文明、中国文明などにやや遅れて、現在のメキシコ湾付近（中央アメリカ）にメソアメリカ文明（中米文明）、南アメリカ大陸にアンデス文明が開かれました。

　メソアメリカ文明は**巨石人頭像**で有名な**オルメカ文明**_{前1200頃までに成立}から始まります。ついで**マヤ神殿**や**マヤ文字**で有名なマヤ文明_{前1～後6世紀～}、**太陽のピラミッド**で有名なテオティワカン文明_{前1～後6世紀}が開かれました。やがてこの一帯はアステカ王国_{14～16世紀}によって統一され、**アステカ文字**や**太陽暦**などの高度なアステカ文明が築かれました。

　一方、南アメリカ大陸の**アンデス文明**は、チャビン文化_{前1000頃～}から始まります。ついで**ナスカの地上絵**で有名なナスカ文化が開かれ、のちにインカ帝国_{15～16世紀}が南米を統一します。インカ帝国では、**太陽の化身**とみなされた王のもと、マチュピチュ遺跡に代表されるインカ文明_{15～16世紀}が築かれました。

　16世紀、アメリカ大陸で**アステカ文明**と**インカ文明**が成熟したころ、ヨーロッパはちょうど**大航海時代**(P76)でした。銀や作物を狙って、**スペイン**の**征服者**(コンキスタドール P138)がアメリカ大陸に上陸します。

メソアメリカ文明

オルメカ文明

巨石人頭像

テオティワカン文明

太陽のピラミッド

マヤ文明

マヤ文字

マヤ神殿

アステカ文明

アステカ文字

太陽暦

アンデス文明

チャビン文化

ピューマ象形壺

ナスカ文化

地上絵

インカ文明

創造神ビラコチャ
マチュピチュ

キープ（結縄）

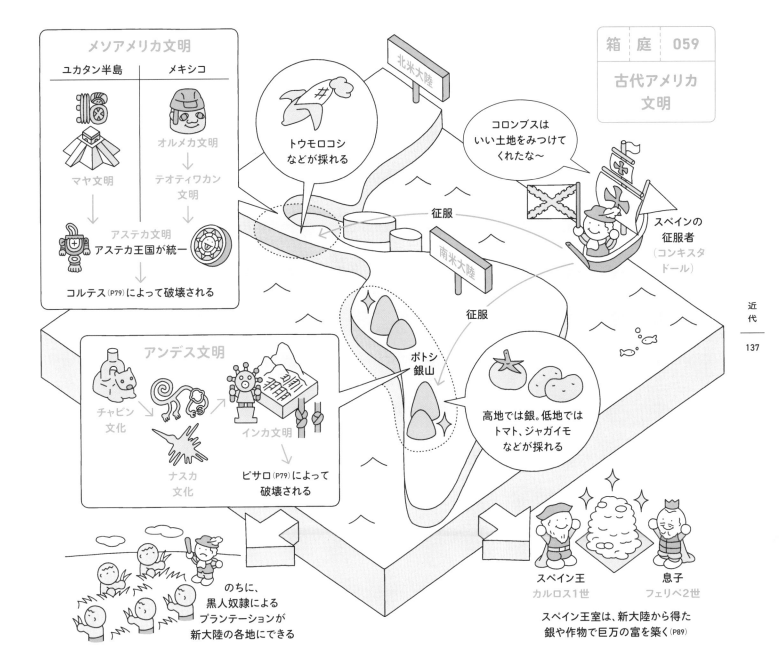

メソアメリカ文明

ユカタン半島	メキシコ
	オルメカ文明
マヤ文明	テオティワカン文明
	↓
	アステカ文明

アステカ王国が統一

コルテス(P79)によって破壊される

トウモロコシ
などが採れる

北米大陸

コロンブスは
いい土地をみつけて
くれたな〜

スペインの
征服者
(コンキスタ
ドール)

征服

南米大陸

征服

ポトシ
銀山

高地では銀。低地では
トマト、ジャガイモ
などが採れる

アンデス文明

チャビン文化

ナスカ文化

インカ文明

ピサロ(P79)によって
破壊される

のちに、
黒人奴隷による
プランテーションが
新大陸の各地にできる

スペイン王
カルロス1世

息子
フェリペ2世

スペイン王室は、新大陸から得た
銀や作物で巨万の富を築く(P89)

16世紀、**スペイン女王イサベル**の支援を受けた**コロンブス**(P78)一行は、**新大陸アメリカ**のサンサルバドル島に到達しました。

こののちスペインは、アメリカ大陸に続々と 征服者（コンキスタドール） を送り込みます。征服者コルテスは**アステカ王国**(P136)を征服し、征服者ピサロは**インカ帝国**(P136)を征服しました。スペインは、ポルトガルが支配したブラジルを除き、中南米を支配することになります。

スペイン人を始めとするヨーロッパ人は、アメリカ大陸に住む先住民を**ポトシ銀山**や農場で働かせました。すると先住民は、過酷な労働とヨーロッパ人の持ち込んだ伝染病によって、激減してしまいました。

ヨーロッパ人は、アメリカ大陸での労働力不足を補うべく、**アフリカ**から多数の**黒人奴隷**を船でアメリカ大陸に運び込みます。黒人奴隷は、アメリカ大陸で、砂糖、綿花、タバコなどの 大農園（プランテーション） で働かされました。そしてここで生産された商品はヨーロッパに送られ、ヨーロッパは莫大な富を得ます。この仕組みを 大西洋三角貿易 (P96)といいます。

17世紀になると、イギリス、フランスなどが本格的にアメリカ大陸に進出し始めます。ヨーロッパの植民地は、イギリスの13植民地、フランスのカナダやルイジアナなど、北米にも広がっていきました(P140)。

18世紀、イギリス主導で大西洋三角貿易はさらに拡大し、ヨーロッパ諸国は潤いました。しかし、多くの人びとを奪われたアフリカの発展は滞ってしまいました。

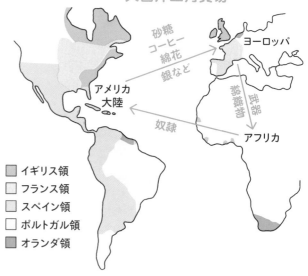

大西洋三角貿易

砂糖 コーヒー 綿花 銀など → ヨーロッパ
ヨーロッパ → 武器 綿織物 → アフリカ
アフリカ → 奴隷 → アメリカ大陸

- ■ イギリス領
- □ フランス領
- □ スペイン領
- □ ポルトガル領
- ■ オランダ領

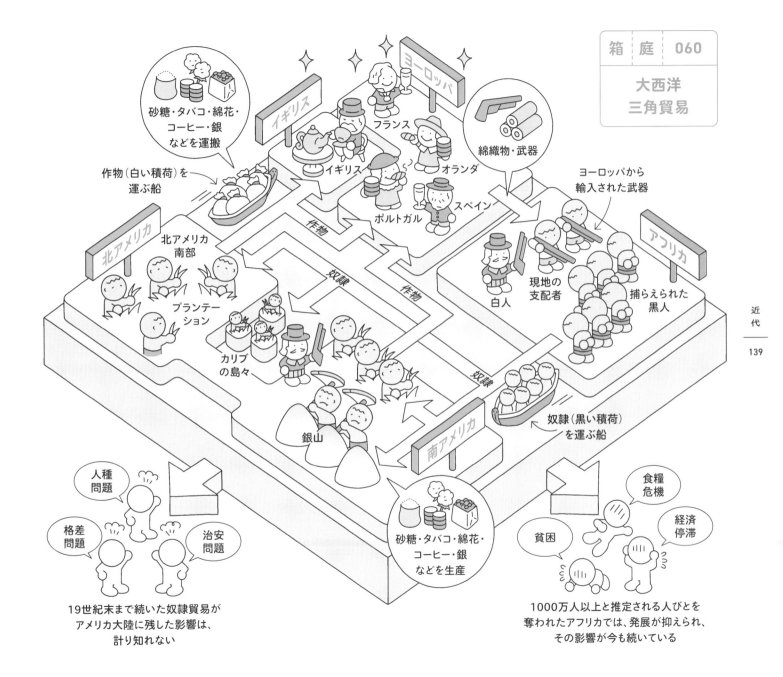

近代

140

17世紀、イギリスは北アメリカ大陸の東海岸に**ヴァージニア植民地**を建設しました。

のちにイギリス本国で迫害を受けた**ピューリタン**(P92)がこの地に渡り、ヴァージニアのそばにニューイングランド植民地（マサチューセッツなど）を建設します。18世紀前半までには、ニューヨーク、ジョージアなどの植民地も建設され、**イギリス13植民地**となりました。

フランスもカナダに進出したあと、イギリス13植民地の西隣に広大なルイジアナ植民地を設けます。これにより、イギリスとフランスとの間で領土争いが起きます（フレンチ＝インディアン戦争）。勝利したイギリスは、カナダ、ミシシッピ以東のルイジアナ、フロリダを獲得しました。

ところがイギリスは、この戦争で多額の債務を負ってしまい、財政難におちいります。イギリスは、植民地の人びとに重税を課して財政再建を試みます。しかし、イギリス本国の議会に出席を許されていない植民地の人びとは猛反発。「代表なくして課税なし」のスローガンが生まれました。

1773年12月の夜、植民地の人びとは、イギリス東インド会社の船に積まれた茶箱を海に投げ捨てるボストン茶会事件を起こしました。そして数年後、ついに**アメリカ独立戦争**(P142)が勃発します。

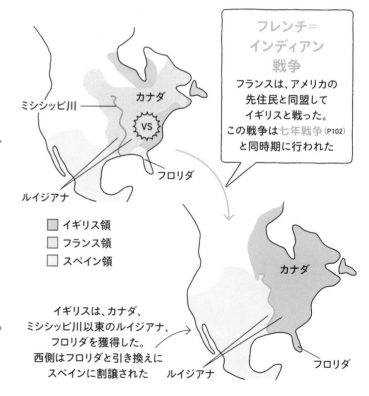

ミシシッピ川
カナダ
VS
ルイジアナ
フロリダ

フレンチ＝インディアン戦争
フランスは、アメリカの先住民と同盟してイギリスと戦った。この戦争は七年戦争(P102)と同時期に行われた

■ イギリス領
□ フランス領
□ スペイン領

イギリスは、カナダ、ミシシッピ川以東のルイジアナ、フロリダを獲得した。西側はフロリダと引き換えにスペインに割譲された

カナダ
ルイジアナ
フロリダ

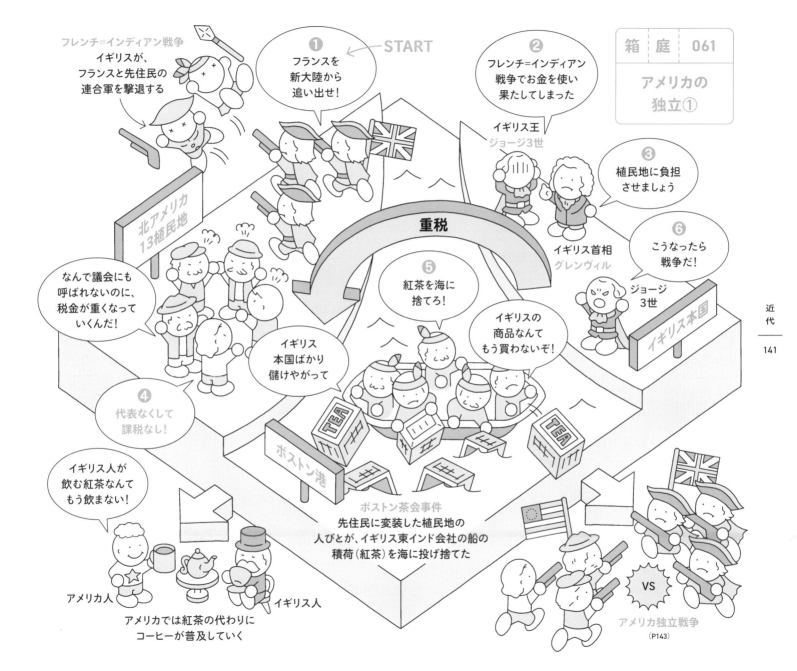

　長年におよぶ北米でのイギリスとフランスの植民地戦争は、**フレンチ＝インディアン戦争**(P140)で幕を閉じました。しかし今度は、イギリス本国と **13 植民地**(P140)との間で、自治問題をめぐる対立が深まっていきました。

　1775 年、アメリカ独立戦争は始まりました（アメリカ独立革命）。13 植民地の代表が集まる大陸会議で、ワシントン（ヴァージニア植民地代表）が軍総司令官に就任。哲学者トマス＝ペインが「コモン＝センス」という小冊子で植民地の人びとに独立の必要性を説き、トマス＝ジェファソン（ヴァージニア植民地代表）が起草したアメリカ独立宣言が発表されると、植民地の人びとの士気は高まりました。

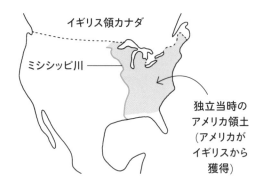

イギリス領カナダ

ミシシッピ川

独立当時の
アメリカ領土
（アメリカが
イギリスから
獲得）

独立後、13州の代表による
連邦政府がつくられ、
統一憲法が制定された

13州が
バラバラの法律じゃ
まずいから統一憲法
をつくろう

三権分立が
定められた

アメリカ合衆国
初代大統領
ジョージ＝ワシントン

アメリカ合衆国憲法

　これをみて、フレンチ＝インディアン戦争でイギリスに敗れたフランスや、スペインがイギリスに宣戦布告。さらにイギリスの勢力を警戒していたロシアの**エカチェリーナ2 世**(P104)も周辺諸国と武装中立同盟を結んで、13 植民地に有利な動きをしました。

　当初こそイギリスに押されていた 13 植民地連合軍は、各国の援軍を得ると、ヨークタウンの戦いに圧勝。はれてアメリカ合衆国の**独立**が認められました（パリ条約）。13 植民地は独立後、アメリカ合衆国憲法を制定。1789 年、**ワシントンが初代大統領**に就任し、アメリカは**共和国**としてスタートを切ります。

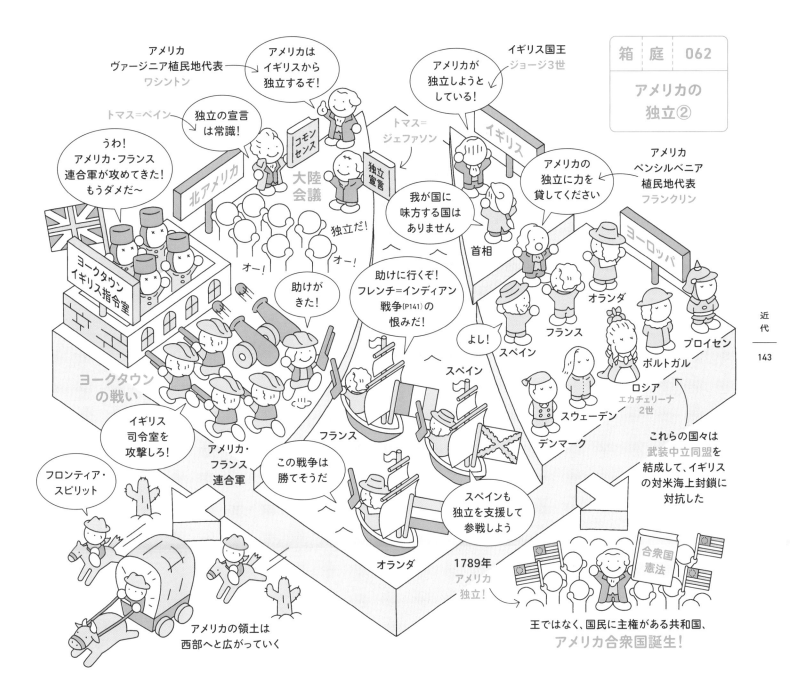

独立を勝ち取った**アメリカ合衆国**。このあとアメリカは、フロンティア**(辺境)**に向けて領土を西へ西へと広げていきます。アメリカ人は**西部開拓**こそが明白な天命（マニフェスト＝デスティニー）だと考えていたのです。

開拓とともにアメリカは、フランスからミシシッピ川以西のルイジアナを買収、続いてスペインからフロリダを買収します。さらに、テキサスがメキシコから独立した隙にテキサスを併合。オレゴンもイギリスとの協定により併合します。

次にアメリカ＝メキシコ戦争(P150)で、カリフォルニアを
1846〜48
勝ち取ると、この地に金鉱を発見。多くの人びとをカリフォルニアに呼び込みました（ゴールドラッシュ）。
1848

領土が広がると、今度はアメリカの南部と北部のいさかいが目立ってきます。農作地に適した南部の人びとは、綿花農場で多くの奴隷を働かせていました。一方、北部では商工業が発達します。北部の人びとは、奴隷を解放し、彼らに工場で労働者として働いてもらいたいと考えました。しかし南部の人びとは奴隷解放に反対します。南北は対立を深め、**南北戦争**(P146)に発展します。

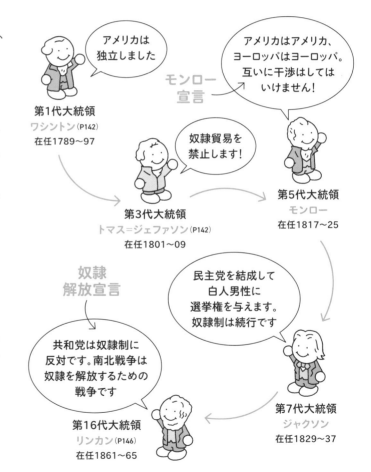

アメリカは独立しました

第1代大統領
ワシントン(P142)
在任1789〜97

アメリカはアメリカ、ヨーロッパはヨーロッパ。互いに干渉してはいけません！

モンロー宣言

奴隷貿易を禁止します！

第3代大統領
トマス＝ジェファソン(P142)
在任1801〜09

第5代大統領
モンロー
在任1817〜25

民主党を結成して白人男性に選挙権を与えます。奴隷制は続行です

奴隷解放宣言

共和党は奴隷制に反対です。南北戦争は奴隷を解放するための戦争です

第16代大統領
リンカン(P146)
在任1861〜65

第7代大統領
ジャクソン
在任1829〜37

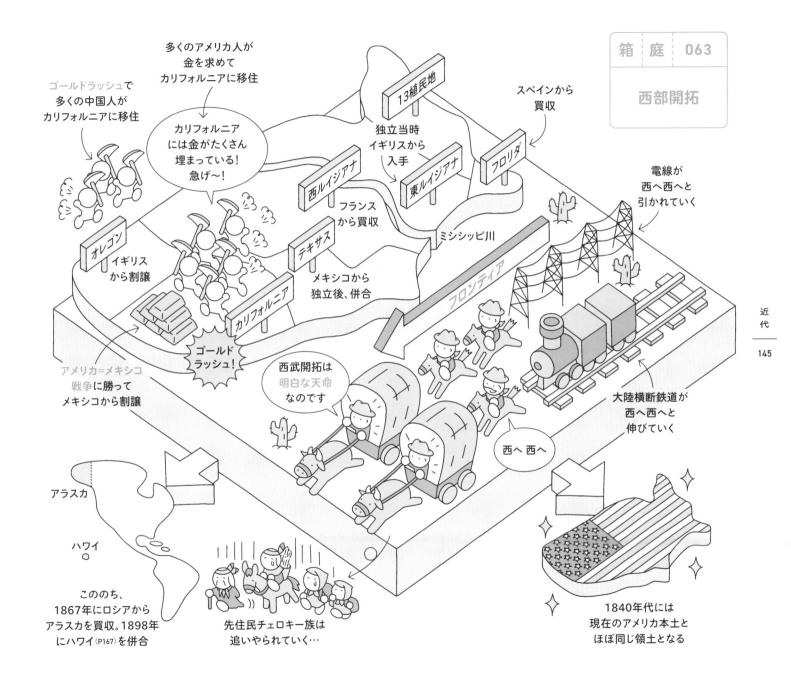

農作地に適したアメリカの**南部**では、綿花農場で生計を立てる人びとが、多くの奴隷を働かせていました。一方、産業革命によって商工業化が進んだ**北部**では、奴隷制は必要なく、自由な契約労働者が必要とされました。したがって北部では、早々に**奴隷解放運動**が進みました。

1861年、奴隷解放派の**リンカン**（**共和党**）がアメリカ合衆国の**大統領**に就任しました。すると南部の**ジェファソン＝デヴィス**（**民主党**）がこれに反発します。ジェファソン＝デヴィスは**アメリカ合衆国**を脱退し、独自に**アメリカ連合国**を建設します。商工業中心の**アメリカ合衆国（北部）**と農業中心の**アメリカ連合国（南部）**の対立は深まり、**南北戦争**が勃発します。

戦争は当初、**南部**が優勢でした。そこで**北部**のリンカンは**ホームステッド法**（5年以上開拓に携われば、土地を無償で与えるという法律）を施行して、アメリカ**西部**の人びとを味方につけました。さらにリンカンは**奴隷解放宣言**を発表。「南北戦争は奴隷を解放するための戦争である」という大義が北部に生まれました。

奴隷解放宣言が発表されると、戦局は大きく北部に傾きました。1863年に**ゲティスバーグの戦い**で北部が勝利すると、1865年に南部が降伏して南北戦争は終了します。なお、リンカンが訴えた「**人民の、人民による、人民のための政治**」は、ゲティスバーグの戦いの4か月あと、ゲティスバーグの地で行われた演説での言葉です。

南北戦争の終了以降、アメリカには北部を中心に**第二次産業革命**(P154)が起こります。労働力を補うため、積極的な移民受け入れ政策が開始されます。

南北戦争のあと、リンカンは
アメリカ連合国（南部）を支持した人物に
劇場で打たれてしまう

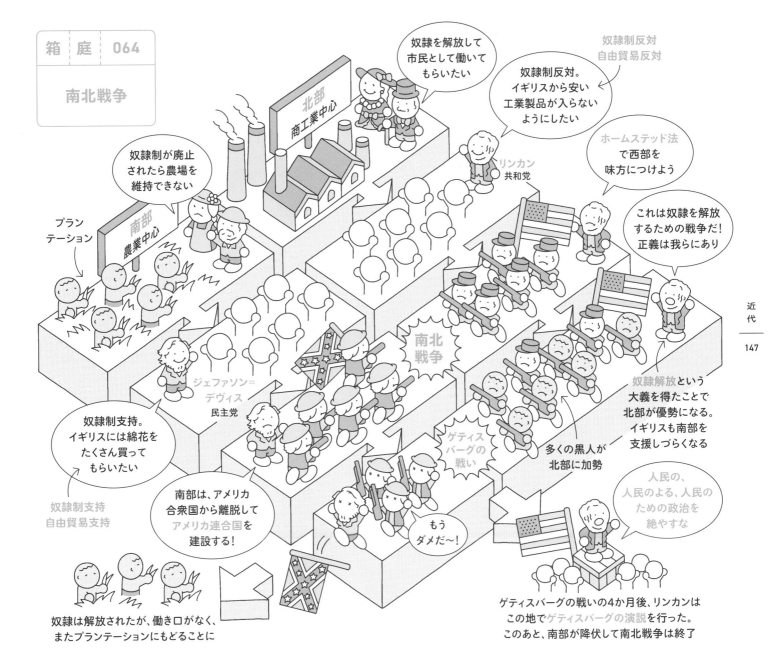

　南北戦争(P146)は商工業中心の北部が勝利しました。鉄鋼業や機械工業が飛躍的に発展し、アメリカにも第二次産業革命(P154)が起こります。

　1869年、大陸横断鉄道が開通。1890年代にはフロンティア(P144)が消滅しました。アメリカは、イギリスやドイツを抜いて世界一の工業国となっていきます。

　こうした中、アメリカは労働力不足におちいり、海外から積極的に移民を受け入れるようになります。1910年代にかけて、多くの移民がアメリカン・ドリームを求めてアメリカに渡りました。イギリスとアメリカを結んだタイタニック号の低料金室には、多くの移民が乗船していたといわれています。

　このあとアメリカは、新たな市場を求めて植民地政策に乗り出します。アメリカもヨーロッパ諸国と同じく、帝国主義(カリブ海政策 P152)に傾いていくのです。

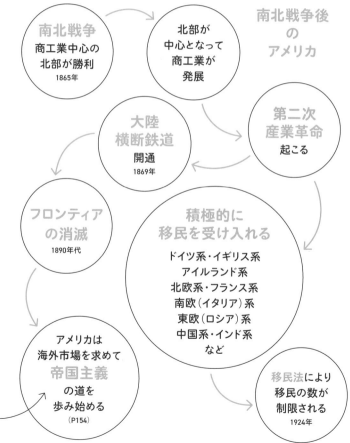

南北戦争後のアメリカ

南北戦争
商工業中心の
北部が勝利
1865年

北部が
中心となって
商工業が
発展

大陸
横断鉄道
開通
1869年

第二次
産業革命
起こる

フロンティア
の消滅
1890年代

積極的に
移民を受け入れる

ドイツ系・イギリス系
アイルランド系
北欧系・フランス系
南欧(イタリア)系
東欧(ロシア)系
中国系・インド系
など

アメリカは
海外市場を求めて
帝国主義
の道を
歩み始める
(P154)

アメリカは
カリブ海の支配を
足がかりに、帝国主義を
推し進める

移民法により
移民の数が
制限される
1924年

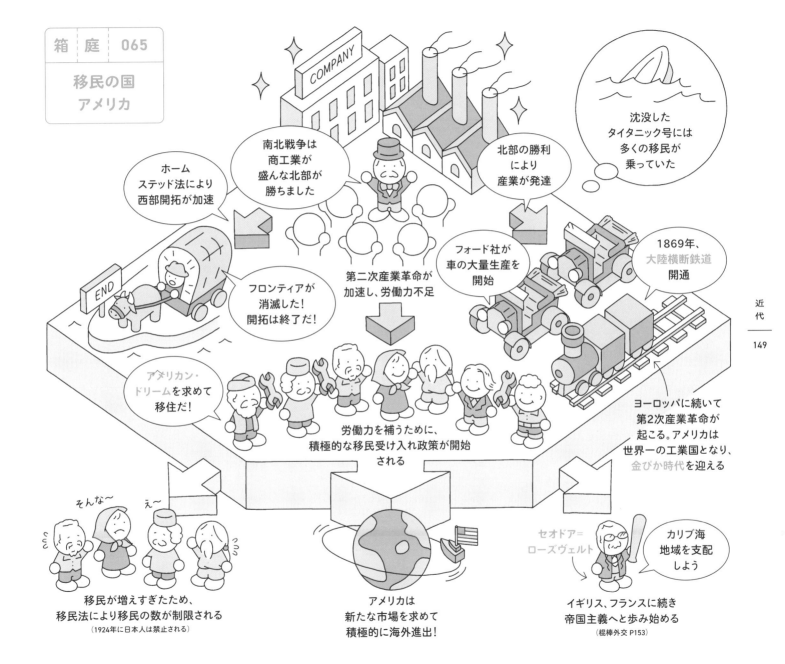

箱庭 065

移民の国
アメリカ

近代

149

1700年代の**中南米（ラテンアメリカ）**は、スペインやポルトガル、そしてフランスの支配下にありました。この時代、多くの黒人奴隷が大農場で働かされていました（大西洋三角貿易 P138）。ところが**アメリカ独立革命**(P142)や**フランス革命**(P110)が起こると、その影響を受け、中南米でも独立への機運が高まります。

中南米で最初に独立に成功した国は**ハイチ**です。黒人奴隷の子として生まれた トゥサン＝ルヴェルチュール（1743〜1803）が**奴隷解放宣言**を行うと、その部下たちがフランス軍を破り、世界で初めての**黒人共和国**を建設しました。ハイチでは**奴隷制が廃止**され、これ以降、奴隷制に対する批判がアメリカ中に広がりました。

次に植民地生まれの**白人**（クリオーリョ）の シモン＝ボリバル（1783〜1830）が**ベネズエラ**、**コロンビア**、**エクアドル**、**ボリビア**などの独立を支援。スペインを破ってこれらの国々を独立に導きました。

同時期に、同じくクリオーリョの サン＝マルティン（1778〜1850）の活躍によって**アルゼンチン**、**チリ**、**ペルー**が独立します。

聖職者 イダルゴ（1753〜1811）は**メキシコ**の独立に尽力。スペインを破って独立を成功させました。ただしメキシコはこのあと、アメリカと領土争いを起こし、**カリフォルニア**を含む国土の大半をアメリカに奪われてしまいました（**アメリカ＝メキシコ戦争**(P144)）。

ポルトガルの支配下にあった**ブラジル**には、**ナポレオン**(P118)の支配から逃れた**ポルトガル王子**が亡命してきます。ポルトガル王子は現地にとどまって、ブラジルの独立を宣言。みずから ペドロ1世（在位1822〜31）として帝位に就きました。

こうして、数々の独立国が生まれた南アメリカ大陸ですが、輸出用の農作物の生産に力を入れたため、工業化が遅れてしまいます。やがて**南北戦争**(P146)を終えたアメリカの植民地政策に翻弄されることとなります。

❶ハイチ
1804年独立

❷アルゼンチン
1816年独立

❸チリ
1818年独立

❹ベネズエラ
1819年独立

❺コロンビア
1819年独立

❻メキシコ
1821年独立

❼ペルー
1821年独立

❽エクアドル
1822年独立

❾ブラジル
1822年独立

❿ボリビア
1825年独立

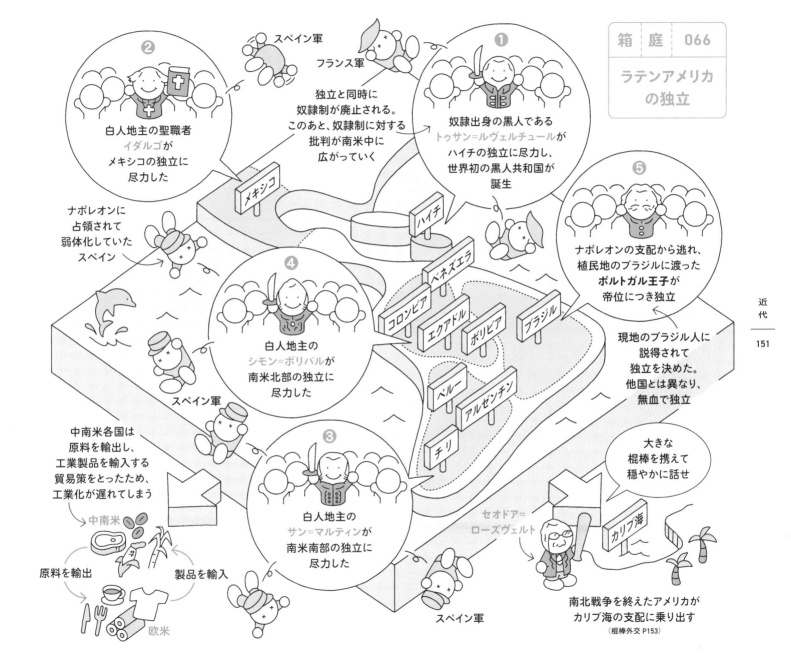

② 白人地主の聖職者 **イダルゴ** が メキシコの独立に 尽力した

スペイン軍

フランス軍

独立と同時に
奴隷制が廃止される。
このあと、奴隷制に対する
批判が南米中に
広がっていく

① 奴隷出身の黒人である **トゥサン=ルヴェルチュール** が ハイチの独立に尽力し、 世界初の黒人共和国が 誕生

⑤ ナポレオンの支配から逃れ、 植民地のブラジルに渡った **ポルトガル王子** が 帝位につき独立

ナポレオンに
占領されて
弱体化していた
スペイン

メキシコ

ハイチ

ベネズエラ

コロンビア

エクアドル

ボリビア

ブラジル

ペルー

アルゼンチン

チリ

④ 白人地主の **シモン=ボリバル** が 南米北部の独立に 尽力した

スペイン軍

現地のブラジル人に
説得されて
独立を決めた。
他国とは異なり、
無血で独立

中南米各国は
原料を輸出し、
工業製品を輸入する
貿易策をとったため、
工業化が遅れてしまう

中南米

原料を輸出

製品を輸入

欧米

③ 白人地主の **サン=マルティン** が 南米南部の独立に 尽力した

スペイン軍

大きな
棍棒を携えて
穏やかに話せ

セオドア=
ローズヴェルト

カリブ海

南北戦争を終えたアメリカが
カリブ海の支配に乗り出す
（棍棒外交 P153）

アメリカのカリブ海政策

セオドア＝ローズヴェルトの棍棒外交

BC2000		BC500		500		1050		1150		1250		1350		1450		1550		1650	1750		1850		1950
BC3000	BC1000		0		1000		1100		1200		1300		1400		1500		1600		1700		1800		1900		2000

アメリカが**南北戦争**（P146）に明け暮れるころ、ヨーロッパでは、**第二次産業革命**（P154）が進展するとともに、**帝国主義**（P154）が台頭します。ヨーロッパ諸国は、植民地の獲得に力を入れていました。

フロンティアが消滅した19世紀末、アメリカもカリブ海の支配を足がかりに帝国化の動きを見せるようになります（カリブ海政策）。まず、大統領マッキンリーがスペインに属していた**キューバ**の独立運動に介入。アメリカ＝スペイン戦争となります。勝利したアメリカは、スペイン領の**フィリピン**と**グアム**を手に入れます。キューバに対しては、独立を支援しながらも、その後は保護国化しました。

次の大統領セオドア＝ローズヴェルトは、コロンビアに属していた**パナマ共和国**の独立を支援します。そして彼の主導のもと、パナマに太平洋と大西洋をつなぐパナマ運河が建設されました。自国の武力をちらつかせて他国の内政に介入していく彼の外交策は、棍棒外交といわれます。

大統領ウィルソンの政策は、宣教師外交といわれ、「発展途上国」に民主主義を根付かせようとするものでした。この外交策は、「民主主義」が他国の内政に口出しするための

口実となりました。

さらにアメリカは、中南米諸国とパン＝アメリカ会議を何度も開き、中南米に対する影響力を強めていきます。

アメリカはカリブ海の支配を足がかりに帝国主義を推し進めた

北アメリカ
大西洋
カリブ海
パナマ運河
太平洋
南アメリカ

棍棒を携え、穏やかに話す

第25代大統領
マッキンリー
在任1897〜1901

第26代大統領
セオドア＝ローズヴェルト
在任1901〜09

第28代大統領
ウィルソン
在任1913〜21

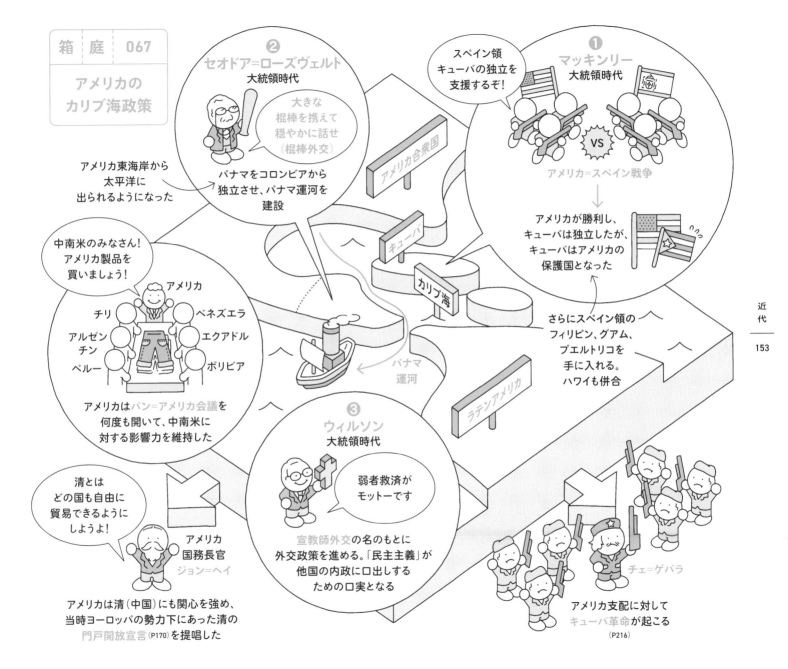

❷
セオドア=ローズヴェルト
大統領時代

大きな
棍棒を携えて
穏やかに話せ
（棍棒外交）

パナマをコロンビアから
独立させ、パナマ運河を
建設

スペイン領
キューバの独立を
支援するぞ！

❶
マッキンリー
大統領時代

VS

アメリカ=スペイン戦争

アメリカが勝利し、
キューバは独立したが、
キューバはアメリカの
保護国となった

アメリカ東海岸から
太平洋に
出られるようになった

アメリカ合衆国

キューバ

カリブ海

さらにスペイン領の
フィリピン、グアム、
プエルトリコを
手に入れる。
ハワイも併合

中南米のみなさん！
アメリカ製品を
買いましょう！

アメリカ

チリ　　　　ベネズエラ

アルゼン　　エクアドル
チン
ペルー　　　ボリビア

アメリカはパン=アメリカ会議を
何度も開いて、中南米に
対する影響力を維持した

パナマ
運河

ラテンアメリカ

❸
ウィルソン
大統領時代

弱者救済が
モットーです

宣教師外交の名のもとに
外交政策を進める。「民主主義」が
他国の内政に口出しする
ための口実となる

清とは
どの国も自由に
貿易できるように
しようよ！

アメリカ
国務長官
ジョン=ヘイ

アメリカは清（中国）にも関心を強め、
当時ヨーロッパの勢力下にあった清の
門戸開放宣言(P170)を提唱した

チェ=ゲバラ

アメリカ支配に対して
キューバ革命が起こる
(P216)

068 帝国主義の登場

植民地政策に乗り出すヨーロッパ

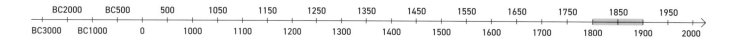

| BC2000 | BC500 | 500 | 1050 | 1150 | 1250 | 1350 | 1450 | 1550 | 1650 | 1750 | 1850 | 1950 |

近代

154

イギリスで起こった技術革新（産業革命 P108）は進歩し続け、燃料は石炭から石油に、動力は蒸気機関から電気に置き換わっていきました（第二次産業革命）。

石油と電気はさらなる大量生産を可能にしました。大量生産によって大量の製品を売ることができるようになると、さらに大きな市場と多くの資源を手に入れたいと思うようになります。市場の拡大と資源確保を狙うヨーロッパ諸国は、積極的にアジア、アフリカ、新大陸に植民地を広げ、帝国主義の道を突き進んでいきます。

19世紀から20世紀にかけての植民地大国といえば、イギリスとフランスです。イギリスは**ディズレーリ**（P126）**内閣**の発足を機に植民地政策に力を入れ始め、フランスは**第三共和政**（P125）の成立後に力を入れ始めました。当時この2か国で、およそ100か国もの植民地を保有していました。

アメリカの大統領**マッキンリー**（P152）や**セオドア＝ローズヴェルト**（P152）、ドイツの若き皇帝**ヴィルヘルム2世**（P176）、ロシア皇帝**ニコライ2世**（P184）といった面々も帝国主義を推進。さらに遠く離れた日本も、帝国主義の世界へ飛び込んでいきます。

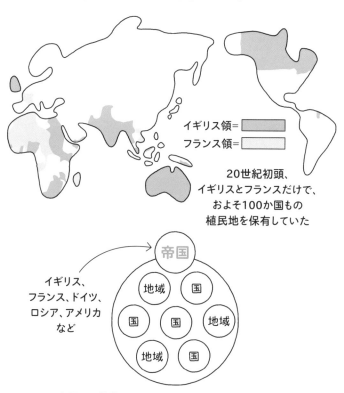

帝国となったイギリスとフランス

イギリス領＝
フランス領＝

20世紀初頭、イギリスとフランスだけで、およそ100か国もの植民地を保有していた

帝国

イギリス、フランス、ドイツ、ロシア、アメリカなど

地域　国
国　国　地域
地域　国

帝国とは複数の国や地域を支配している国を指す。イギリスとフランスは帝国の代名詞となった

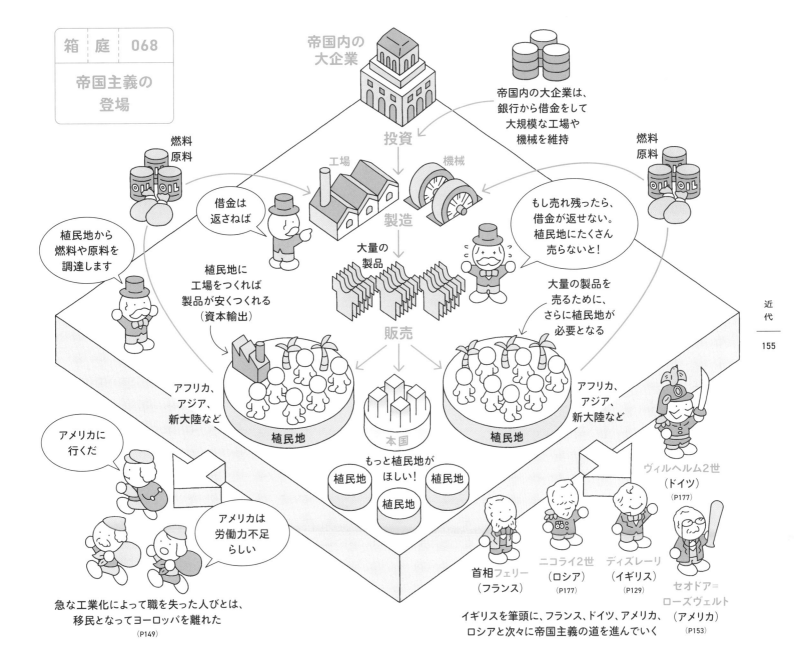

帝国内の
大企業

帝国内の大企業は、
銀行から借金をして
大規模な工場や
機械を維持

投資

工場　　　　機械

製造

燃料
原料

燃料
原料

借金は
返さねば

植民地から
燃料や原料を
調達します

もし売れ残ったら、
借金が返せない。
植民地にたくさん
売らないと！

大量の
製品

植民地に
工場をつくれば
製品が安くつくれる
（資本輸出）

大量の製品を
売るために、
さらに植民地が
必要となる

販売

アフリカ、
アジア、
新大陸など

アフリカ、
アジア、
新大陸など

植民地

植民地

本国

もっと植民地が
ほしい！

植民地

植民地

植民地

アメリカに
行くだ

アメリカは
労働力不足
らしい

ヴィルヘルム2世
（ドイツ）
（P177）

急な工業化によって職を失った人びとは、
移民となってヨーロッパを離れた
（P149）

首相フェリー
（フランス）

ニコライ2世
（ロシア）
（P177）

ディズレーリ
（イギリス）
（P129）

セオドア＝
ローズヴェルト
（アメリカ）
（P153）

イギリスを筆頭に、フランス、ドイツ、アメリカ、
ロシアと次々に帝国主義の道を進んでいく

ロシアの南下政策①

クリミア戦争

BC2000　BC500　　500　　1050　　1150　　1250　　1350　　1450　　1550　　1650　　1750　　1850　　1950
BC3000　BC1000　　0　　1000　　1100　　1200　　1300　　1400　　1500　　1600　　1700　　1800　　1900　　2000

　ロシアの女帝**エカチェリーナ2世**(P104)は、黒海に面するクリミア半島をおさえ、悲願の**不凍港**を手にしました。ただしロシアが地中海、さらには大西洋に出るためには、黒海と地中海の間にある**ダーダネルス海峡**と**ボスフォラス海峡**の両海峡を通らなくてはなりません。当時これらの海峡は**オスマン帝国**の領土でした。

　ロシアの皇帝ニコライ1世は、海峡を奪うためオスマン帝国に宣戦布告。クリミア戦争が勃発します。ところがロシアの強大化を恐れたイギリスの**ヴィクトリア女王**(P126)とフランスの**ナポレオン3世**(P124)が、オスマン帝国に加勢したため、ロシアは敗退。パリ条約で海峡は閉鎖されました。

　しかし、他のヨーロッパ諸国が世界を舞台に交易を進めるなか、ロシアは何としてでも外海に出る必要があります。ニコライ1世の息子**アレクサンドル2世**(P158)は、黒海から外海に出るルートをあきらめ、バルカン半島から外海に出るルートに狙いを定めます。

**クリミア戦争は
イギリスのナイティンゲール
の活躍が有名**

ロシアの南下政策

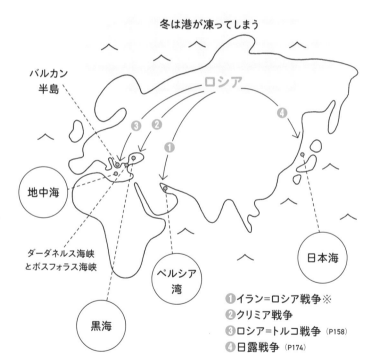

冬は港が凍ってしまう

バルカン半島

ロシア

地中海

ダーダネルス海峡とボスフォラス海峡

黒海

ペルシア湾

日本海

❶イラン=ロシア戦争※
❷クリミア戦争
❸ロシア=トルコ戦争 (P158)
❹日露戦争 (P174)

※ロシアは1828年、カージャール朝ペルシア（イラン）との戦いに勝利し、イランから多くの利権を獲得した。ただし肝心なペルシア湾沿いのエリアは奪えなかった（トルコマンチャーイ条約 (P160)）

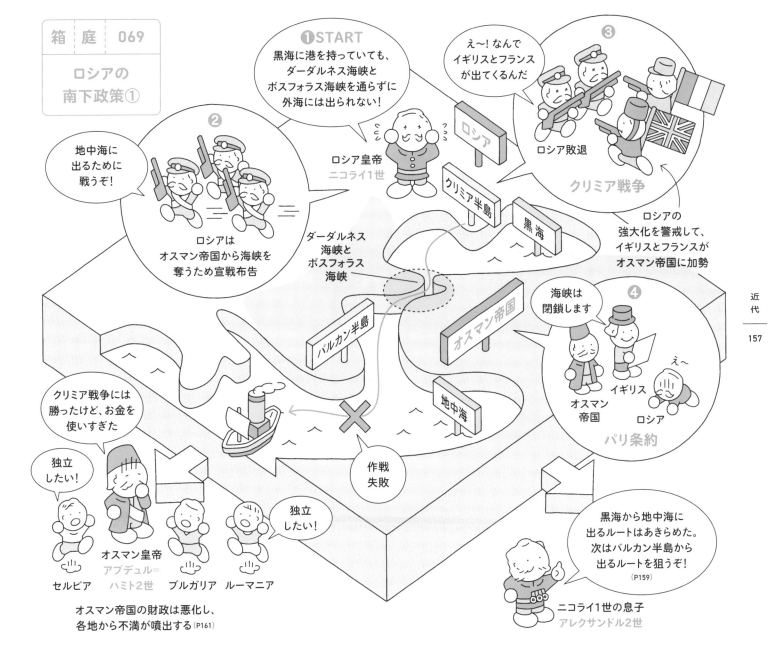

オスマン帝国に敗北し、黒海から地中海に出るルートを塞がれたロシア（クリミア戦争 P156）。今度は**バルカン半島**から地中海に出るルートを狙います。

当時のバルカン半島には**ブルガリア**、**セルビア**、**モンテネグロ**といったロシアと同じ**スラヴ人**の国があり、これらのバルカン諸国をオスマン帝国が支配している状態でした。

ロシア皇帝アレクサンドル2世（在位1855〜81）は、バルカン諸国の独立を支援する代わりに、地中海に出るルートをバルカン諸国に確保してもらおうと考えます。

ロシアは再びオスマン帝国に侵攻（ロシア＝トルコ戦争 1877〜78）。今度は勝利を収め、バルカン諸国は独立を果たしました（サン＝ステファノ条約 1878）。

ところが、ロシアの勢力拡大を恐れたのがイギリスとオーストリアです。そこでドイツの首相**ビスマルク**（P132）が「公正な仲介人」となってベルリン会議 1878 を開き、ロシアが地中海に出られなくなるベルリン条約 1878 を締結してしまいます。バルカン半島ルートも塞がれてしまったロシア。今度はシベリア鉄道を建設して日本海を目指します（日露戦争 P74）。

なおアレクサンドル2世は、**ツァーリズム**（P104）に反対し

て近代化を推し進める**社会運動家**（ナロードニキ）の手によって、暗殺されてしまいました。1881

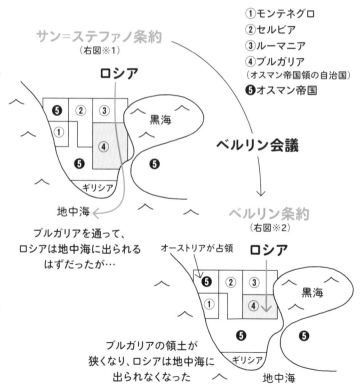

①モンテネグロ
②セルビア
③ルーマニア
④ブルガリア
（オスマン帝国領の自治国）
❺オスマン帝国

サン＝ステファノ条約（右図※1）

ロシア

黒海

ギリシア

地中海

ブルガリアを通って、ロシアは地中海に出られるはずだったが…

ベルリン会議

ベルリン条約（右図※2）

オーストリアが占領

ロシア

黒海

ギリシア

地中海

ブルガリアの領土が狭くなり、ロシアは地中海に出られなくなった

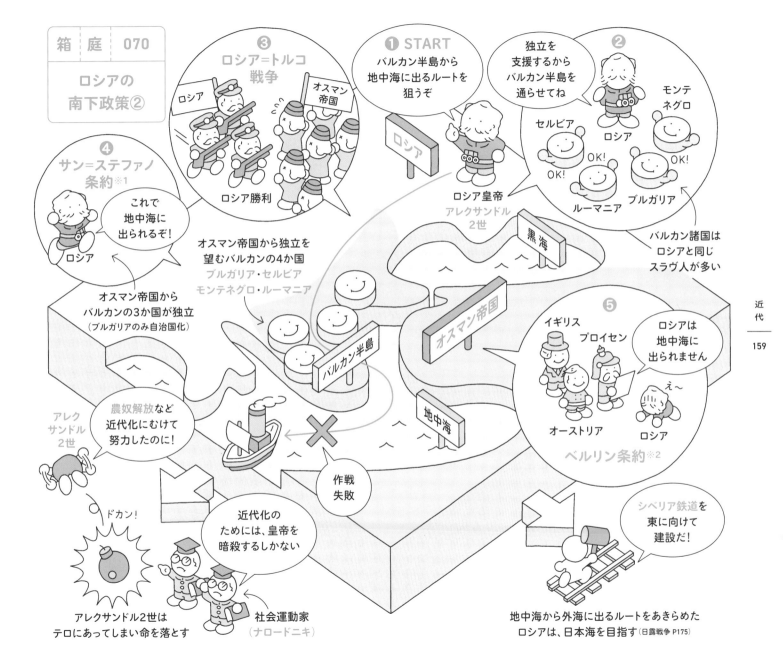

071 黄昏のオスマン帝国

瀕死の病人

近代

160

ヨーロッパ諸国は**産業革命**(P108)や**憲法制定**によって、近代化を成し遂げました。そのころから、かつて**ビザンツ帝国**(P54)をも滅ぼし、広大な領土を誇った**オスマン帝国**は、経済的・軍事的に遅れをとり始めます。

オスマン帝国は、複数の民族や宗教が混じり合う**多民族国家**だったので、衰退すると各地で独立の声が一斉にあがり始めました。そこでオスマン帝国の皇帝アブデュル＝メジト I 世は、旧制を見直し、タンジマートと呼ばれる近代化改革を行いました。
在位1839〜61　　　　　　　　　1839〜76

そんななか、**南下政策**を進めるロシアと**クリミア戦争**(P156)が勃発します。勝利はオスマン帝国が収めたものの、この戦争は帝国の財政を圧迫しました。新皇帝アブデュル＝ハミト 2 世は、アジア初の憲法、ミドハト憲法を制定し
在位1876〜1909　　　　　　　　　　　　1876
て国を安定させ、危機を乗り越えようとします。

しかし、再びロシアがオスマン帝国へ侵攻を開始（ロシア＝トルコ戦争 P158）。この戦争に敗れたことで、それまでオスマン帝国が支配していたセルビア、ルーマニア、モンテネグロが独立しました。オスマン帝国の国力はさらに低下していきます。

あわてたアブデュル＝ハミト 2 世は、この間にミドハト憲法を停止し、帝国を独裁制にもどしてしまいます。しかし 1908 年に青年トルコ革命が起こると、ミドハト憲法の復
　　　　　　　1908
活に成功。独裁制は廃止されました。ただしこの混乱の隙に、**オーストリア**が、オスマン帝国領だった**ボスニア・ヘルツェゴビナ地方**（セルビア人が多く住む）を併合してしまいます(P180)。この併合はのちに**第一次世界大戦**を引き起こします。

オスマン帝国の東隣に位置する**イラン**も、南下政策を進めるロシアに侵略され（イラン＝ロシア戦争）、不平等条約を結ばされました（トルコマンチャーイ条約）。
　　　　　　　　　　　　　　　　1828

ロシアの南下政策
❶イラン＝ロシア戦争
❷クリミア戦争 (P156)
❸ロシア＝トルコ戦争 (P158)
❹日露戦争 (P174)

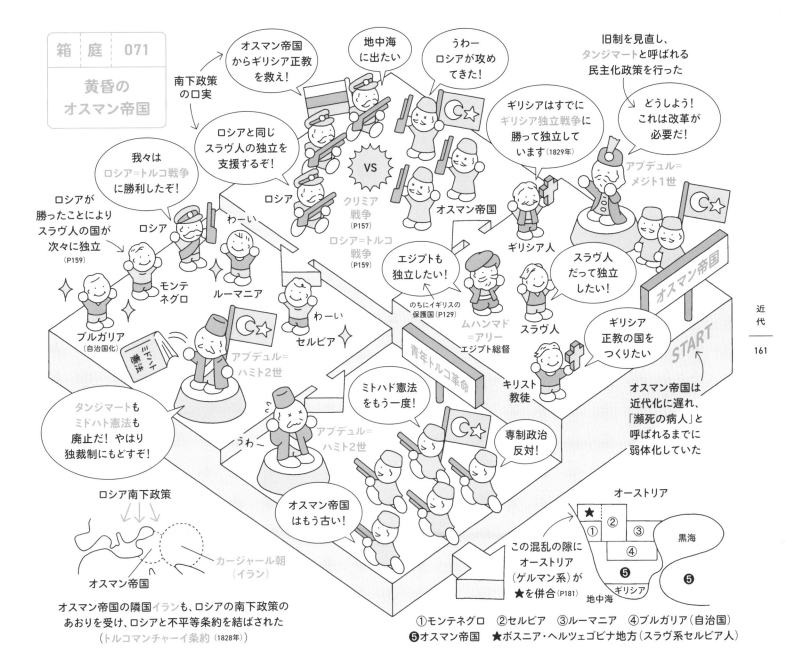

南下政策
の口実

オスマン帝国
からギリシア正教
を救え！

地中海
に出たい

うわー
ロシアが攻め
てきた！

旧制を見直し、
タンジマートと呼ばれる
民主化政策を行った

ギリシアはすでに
ギリシア独立戦争に
勝って独立して
います（1829年）

どうしよう！
これは改革が
必要だ！

ロシアと同じ
スラヴ人の独立を
支援するぞ！

我々は
ロシア＝トルコ戦争
に勝利したぞ！

VS

クリミア
戦争
（P157）

ロシア＝トルコ
戦争
（P159）

アブデュル＝
メジト1世

ロシアが
勝ったことにより
スラヴ人の国が
次々に独立
（P159）

ロシア

わーい

ロシア

オスマン帝国

ギリシア人

オスマン帝国

ブルガリア
（自治国化）

モンテ
ネグロ

ルーマニア

わーい

セルビア

エジプトも
独立したい！

のちにイギリスの
保護国（P129）

ムハンマド
＝アリー
エジプト総督

スラヴ人
だって独立
したい！

スラヴ人

ギリシア
正教の国を
つくりたい

START

アブデュル＝
ハミト2世

タンジマートも
ミドハト憲法も
廃止だ！ やはり
独裁制にもどすぞ！

青年トルコ革命

ミトハド憲法
をもう一度！

ギリシア
正教の国を
つくりたい

キリスト
教徒

オスマン帝国は
近代化に遅れ、
「瀕死の病人」と
呼ばれるまでに
弱体化していた

うわー

アブデュル＝
ハミト2世

専制政治
反対！

オスマン帝国
はもう古い！

ロシア南下政策

カージャール朝
（イラン）

オスマン帝国

オスマン帝国の隣国イランも、ロシアの南下政策の
あおりを受け、ロシアと不平等条約を結ばされた
（トルコマンチャーイ条約（1828年））

オーストリア

★
① ② ③
④

黒海

⑤

ギリシア

地中海

⑤

この混乱の隙に
オーストリア
（ゲルマン系）が
★を併合（P181）

①モンテネグロ　②セルビア　③ルーマニア　④ブルガリア（自治国）
⑤オスマン帝国　★ボスニア・ヘルツェゴビナ地方（スラヴ系セルビア人）

インド帝国の成立

インドを支配するイギリス

| BC3000 | BC2000 | BC1000 | BC500 | 0 | 500 | 1000 | 1050 | 1100 | 1150 | 1200 | 1250 | 1300 | 1350 | 1400 | 1450 | 1500 | 1550 | 1600 | 1650 | 1700 | 1750 | 1800 | 1850 | 1900 | 1950 | 2000 |

イギリスは**プラッシーの戦い**(P96)でフランスに勝利し、インドの単独支配を決定づけました。インドとの貿易権はイギリスの貿易会社、東インド会社(P92)が独占することになります。

ところが**産業革命**(P108)のあと、自由貿易を望む声が強まると、インド貿易を独占する東インド会社に対して、イギリス国内から不満が噴出し始めました。そこでイギリス政府は、東インド会社に商業活動停止を言い渡します。これを機に東インド会社は、貿易会社からインドの統治機関へと転じました。

しかし統治機関となった東インド会社に対して、インド人の不満が爆発。インド大反乱が起こります。東インド会社はイギリス政府に助けを要請。イギリス正規軍はこの大反乱を鎮圧しました。

東インド会社は、反乱の責任を取らされて解散させられてしまいました。代わって、イギリス政府がインドの統治を受け持つことになります。イギリス政府は**ヴィクトリア女王**(P128)をインドの**皇帝**に据え、インド帝国を成立させました。

さらにイギリス政府は、ロシアがインドに**南下**(P156)してくるのを防ぐため、インドの北にある**アフガニスタン**も**保護国**（アフガニスタン保護国化）にしました。

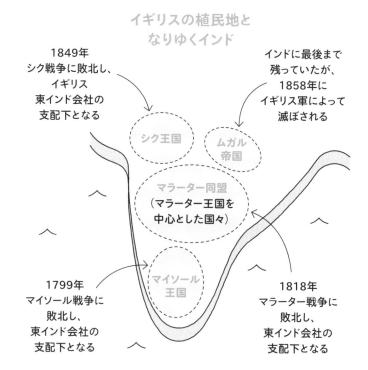

イギリスの植民地となりゆくインド

1849年
シク戦争に敗北し、イギリス東インド会社の支配下となる

インドに最後まで残っていたが、1858年にイギリス軍によって滅ぼされる

シク王国

ムガル帝国

マラーター同盟
（マラーター王国を中心とした国々）

1799年
マイソール戦争に敗北し、東インド会社の支配下となる

マイソール王国

1818年
マラーター戦争に敗北し、東インド会社の支配下となる

近代

164

重化学工業が進んだ19世紀後半、欧米諸国は工業資源を求めて、**アフリカ大陸**に関心を寄せるようになります。そんななか、電気化学工業に欠かせない銅資源をアフリカで探し当てたのが、アメリカの新聞記者スタンリーでした。

スタンリーはベルギー王レオポルド2世の支援を得てコンゴを探査し、現地の首長たちと**貿易独占条約**を結びました。しかしこの独占条約に対する反発が、他のヨーロッパ諸国から噴出します。そこで、ドイツ首相ビスマルク(P132)が議長となってベルリン会議を開き、アフリカの分割は「早い者順」とすることを決めました。列国は互いにしのぎを削ってアフリカに入ります。

イギリスは**エジプト**政府からの**スエズ運河株買収**をきっかけに、**カイロ〜ケープタウン〜カルカッタ**を結ぶ3C政策を展開。この間フランスとは、エジプトとスーダンの優越権をめぐって衝突しました（**ファショダ事件**）。しかし、フランスがモロッコ権益に関心を向けたため、英仏協商が結ばれます。このあと、金とダイヤモンドの産出で名高いイギリス領南アフリカ連邦もつくられました。

こうした流れのなかで、ドイツ皇帝**ヴィルヘルム2世**

(P176)は、イギリスとフランスのアフリカ分割に抗議して、二度にわたって**モロッコ**に軍艦を派遣しました（モロッコ事件）。英仏とドイツの緊張は高まっていきます。

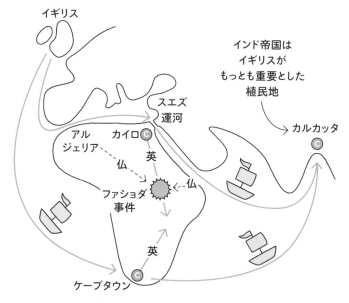

Ⓒ イギリスの3C政策
イギリスは、インド帝国のカルカッタに行く2つのルートを確保するため、中継地となるケープタウン（ケープ植民地）とスエズ運河のあるカイロ（エジプト）を植民地にした

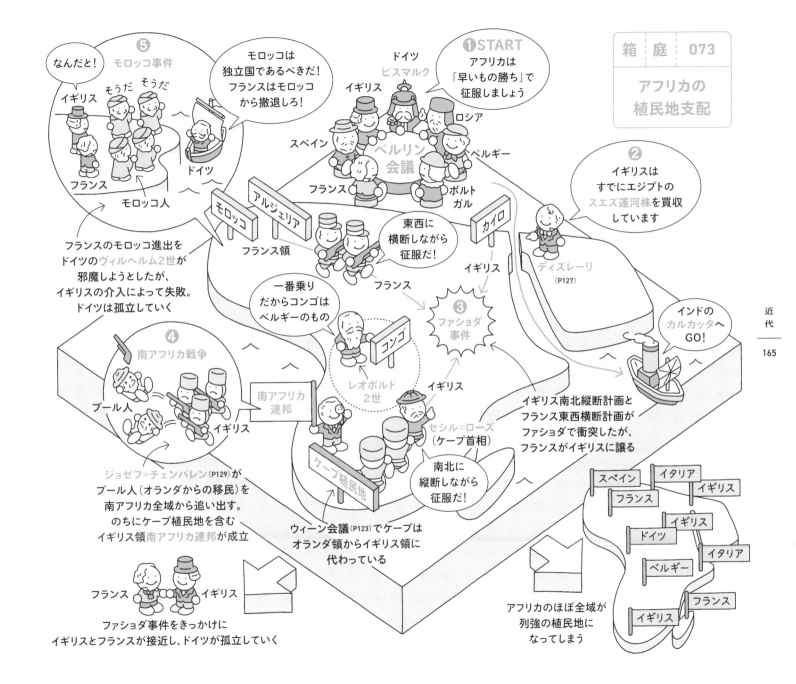

近代

166

ヨーロッパ諸国は、**中国**、**インド**、**アフリカ**だけでなく、**東南アジア**、**太平洋の島々**、**オセアニア**にも勢力圏を広げました。

フランスはフランス領インドシナ連邦（**ベトナム・ラオス・カンボジア**）を成立させ、この地で米作や石炭鉱業を行い大きな利益をあげました。**イギリス**はマレー連合州（**ペナン・マラッカ・シンガポール**）を成立させ、ゴム栽培や錫鉱業に力を入れます。**オランダ**はオランダ領東インド（**ジャワ・スマトラなどインドネシア全域**）を成立させ、強制栽培制度を導入。現地の住民にコーヒー栽培を義務付けました。この制度でオランダ本国は、破産同然の状態から抜け出しました。さらに**フランス**は**タヒチ**、**イギリス**は**フィジー**、**トンガ**、**ドイツ**は**マリアナ諸島**、**ビスマルク諸島**などを植民地化。**アメリカ**は**フィリピン**、**グアム**などを植民地化したほか、**ハワイ**を併合しました。

また**イギリス**は**オーストラリア**、**ニュージーランド**を自治領にし、この地の金鉱で大きな利益をあげました。

これら植民地の多くは、**第二次世界大戦**が終わると、独立することになります。

植民地となる東南アジアと太平洋地域

1810年にカメハメハ大王によってハワイが統一され、ハワイ王国が誕生した。1893年、ハワイ王国最後の女王リリウオカラニが退位させられ、1898年にアメリカに併合された

イギリスは、マレーシアのゴム園にインド人の労働者を働かせて莫大な利益を得た

オランダは、コーヒーのプランテーションで莫大な利益を得た。ジャワ島で行った強制栽培制度は特に過酷だった

ラーマ
5世

タイ
近代化を進めたタイは
植民地化を防ぎ、
独立を保つ

フランス領
インドシナ
連邦

❶フランス
清仏戦争に勝利し
ベトナム、カンボジア、
ラオスを支配

❾日本
19世紀末、
日本は台湾を
獲得

❽ドイツ
ニューギニア北東部、
マリアナ諸島、
ビスマルク諸島
などを支配

イギリス領
マレー
連合州

インド
帝国

❷イギリス
シンガポール、マラッカ、ペナンで
マレー連合州を建設。
ミャンマーをイギリス領
インド帝国と併合

❼イギリス
ニューギニア南東部、
ソロモン諸島、
フィジー、トンガ
などを支配

太平洋

オーストラリアと
ニュージーランドは
18世紀に私が
発見しました

クック船長
(イギリス人)

オランダ領
東インド

❸オランダ
ニューギニア西部を支配。
ジャワ、スマトラなどの
インドネシアでオランダ領
東インドを建設

❺アメリカ
フィリピン、グアム、
ハワイなどを支配

❻フランス
ニューカレドニア、
タヒチなどを
支配

ニュージー
ランド

オーストラリア
連邦

金鉱を発見して
大儲け

❹イギリス
オーストラリア、
ニュージーランドを
支配

先住民の
アボリジニーや
マオリ族は
追いやられる

20世紀前半までに起こった抵抗運動の
ほとんどが鎮圧されてしまったが、
第二次世界大戦後に独立を達成

BC2000　BC500　　500　　1050　　1150　　1250　　1350　　1450　　1550　　1650　　1750　　1850　　1950

BC3000　BC1000　　0　　1000　　1100　　1200　　1300　　1400　　1500　　1600　　1700　　1800　　1900　　2000

　18世紀後半、自由貿易主義を推し進めるイギリスは、自国で安く生産できる**綿織物**を外国に売りさばいていました。イギリスは綿織物の輸出先を遠く**清（中国）**にまで広げようと試みます。

　しかし清では、綿織物はあまり売れませんでした。当時、イギリスは清から茶を輸入していたので、イギリスのお金（銀）は一方的に清に流れました。困ったイギリスはインドでつくらせた**アヘン**を清に輸出して、清から茶を買うアジア三角貿易を始めます。

　アヘンは清の風紀を乱しました。清の政治家林則徐はアヘンの輸入を禁止。これにイギリスが反発し、アヘン戦争_{1840〜42}が勃発します。

　最新式のイギリス艦隊の前に清は大敗。次のアロー戦争_{1856〜60}でも敗退した清は、香港や九竜南部をイギリスに割譲させられます。また輸入を制限するために閉じていた計16港を開港させられ、多額の賠償金も支払わされました。

　アヘン戦争の敗北後、清の咸豊帝_{在位1850〜61}は、戦争の賠償金を自国の増税でまかなおうとしました。そのため清の民衆の暮らしは困窮を極めます。

　こうしたなか、科挙（官僚になるための試験）に失敗した洪秀全_{1813〜64}が拝上帝会という宗教結社を組織。清に代わる新たな国をつくるべく反乱を起こします。拝上帝会は民衆の支持を集めると、南京の占領に成功。太平天国_{1851〜64}という政権を樹立しました（太平天国の乱_{1851〜64}）。

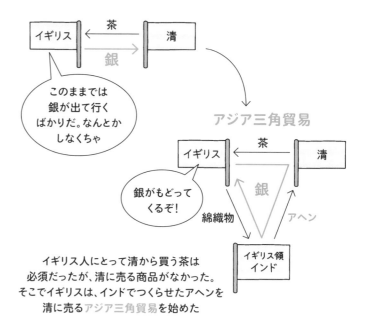

イギリス人にとって清から買う茶は必須だったが、清に売る商品がなかった。そこでイギリスは、インドでつくらせたアヘンを清に売るアジア三角貿易を始めた

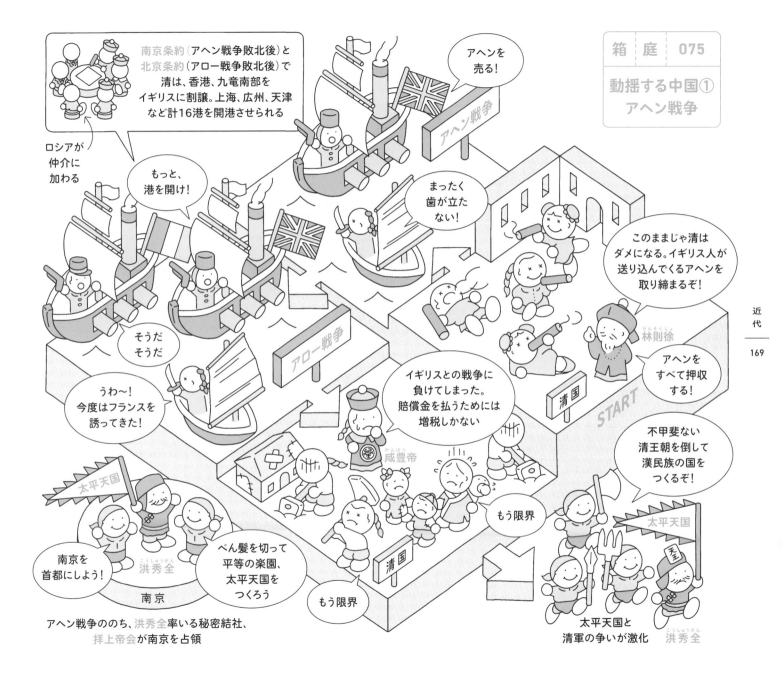

近代

170

清に代わる新たな国をつくるべく、**太平天国の乱**を起こして南京の占領に成功した**洪秀全**(P168)。しかし**太平天国**は、イギリスの軍人**ゴードン**率いる常勝軍や、漢人地主の自警軍に倒されました。とはいえ清は、こうした反乱を自力で鎮圧できないほど弱体化していました。

そこで清の官僚曽国藩や李鴻章たちは、清の伝統的な体制を維持しつつ、西洋の科学技術をとり入れることで清を強国にもどそうとします(洋務運動)。ところがそのさなか、清の支配下にあった**朝鮮半島**をめぐって、日本と日清戦争(P174)が始まってしまいます。

清は日本に敗北。清の学者康有為たちは、敗北の原因を清の近代化の遅れと考えました。康有為は光緒帝を説得し、憲法に基づいた立憲君主政を目指そうとします(変法運動)。しかしこの政策も西太后(光緒帝の叔母)たちの保守派によって潰されてしまいます(戊戌の政変)。

近代化が軌道に乗らない清に、列強が次々に侵入。清は、各地に列強の軍隊が駐屯する半植民地状態になってしまいました。この間、中国進出に乗り遅れたアメリカは、門戸開放宣言(P53)をして存在感をアピールします。

次々に清に侵入する列強に反発したのが、義和団という反キリスト教・排外主義の信仰結社です。義和団は、鉄道やキリスト教の教会を次々に襲撃し、北京に入ると外国公使館を包囲しました。この反乱をみた西太后たちは、義和団を利用して列強を清から追い出そうともくろみます(義和団事件)。

中国の列強勢力圏
20世紀初頭

北京

南京

□ ロシア　　□ フランス
□ イギリス　■ 日本　　■ ドイツ

しかし、この反乱は列強の出兵によって鎮圧されました。清は義和団事件の責任を取らされ、多額の賠償金を支払うことになります。そして北京議定書を交わし、とうとう首都北京にも外国兵の駐屯を許してしまいます。

「もはや不甲斐ない清を倒して新しい国をつくるしかない」と考えたのは、海外に亡命していた革命家の**孫文**(P172)でした。

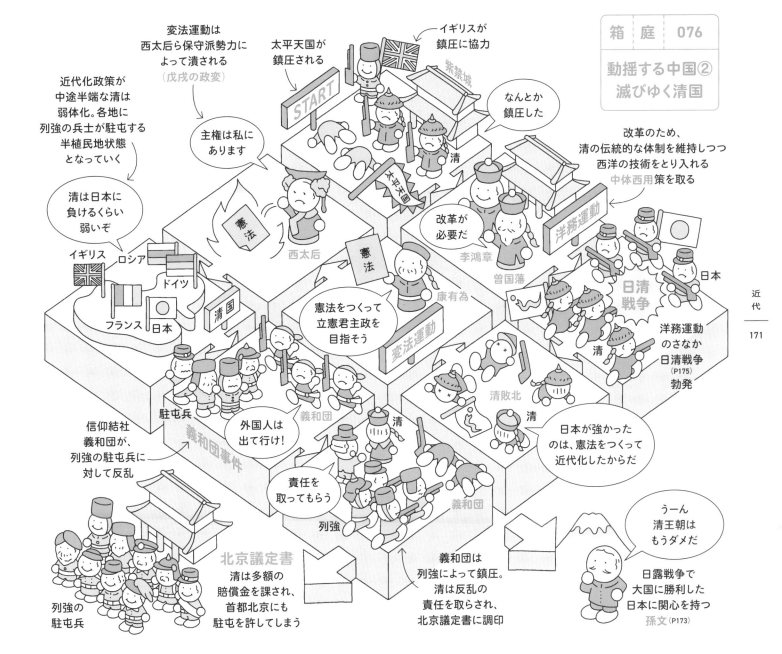

　義和団事件(P170)ののち、清王朝に対する不信感が中国人の間に一挙に広まりました。清王朝は、立憲君主政へ向けた**近代化改革**（光緒新政）でこの危機を乗り切ろうとしましたが、うまくいきませんでした。そこで、もはや革命しかないと考えたのが孫文でした。彼は清王朝の息がかかっていない資本家や、華僑、学生、知識人などを集め、日本の東京で中国同盟会を結成します。

　そんななか、清の国内で、清王朝に不満を持つ革命家や一部の軍人たちが暴動を起こしました。この暴動をきっかけに、清を構成していた諸州が続々と清からの独立を宣言します。孫文はただちに帰国し、国内の革命家や、中国同盟会のメンバーとともに、中華民国という**共和政国家**の建

清と中華民国

1912年1月1日、孫文はアジア初の共和政国家、中華民国の建国を南京で宣言した

国を南京で宣言します。

　次に孫文は、清王朝を倒すため、「中華民国の次期大総統にする」という条件で、清軍のリーダーだった袁世凱を味方につけました。袁世凱は清軍のリーダーという立場から、清の宣統帝（愛新覚羅溥儀）に退位を迫ります。宣統帝は退位を受諾。ここに**清王朝は滅亡**しました。この一連の革命を**辛亥革命**といいます。

　中華民国の大総統になった袁世凱は、北京でみずからを皇帝と名乗り始めました。さらに袁世凱は、日本に有利かつ、中国に不利な二十一カ条の要求を受け入れます。二十一カ条の要求の受け入れは、国民から強く反発されました。袁世凱は退位。国内では反日感情が高まり、のちに学生を中心とした抗日運動（五・四運動）が起こります。

　袁世凱の没後、中国は、袁世凱の部下や地域の有力な軍人（軍閥）が実権を争う、軍閥時代に突入することになります。

二十一カ条の要求

日本はポーツマス条約(P174)以降、中国進出を進めた。当時、第一次世界大戦でドイツと争っていた日本は、ドイツが持っていた山東省の利権の譲り受けを中国に要求した。

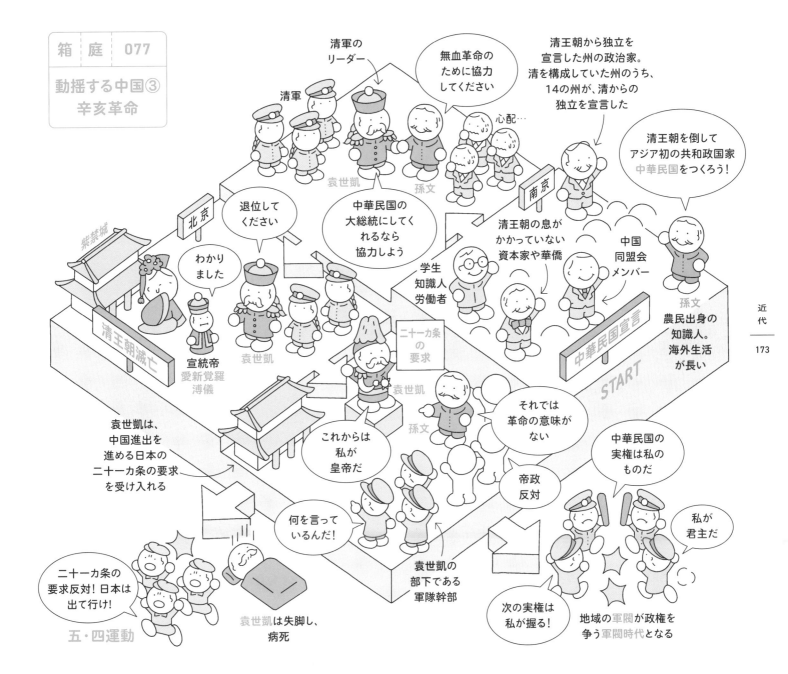

078 日露戦争

勢力を伸ばす日本

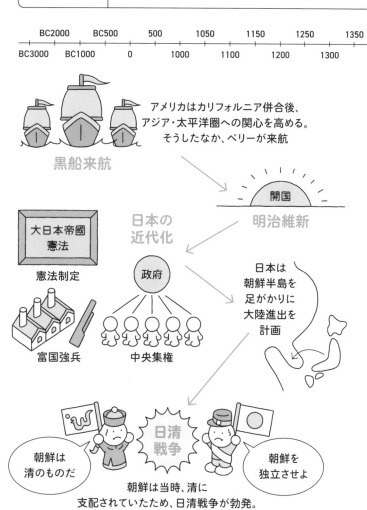

アメリカはカリフォルニア併合後、アジア・太平洋圏への関心を高める。そうしたなか、ペリーが来航

黒船来航

開国

明治維新

日本の近代化

大日本帝國憲法

憲法制定

政府

富国強兵

中央集権

日本は朝鮮半島を足がかりに大陸進出を計画

朝鮮は清のものだ

朝鮮を独立させよ

日清戦争

朝鮮は当時、清に支配されていたため、日清戦争が勃発。日本が勝利する

　日本は**日清戦争**(P170)で清に勝利しました。朝鮮は清から独立し、日本は清から台湾と遼東半島を譲り受けました(下関条約)。
<small>1895</small>

　しかしロシアが、**シベリア鉄道**(P158)の建設を進めながら、アジア方面への南下を目指していました。ロシアはフランスとドイツとともに、遼東半島を清へ返還するように日本に迫り、日本のアジア進出を阻もうとしました(三国干渉)。やがて両者が争う日露戦争が始まります。
<small>1895</small> <small>1904〜05</small>

　日本は、ロシアの勢力拡大を恐れるイギリスの支援を受けて優勢でした。しかもこの時期、ロシア国内で第１次ロシア革命(P184)が勃発し、ロシアは戦争の続行が難しくなります。

　アメリカ大統領**セオドア＝ローズヴェルト**(P152)の調停のもと、ポーツマス条約が結ばれ、日本は戦勝国となりました。日本は、南満州を勢力圏に置くとともに、韓国に対する優越権を獲得しました。
<small>1905</small>

　極東での南下に失敗したロシアは、バルカン半島へ目を向けます。すると今度はドイツの**3B政策**(P176)と衝突することになります。

ドイツは**普仏戦争**(P134)でフランスに勝利しました。このあとドイツの首相ビスマルクは、**ロシア**、**オーストリア**と三帝同盟、**イタリア**、**オーストリア**と三国同盟を結びました(ビスマルク体制)。こうした同盟を結ぶことで、フランスを孤立させ、フランスの逆襲を防ごうとしたのです。ビスマルクは、戦争や植民地政策をできるかぎり行わずに、ドイツを安定に導こうとしました。

しかし、若き皇帝ヴィルヘルム2世がドイツ皇帝に即位すると、その方針は一変。海軍の大拡張を掲げ、積極的に帝国主義政策を推し進めます。ヴィルヘルム2世は年老いたビスマルクを辞職させると、南アフリカへの進出を図るとともに、中国での勢力圏獲得に乗りだしました。

さらにヴィルヘルム2世は、バルカン半島に向かう**鉄道計画**(3B政策)に着手します。しかしこの計画は、イギリスの**3C政策**(P164)とぶつかるだけでなく、ロシアのニコライ2世が進めていた**南下政策**とも対立しました。

ロシアはドイツに対抗するため、**イギリス**、**フランス**と三国協商を結成。ロシアとドイツの溝は深まり、やがて世界は**第一次世界大戦**(P180)をみることになります。

3B政策
ベルリン、イスタンブール、バグダードを鉄道で結んでペルシア湾に出るドイツの政策

3C政策
(P164)
カイロ、ケープタウン、カルカッタの三角地帯をおさえるイギリスの政策

南下政策
冬でも凍らない港を建設するロシアの政策

ヴィルヘルム2世が進めた3B政策は、イギリスの3C政策やロシアの南下政策と対立した

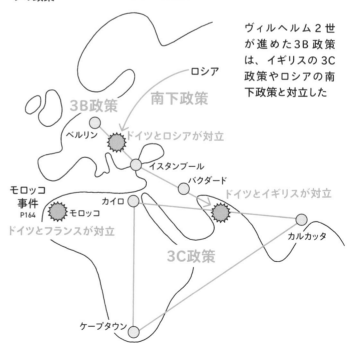

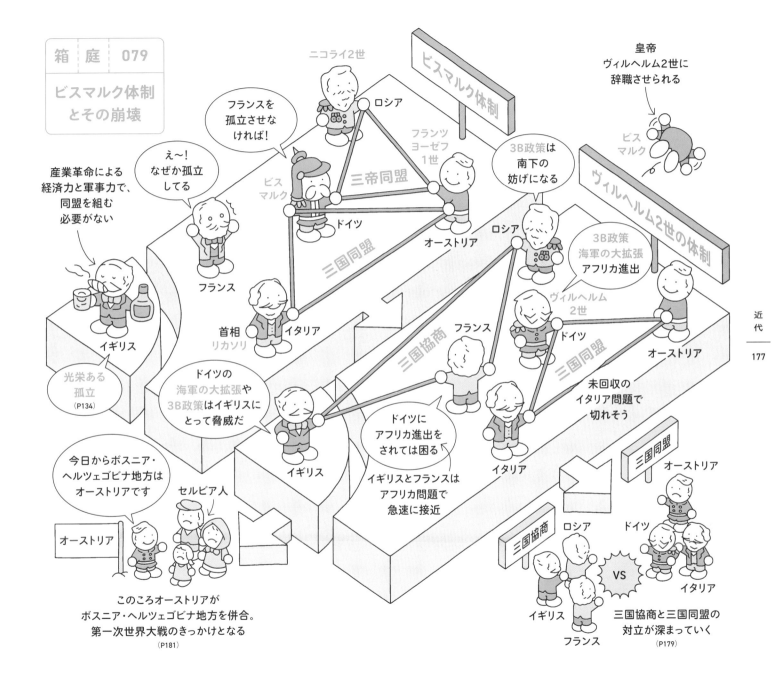

080 第一次世界大戦前夜

それぞれの思惑

　第一次世界大戦(P180)は、**サライェヴォ事件**(P180)と呼ばれる一発の銃弾をきっかけに勃発しました。

　どうして第一次世界大戦は起きてしまったのでしょうか。右ページのイラストとともに第一次世界大戦前夜の各国の関係をみてみましょう。

(右ページ)**❶イギリス VS ドイツ**‥‥ドイツの**3B政策**(P176)はイギリスの**3C政策**(P164)と対立している。ドイツが進める**海軍の大拡張**(P176)はイギリスを脅かしている。

❷フランス VS ドイツ‥‥**プロイセン＝フランス戦争**(P134)の確執がある。ドイツはアフリカで植民地政策を始め、フランスのモロッコ支配の邪魔をした(モロッコ事件 P164)。

❸ロシア VS ドイツ‥‥ドイツの**3B政策**はロシアの**南下政策**と対立している。ドイツの**パン＝ゲルマン主義**（パン＝広げる）はロシアの**パン＝スラヴ主義**と相容れない。

❹ロシア VS オーストリア‥‥ロシアは、セルビアを始めとした**バルカン同盟**（**セルビア、モンテネグロ、ギリシア、ブルガリア**）の保護国となっている。ゆえにロシアはオーストリアにボスニア・ヘルツェゴビナ地方を奪われたセルビアに肩入れする(P160)。

❺セルビア VS オーストリア‥‥セルビア人（スラヴ民族）が多く住むボスニア・ヘルツェゴビナ地方を、パン＝ゲルマン主義を掲げるオーストリアが併合している(P160)

❻バルカン同盟 VS オスマン帝国‥‥オスマン帝国は、自国から独立したバルカン諸国と、独立を支援したロシアに恨みがある(P160)。このあとオスマン帝国は、**バルカン同盟**に戦争を仕掛けられ（第1次バルカン戦争）さらに領土を減らした。

❼バルカン同盟 VS ブルガリア‥‥ブルガリアはバルカン同盟に属していたが、領土の奪い合い（第2次バルカン戦争）でバルカン同盟を離脱。

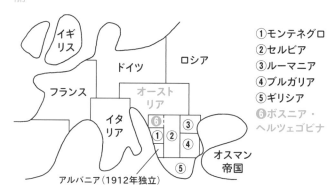

①モンテネグロ
②セルビア
③ルーマニア
④ブルガリア
⑤ギリシア
⑥ボスニア・ヘルツェゴビナ

箱庭 080

第一次世界大戦前夜

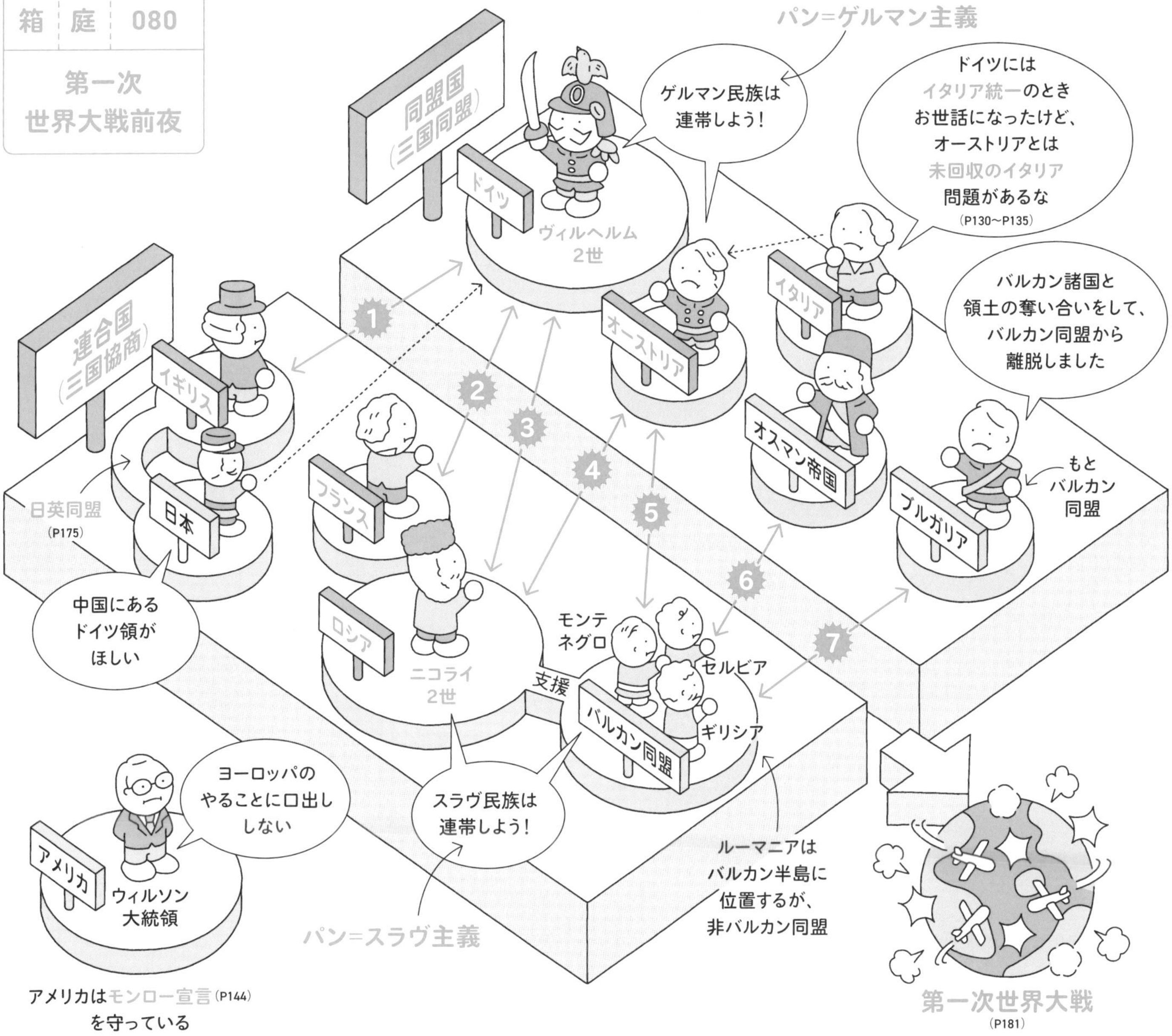

オーストリアは、**青年トルコ革命**（P160）の混乱をみはからって、オスマン帝国内の**ボスニア・ヘルツェゴビナ地方**を併合しました（ベルリン会議（P158）で、すでにボスニア・ヘルツェゴビナの占領と統治権が認められていたが、1908年に完全に併合した）。

ボスニア・ヘルツェゴビナ地方には、もともと**セルビア人**（セルビア語が母国語。ロシアと同じスラヴ系）やクロアチア人、ムスリム（イスラーム教徒）が多く住んでいました。しかしオーストリア人（ゲルマン系）がボスニア・ヘルツェゴビナ地方を統治し始めると、ボスニア・ヘルツェゴビナ地方のセルビア人はオーストリアに反感を持つようになります。

1914年6月、ボスニア・ヘルツェゴビナ内にある**サライェヴォ**に訪問中のオーストリア帝位継承者夫妻が、セルビア人青年に射殺される**サライェヴォ事件**が起きました。これをきっかけにオーストリアはセルビアに宣戦布告。すぐさま**パン＝ゲルマン政策**（P178）を進めていた**ドイツのヴィルヘルム2世**が、ゲルマン系のオーストリアに加勢します。すると**パン＝スラヴ政策**（P178）を進めていた**ロシアのニコラ**

第一次世界大戦時のヨーロッパ

- 連合国側
- 同盟国側
- 中立国

イ2世が、スラヴ系のセルビアに加勢しました。

このあと、**三国同盟**（P176）や**三国協商**（P176）として結びついていた国々が次々に参戦。同盟国（ドイツ・オーストリア・オスマン帝国・ブルガリアなど）と協商国（連合国）（ロシア・イギリス・フランス・日本など）が二手に分かれて争う第一次世界大戦が始まります。

第一次世界大戦中、イギリス（協商国）は複数の密約を他国と結びました。まず、敵側（同盟国側）のイタリアを**未回収のイタリア**（P130）を譲る条件で味方に引き入れます。その他、**フセイン・マクマホン協定**（P222）、**バルフォア宣言**（P222）を結んで、自国を有利に導いていきます。

第一次世界大戦(P180)は、各国とも**総力戦**となり、開戦時の予測よりもはるかに長期化しました。イギリスやフランスが、自国の植民地から物資を調達できたのに対し、ドイツは国内の食料不足が深刻になっていきました。

あせったドイツは、敵国の軍艦だけでなく、商業船をも攻撃し始めました（無制限潜水艦作戦）。するとアメリカの大統領**ウイルソン**がこれに反発。**ドイツに宣戦布告しました**。アメリカは大量の兵力を戦線に送り込み、ドイツを窮地に追い込んでいきます。

アメリカが参戦すると、**連合国**(P180)側は圧倒的に優位になりました。そして1918年の春から、世界は新型インフルエンザ（スペイン風邪）の大流行に襲われます。兵士たちの間に「戦争はもうたくさん」という気分が広がり、秋には**同盟国**(P180)側のブルガリア、オスマン帝国、オーストリアから降伏や休戦を求める声があがりました。11月になるとドイツ国内で、兵士や労働者による**ドイツ革命**が起こります。皇帝**ヴィルヘルム2世**(P176)はオランダに亡命。ドイツに共和政が誕生します（ドイツ共和国／ヴァイマル共和国）。そして1918年11月11日、ドイツは**連合国**と休戦協定を締結。第一次世界大戦は**連合国**の勝利に終わりました。

終戦後、**パリ講和会議**(P188)で結ばれた**ヴェルサイユ条約**(P188)は、ドイツにとってあまりに厳しい内容でした。ドイツは領土や賠償金において、大きな損失を強いられることになります。

第一次世界大戦がもたらした社会の変化

大戦末期の軍需工場では、
人手不足を補うため、一般の女性も動員された。
これにより、戦後は女性の社会進出が進んだ

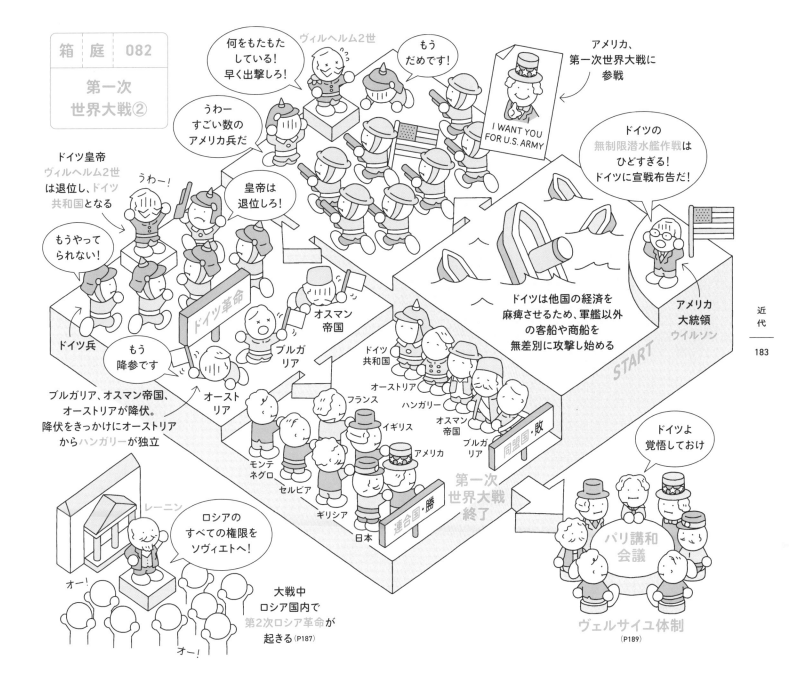

近代

184

　ロシアは19世紀以降、極東への勢力拡張を推し進めました。これが背景となり、**日露戦争**(P174)が起こります。ロシア政府は、内政よりもこの戦争を優先したため、国内では食糧不足が深刻な問題となりました。

　1905年1月、首都サンクト＝ペテルブルクで大規模なデモが発生します。民衆はこのデモで**立憲政治の導入**や**労働者の待遇改善**などを要求しましたが、政府は武力でデモを鎮圧しました（血の日曜日事件）。すると今度は、戦艦ポチョムキン号の水兵たちが、日露戦争反対を掲げて反乱を起こしました。政府は日露戦争の継続を断念します。

　同じころ、武装蜂起によって**「すべての権力を**ソヴィエト（労働者・兵士の評議会）**に移す」**ことで**社会主義**を実現しようとしたのが、革命家レーニンでした。

　ロシア皇帝ニコライ2世は、革命側との落としどころとして、十月宣言を出してドゥーマ（**国会**）の設置を公約しました（第1次ロシア革命）。国民は、自由と民主主義、立憲君主政の導入を支持しました。

　一方、政府に追われることになったレーニンは、国外逃亡を図り、スイスに亡命します。

　ニコライ2世は、再びバルカン方面へ**南下**(P176)を開始。ロシアは、ドイツ、オーストリア、オスマン帝国との対立を深め、**第一次世界大戦**(P180)へと向います。

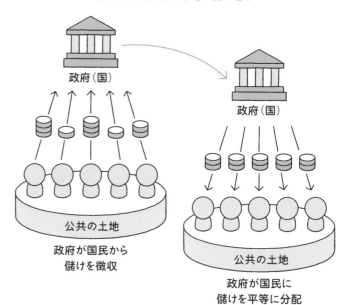

社会主義の考え方
土地、工場、商品などを公共のものとし、儲けは国民全員で平等に分け合う

政府（国）

政府（国）

公共の土地
政府が国民から
儲けを徴収

公共の土地
政府が国民に
儲けを平等に分配

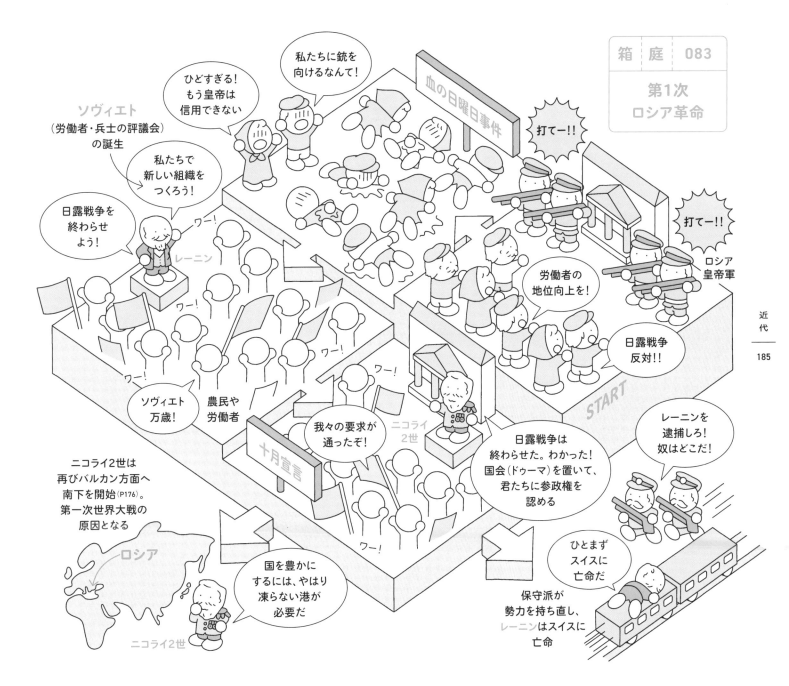

第一次世界大戦(P180)は、予測に反して長期戦となりました。ロシア国内で戦争を嫌がる雰囲気は日増しに強くなります。1917年、ロシア二月革命が起こると、**ニコライ2世**(P184)は退位。**ロマノフ朝**(P104)はここで滅亡することとなりました。

これを知った**社会主義者**の**レーニン**(P184)たちは、敵国ドイツが用意した専用列車で、急きょ亡命先のスイスから帰国。「戦争中止」と「**ソヴィエト**(P184)へ全権力の移行」を主張します。

ロマノフ朝滅亡後、臨時政府を樹立したのは、戦争続行を進めるケレンスキー率いる社会革命党でした。しかしレーニンたちは、武装蜂起によって社会革命党を倒し、**ソヴィエト政権**を成立させました（ロシア十月革命、第2次ロシア革命）。

1918年3月、ソヴィエト政権はドイツ側と講和条約を結び、第一次世界大戦から抜けることになります。この間レーニンたちは、党名を共産党とし、首都をサンクト＝ペテルブルクから内陸のモスクワに移しました。

革命の波及を警戒したイギリス、アメリカ、フランス、日

本は、当時ロシアの捕虜となっていたチェコ兵を救出するべく、ロシアに出兵します（対ソ干渉戦争）。

対するロシアは、隣接諸国のベラルーシ、ウクライナ、ザカフカースを制圧してソヴィエト社会主義共和国連邦（ソ連）を結成しました。ここからロシアの恐怖政治が始まってしまいます。

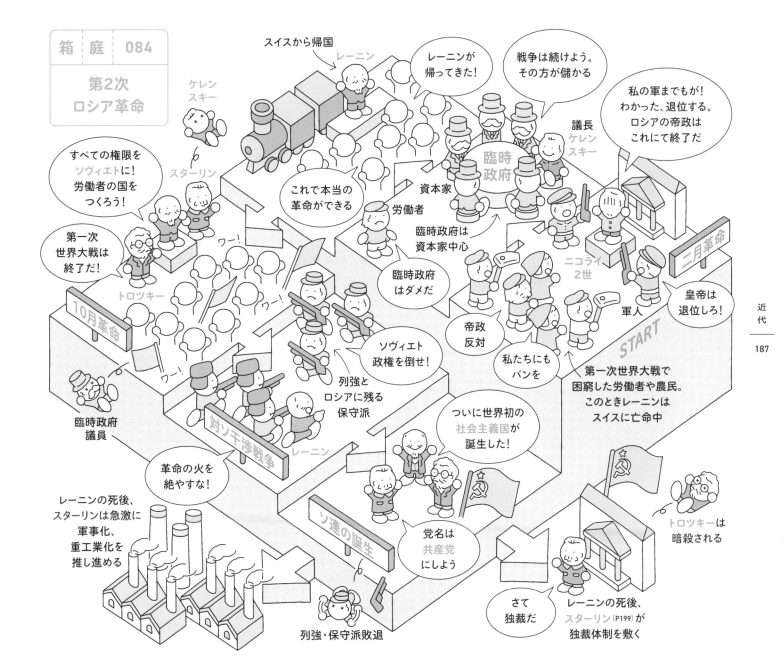

085 ヴェルサイユ体制とワシントン体制

不条理な条約

BC3000 BC2000 BC1000 BC500 0 500 1000 1050 1100 1150 1200 1250 1300 1350 1400 1450 1500 1550 1600 1650 1700 1750 1800 1850 1900 1950 2000

近代

188

アメリカの参戦により、**第一次世界大戦は連合国**が勝利しました（P182）。戦後処理を話し合うパリ講和会議では、アメリカの大統領ウィルソンが十四カ条の平和原則を唱えました。この平和原則のもと、国際連盟の設立が決まります。

敗戦国と**ソヴィエト政権（ロシア）**からは、ハンガリー、ポーランド、ユーゴスラヴィア、フィンランド、チェコスロヴァキア、ラトヴィア、エストニアなど、多くの国々の独立が認められました。ただし、イギリスやフランスなどの戦勝国がアフリカやアジアに所有する植民地の独立は、認められませんでした。**オスマン帝国**の領土は、戦勝国によって分割されました（P190）。

ドイツ（ドイツ共和国 P182）は、すべての植民地を取りあげられたほか、アルザス・ロレーヌ地方などの本土を失いました。軍備縮小も課せられたうえに、巨額の賠償金を背負わされました（パリ講和会議で賠償支払義務が決定し、1921年のロンドン会議で1320億マルク＝約200兆円という賠償金額が決定した）。ドイツにとって非常に厳しいこの**条約**（ヴェルサイユ条約）と**体制**（ヴェルサイユ体制）は、のちに**ナチス**（P196）の台頭を許し、ファシズムを生むことになります。

パリ講和会議にやや遅れて、アメリカの提唱でワシントン会議が開かれました。ここでは**戦後のアジア・太平洋地域の秩序**が話されました。ただし会議の主な目的は、日本の勢力をけん制することでした。日本は二十一カ条の要求（P172）を失効させられ、軍備も制限されます。**日英同盟**（P179）の解消も決まり、日本は国際社会から孤立することになります（**ワシントン体制**）。

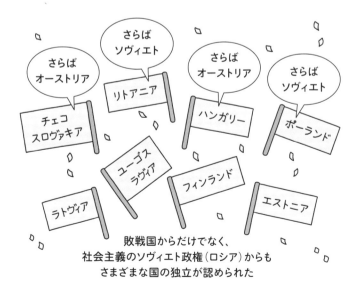

敗戦国からだけでなく、
社会主義のソヴィエト政権（ロシア）からも
さまざまな国の独立が認められた

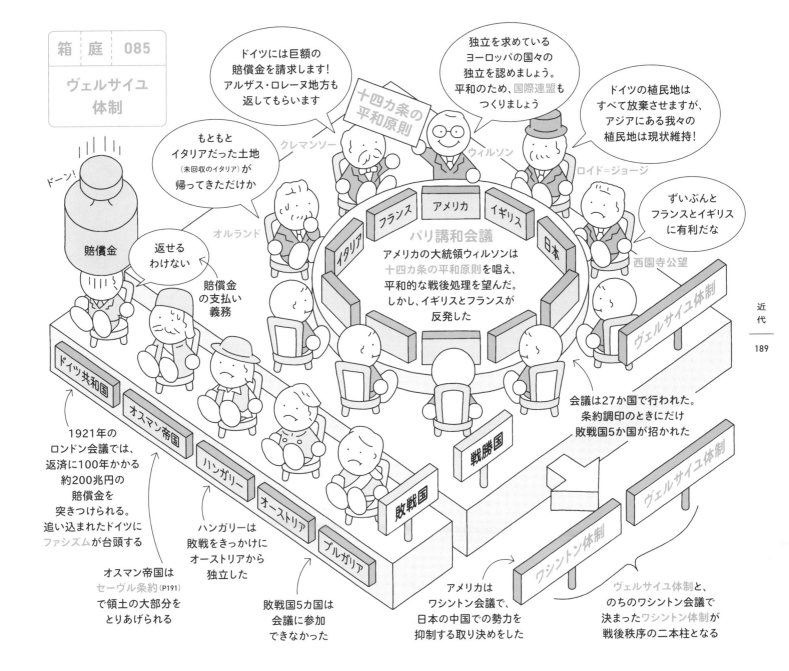

18世紀末以降、**オスマン帝国**は、**不凍港**を求めて南下する**ロシア**の圧力で、多くの領土を失ってきました(P160)。

第一次世界大戦でオスマン帝国は、**同盟国**(P180)側に参加し、連合国側のイギリス、フランス、そして**ロシア**と戦いました。しかし大戦は連合国が勝利。オスマン帝国はセーヴル条約を結ばされ、イラク、パレスチナ、シリアの全域など、領土の大半を失うことになりました。

この条約に納得がいかなかったのが、オスマン帝国の軍人でトルコ人(トルコ語が母国語)の革命家**ムスタファ＝ケマル**でした。ムスタファ＝ケマルはトルコ革命を起こして、**オスマン帝国を解体し**、セーブル条約を破棄させます。そしてトルコ共和国を建国し、初代大統領となりました。

ムスタファ＝ケマルは、連合国側と新たにローザンヌ条約を結んでトルコ人(トルコ語が母国語)に関わる領土を守り、革命の拠点となったアンカラをトルコ共和国の首都としました。またアラビア文字に代わるローマ字の採用、太陽暦の採用、女性参政権の実施、カリフ制(イスラーム教の指導体制)の廃止を決めるなど、イスラーム的な政策をとりやめ、近代化を進めました。ただしトルコ共和国は、アラブ人(アラビア語が母国語)の文化圏は手放しました。このため今のシリア、レバノンはフランスの委任統治領（植民地）となり、ヨルダン、イラク、パレスチナはイギリスの委任統治領となりました。

第一次世界大戦のさなかイギリスは、オスマン帝国内のアラブ人と、戦争に協力することを条件に、アラブ地域の独立を約束しました（**フセイン・マクマホン協定**(P222)）。さらにイギリスは、ユダヤ人財閥から戦争資金を得るため、パレスチナにユダヤ人の民族的郷土(national home)を建設することを認めました（**バルフォア宣言**(P222)）。1930年代には多くのユダヤ人がパレスチナに移住したため、パレスチナに住むアラブ人と、ユダヤ人との間で衝突が起こるようになります。

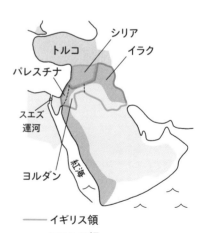

凡例:
- ―― イギリス領
- ―― フランス領
- 元オスマン帝国領
- アラブ人国家

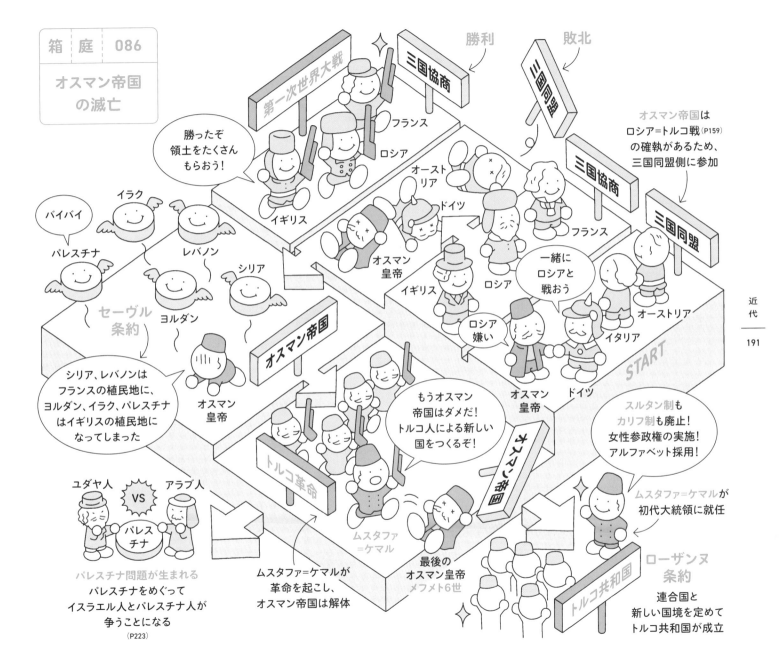

第一次世界大戦(P180)ののち、世界にその名をとどろかせたのがアメリカでした。大戦中アメリカは、連合国(P180)に武器を輸出するなどして膨大な利益を得たのです。本土が戦場とならなかったことも、ヨーロッパ諸国と経済的な差をつける原因となりました。

反対にヨーロッパ諸国の経済は落ち込みます。敗戦国ドイツ(ドイツ共和国 P182)は特に深刻で、フランスやイギリスに多額の賠償金(P188)を支払うことが不可能な状況でした。国土戦となった戦勝国フランスもまた、多くの負債を抱えていました。

そこでアメリカは、ドーズ案を提案します。ドーズ案とは、ドイツ経済を安定させるために、まずアメリカがドイツに融資します。ドイツの経済が安定したら、次にイギリスやフランスが、ドイツから賠償金を受けとり、その賠償金でアメリカに借金を返すという案です。ドーズ案は功を奏し、ドイツ経済は持ち直します。ヨーロッパ経済は回復し、各国に協調体制が生まれました。

超大国となっていったアメリカは、黄金の1920年代と呼ばれる大衆消費時代を迎えます。「政府は市場に介入しない」という自由主義・資本主義の原則を守ったことも、アメリカの繁栄に大きく貢献しました。

アメリカは永遠の繁栄を手にしたかのようにみえました。

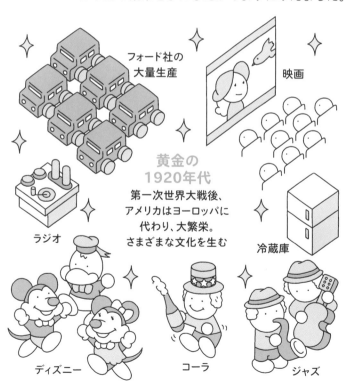

フォード社の大量生産

映画

黄金の1920年代

第一次世界大戦後、アメリカはヨーロッパに代わり、大繁栄。さまざまな文化を生む

ラジオ

冷蔵庫

ディズニー

コーラ

ジャズ

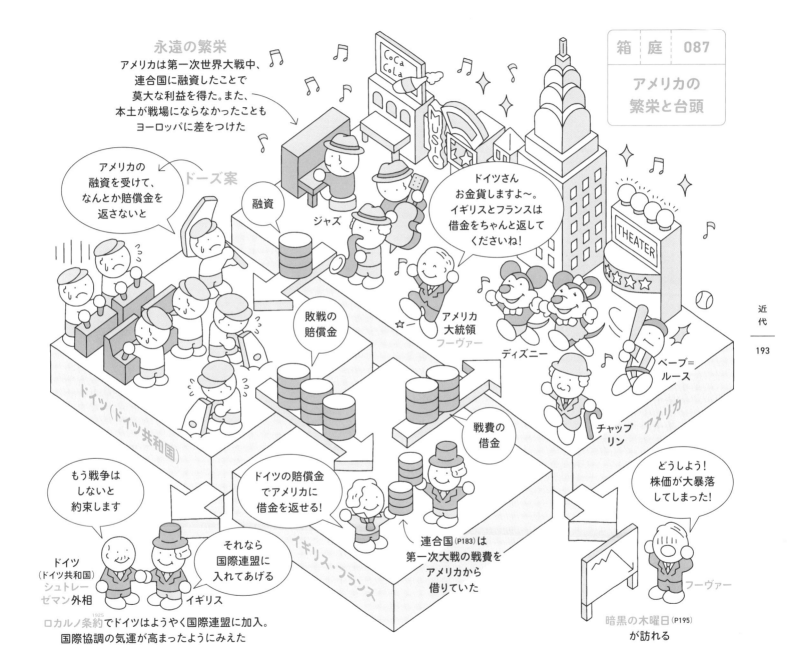

永遠の繁栄
アメリカは第一次世界大戦中、
連合国に融資したことで
莫大な利益を得た。また、
本土が戦場にならなかったことも
ヨーロッパに差をつけた

ロカルノ条約でドイツはようやく国際連盟に加入。
国際協調の気運が高まったようにみえた

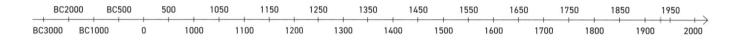

BC2000	BC500	500		1050	1150		1250	1350		1450	1550	1650	1750	1850	1950
BC3000	BC1000	0	1000	1100		1200	1300		1400	1500	1600	1700	1800	1900	2000

近代

194

第一次世界大戦ののち、アメリカは**黄金の1920年代**(P192)と呼ばれる全盛期を迎えました。しかしその裏では、工業製品や農作物の過剰生産、低賃金労働者の増加などがアメリカ経済の首を絞めつつありました。

1929年10月29日木曜日、**ニューヨーク株式相場**が**大暴落**します（暗黒の木曜日）。企業や銀行が続々と倒産。アメリカ経済は一気に不況におちいり、ヨーロッパ諸国への融資も停止されました。ドイツは、イギリスやフランスに**賠償金**(P188)を払えなくなり、恐慌の波は世界中に拡大しました。世界恐慌の始まりです。

アメリカ大統領フランクリン＝ローズヴェルト（在任1933〜45）は、前大統領フーヴァー（在任1929〜33）の自由放任主義とは逆に、政府が市場に大きく介入するニューディール政策（新規まき直し政策）（1933）で恐慌を乗り切ろうとします。植民地を**「持てる国」**であるアメリカ、イギリス、フランスは、自国の植民地から資源を供給しつつ、高い関税をかけて輸入品をブロックし、国内産業を守りました（ブロック経済）。

しかし植民地を**「持たざる国」**であるイタリアや日本、そしてドイツは、追い詰められていきます。イタリアやドイツは、他国への侵略でこの不況を乗り切ろうと考え、**ファシズム**の台頭を許してしまいます。

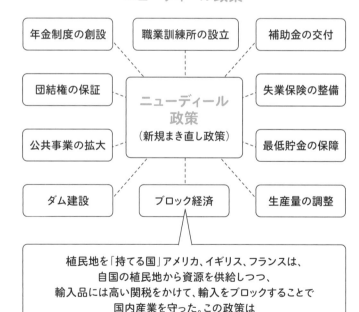

フランクリン＝ローズヴェルトのニューディール政策

- 年金制度の創設
- 職業訓練所の設立
- 補助金の交付
- 団結権の保証
- **ニューディール政策**（新規まき直し政策）
- 失業保険の整備
- 公共事業の拡大
- 最低貯金の保障
- ダム建設
- ブロック経済
- 生産量の調整

植民地を「持てる国」アメリカ、イギリス、フランスは、自国の植民地から資源を供給しつつ、輸入品には高い関税をかけて、輸入をブロックすることで国内産業を守った。この政策は植民地を「持たざる国」ドイツ、イタリア、日本を苦しめた

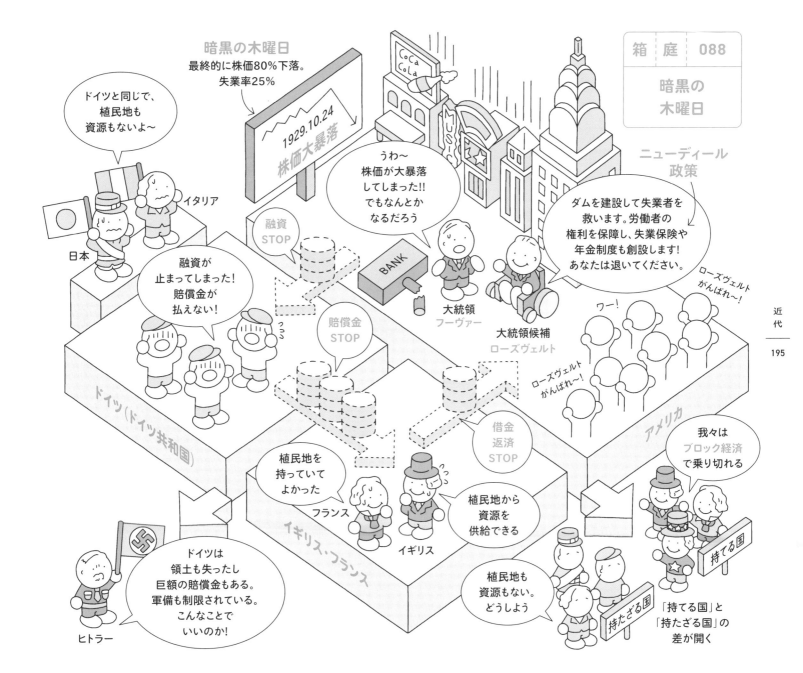

089 台頭するファシズム

ナチ党の誕生

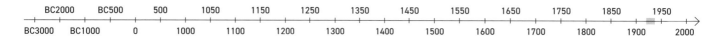

| BC3000 | BC2000 | BC1000 | BC500 | 0 | 500 | 1000 | 1050 | 1100 | 1150 | 1200 | 1250 | 1300 | 1350 | 1400 | 1450 | 1500 | 1550 | 1600 | 1650 | 1700 | 1750 | 1800 | 1850 | 1900 | 1950 | 2000 |

近代

196

世界恐慌(P194)によって、もっとも混乱をきたしたのはドイツでした。経済は低迷し、民衆に不満が蓄積し始めます。そこに現れたのが「民族共同体の建設」を掲げる**ナチ党（国家社会主義ドイツ労働者党）**でした。

ナチ党を率いる**ヒトラー**は、民衆に**ヴェルサイユ条約**
1889〜1945
(P188)の不条理さを説き、ドイツ人（ドイツ語を母国語とする民族）の優秀さを訴えかけました。こうしたヒトラーの演説に民衆は熱狂します。さらに失業者に仕事を与えるなど、具体的な政策でも民衆の支持を得ました。

ヒトラーは瞬く間にドイツ国内の**共産党**を追いやり、**一党独裁制**の**ファシズム**政権を樹立。立法、行政、司法の全権を手に入れ、**総統**と呼ばれるようになります。ヒトラーは「**反共産党**」「**ドイツ人の結束**」を掲げた外交で、チェコスロヴァキア領のズデーテン地方や、オーストリアなど、ドイツ人が住む国や地域を次々に併合。徴兵制も再開し、**再軍備**も宣言します。

ファシズム政権は、ドイツと同じ「**持たざる国**(P194)」である**イタリア**にも誕生していました。ヒトラーは**スペイン内戦**
1936〜1939
（右上図）を機に、この政権を率いていた**ムッソリーニ**に接
1883〜1945

スペイン内戦

スペインでは、フランコ将軍率いるファシズム政党と反ファシズムを掲げる人民戦線と称する政党が争っていた

フランコ将軍

ヒトラー　ムッソリーニ

ドイツ　イタリア

ゲルニカ　ピカソ

ヒトラーとムッソリーニがフランコを支援するため、スペイン内戦に参戦。人民戦線の支持者が多い古都ゲルニカを無差別爆撃した（フランコ側が勝利し、スペインに独裁制が続いたが、フランコの死後、スペインは立憲君主政となる）

スペイン内戦を機にドイツ（ヒトラー）とイタリア（ムッソリーニ）は急接近し、同盟を結ぶ

近します（ベルリン＝ローマ枢軸）。またヒトラーは、**ソ連**
1936
(P186)を東西で挟み込むため、東洋の「持たざる国」である**日本**とも同盟を結びました。こうしてドイツ、イタリア、日本の**三国防共協定**が誕生することになります。
1937

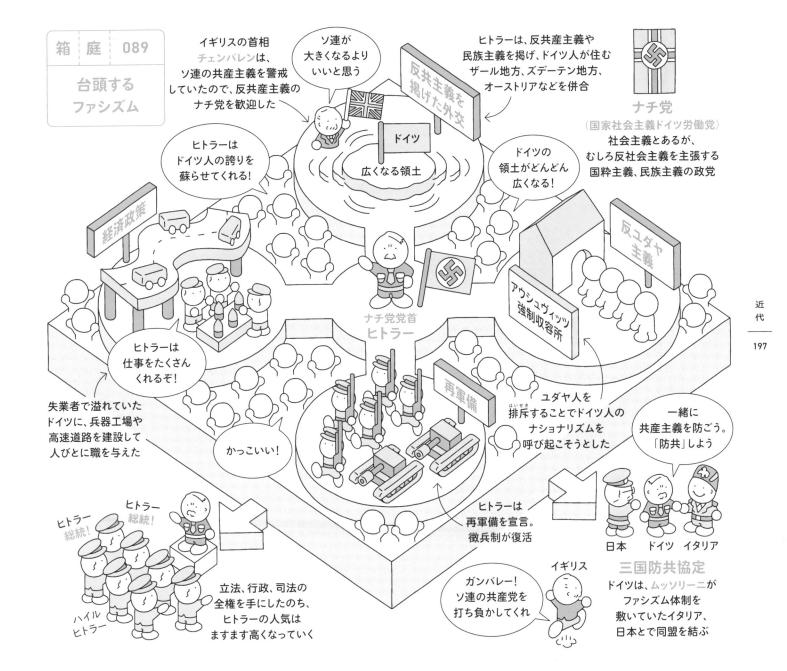

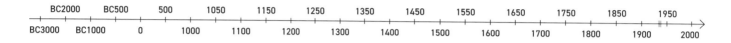

1933 年 1 月、ドイツに**ヒトラー**を首相とする**ナチ党**(P196)政権が誕生しました。ヒトラーは、領土の放棄や軍備の縮小などをドイツに命じた**ヴェルサイユ体制**(P188)の打破、そして世界恐慌からの脱出を国民に訴えました。

ナチ党政権が最初に行なった外交は、国際連盟の脱退です。軍備の縮小をドイツだけでなく、全加盟国が平等に進めるという提案が受け入れられなかったためでした。

フランスとソ連は、国際連盟を脱退したナチ党の勢力を警戒しました。1935 年 5 月、両国は仏ソ相互援助条約を結んでドイツをけん制します。ところがイギリスは、ナチ党が「**防共**」(＝反共産主義)の旗を掲げていることから、ナチ党がソ連を倒すことを期待しました。6 月、イギリスはドイツに譲歩し始め(宥和政策)、ドイツの**再軍備**を認めました(英独海軍協定)。フランスもこれに引っぱられます。

1938 年 9 月、ドイツはミュンヘン会談で、イギリスのネヴィル＝チェンバレン、フランスのダラディエ両首相の合意のもとで、チェコスロヴァキア領のドイツ人が多く住んでいるズデーテン地方を獲得しました。翌 1939 年 3 月、ヒトラーは**チェコスロヴァキアの解体**を強行し、チェコスロ

ヴァキアの占領・支配を行います。

さらにドイツは、ダンツィヒ市の返還と、東プロイセンへの陸上交通を**ポーランド**に要求しました。ところがイギリスとフランスの両国が、ポーランドと**相互援助条約**を結んだため、ドイツの動きが止まりました。そこにイギリスとフランスの態度に不満を持っていたソ連が、ドイツに接近します。1939 年 8 月、ソ連とドイツは**ポーランド分割**の秘密協定を含めた独ソ不可侵条約を結びました。そして 9 月 1 日、ドイツ軍は、ソ連との打ち合わせどおり**ポーランド**に侵攻を開始します。これをみたイギリスとフランスはドイツに宣戦布告。こうして第二次世界大戦が始まりました。

9 月 17 日、ソ連軍もドイツに続いてポーランドに侵攻します。

ソ連
ポーランド
ポーランド侵攻
チェコスロヴァキア解体

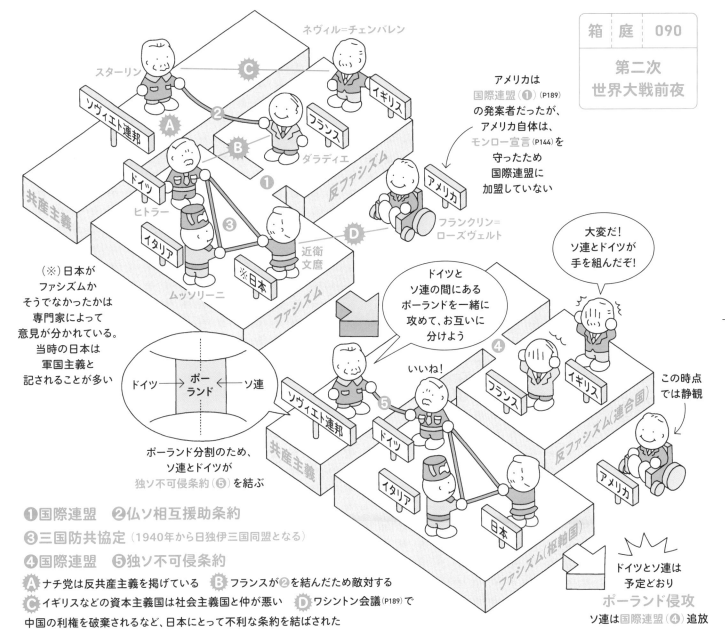

ネヴィル=チェンバレン

スターリン

ソヴィエト連邦

共産主義

ヒトラー

ドイツ

イタリア

ムッソリーニ

イギリス

フランス

ダラディエ

反ファシズム

近衛
文麿

※日本

ファシズム

アメリカは
国際連盟（❶）(P189)
の発案者だったが、
アメリカ自体は、
モンロー宣言(P144)を
守ったため
国際連盟に
加盟していない

フランクリン=
ローズヴェルト

アメリカ

（※）日本が
ファシズムか
そうでなかったかは
専門家によって
意見が分かれている。
当時の日本は
軍国主義と
記されることが多い

ドイツと
ソ連の間にある
ポーランドを一緒に
攻めて、お互いに
分けよう

いいね！

ドイツ→ポーランド←ソ連

ポーランド分割のため、
ソ連とドイツが
独ソ不可侵条約（❺）を結ぶ

ソヴィエト連邦

共産主義

ドイツ

イタリア

日本

ファシズム（枢軸国）

大変だ！
ソ連とドイツが
手を組んだぞ！

フランス

イギリス

反ファシズム（連合国）

この時点
では静観

アメリカ

ドイツとソ連は
予定どおり

ポーランド侵攻
ソ連は国際連盟（❹）追放

❶国際連盟　❷仏ソ相互援助条約
❸三国防共協定（1940年から日独伊三国同盟となる）
❹国際連盟　❺独ソ不可侵条約
Ⓐナチ党は反共産主義を掲げている　Ⓑフランスが❷を結んだため敵対する
Ⓒイギリスなどの資本主義国は社会主義国と仲が悪い　Ⓓワシントン会議(P189)で
中国の利権を破棄されるなど、日本にとって不利な条約を結ばされた

現 代

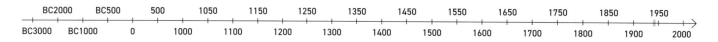

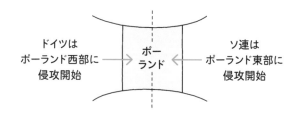

ドイツは
ポーランド西部に
侵攻開始

ポーランド

ソ連は
ポーランド東部に
侵攻開始

1939年9月1日、**第二次世界大戦**の火ぶたは切られました。ドイツ軍はソ連との打ち合わせどおり（独ソ不可侵条約 P198）、**ポーランド西部**に侵攻を開始しました（**ポーランド侵攻**）。翌1940年にはデンマーク、ノルウェー、オランダ、ベルギーを占領。6月にはフランスに侵攻して**パリ入城**を達成。イタリアもドイツに加勢します。

こうしてパリのある北フランスは、ドイツ軍の直接支配下に置かれました。フランス領は南部だけとされ、親ドイツ派の**ペタン**内閣が南部の**ヴィシー**に建てられました。このときフランスの軍人**ド=ゴール**が、イギリスのロンドンに亡命して、**自由フランス政府**の樹立を宣言。ラジオ放送を通じて、ドイツに対する**レジスタンス（抵抗運動）**をフランス本土に呼びかけました。

一方、ソ連は1939年9月17日、**ポーランド東部**に侵攻すると、続く11月、フィンランドにも侵攻。これが原因で、ソ連は**国際連盟**を除名されました。

ソ連は翌1940年、バルト3国（エストニア・ラトヴィア・リトアニア）を併合します。この結果、大戦不介入の立場を取ったスウェーデン、スペイン、ポルトガルを除くと、ヨーロッパ大陸は**全体主義国**であるドイツ、ソ連、イタリアによって占領、支配されることになりました。

これをみたアメリカは1941年3月、**武器貸与法**を定め、民主主義と独立を保っていたイギリスへの援助を始めます。すると6月、ドイツはパンと石油を確保するため、**独ソ不可侵条約**(P198)を破って、突如ソ連領に侵攻しました。**独ソ戦**の始まりです。7月、ドイツに対抗するため、ソ連とイギリスの間で**英ソ軍事同盟**が結ばれます。ソ連はここで民主主義の側に立つことになります。

8月、アメリカ大統領**フランクリン=ローズヴェルト**とイギリス首相**チャーチル**は、**大西洋上会談**を持ちました。この会談で、全体主義に対する、自由と民主主義の新世界構想を示す**大西洋憲章**が発表されました。ここから第二次世界大戦は、新たな局面に入ることになります。

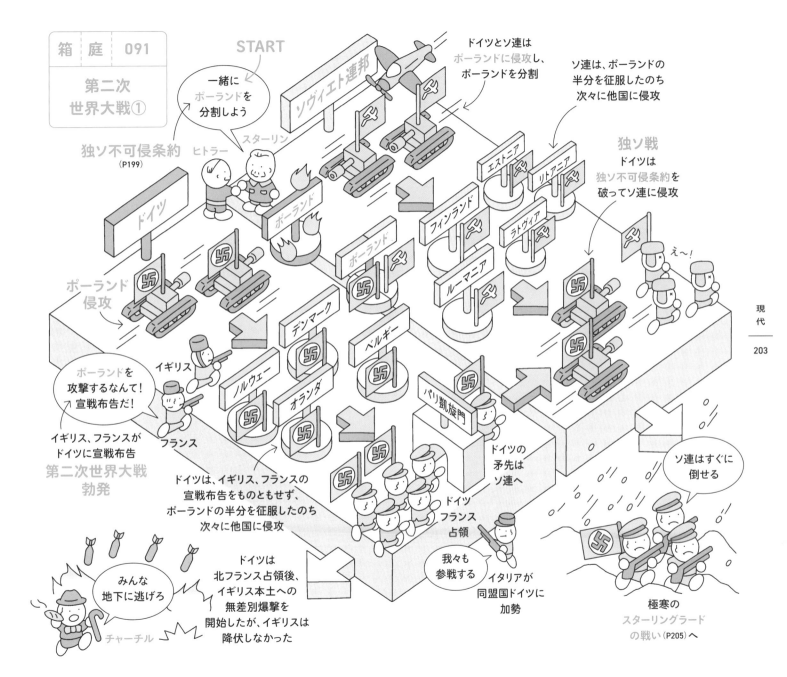

1942年1月、ワシントンDCで、アメリカ、イギリス、中国、ソ連を主要国とする連合国共同宣言が発表されました。全体主義の枢軸国（ドイツ、イタリアなど）に対抗する民主主義陣営＝連合国の結成です。

1943年2月、独ソ戦(P202)に苦戦していたソ連は、アメリカから武器の援助を受け、スターリングラードの戦いでドイツに勝利しました。ソ連はナチ党から東欧諸国を解放すると、自国の安全保障のため、これらの東欧諸国に共産党中心の政権をつくって自国の影響下に置きました。

そして9月、イタリアが降伏します。すると11月に、アメリカの大統領ローズヴェルト、イギリスの首相チャーチル(P202)、ソ連の書記長スターリンがテヘラン会談を持ち、ドイツに対する共同作戦を協議しました。翌1944年6月、アメリカの軍人アイゼンハワー指揮のもと、連合国軍がノルマンディー地方から上陸するというノルマンディー上陸作戦が決行されます。作戦は成功し、パリは連合国軍によって解放されました。

さらに1945年2月、クリミア半島でアメリカ、イギリス、ソ連の3首脳によるヤルタ会談が開かれました。この会談では、ドイツの戦後処理、東欧の民主化、連合国による国際秩序の構築などが議題となりました。また、ソ連の対日参戦が決められたのもこのときでした。ソ連には、対日参戦の代償として、南樺太・千島の領有が認められました。

そして1945年4月、連合国軍の激しい進攻で、ドイツはなすすべもなく、首都ベルリンは陥落しました。5月7日、ドイツは無条件降伏をみることになります。

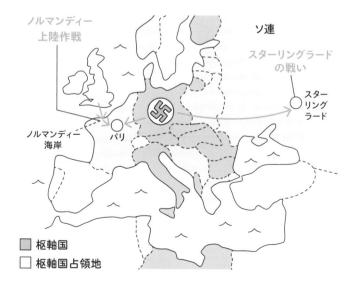

枢軸国
枢軸国占領地

　第二次世界大戦開始翌年の 1940 年 9 月、日本は、フランス領インドシナ北部へ軍隊を進駐させ、同じ月に**三国防共協定**(P196) を 日独伊三国同盟 へと発展させました。翌 1941 年 7 月、日本軍はフランス領インドシナ南部にも進駐します。この進駐に対し、中国や東南アジアに利権や植民地を持つアメリカやイギリスは、日本への**石油輸出全面禁止**をもって圧力をかけました（対日石油輸出禁止令）。12 月、日本とアメリカが和解するための 日米交渉 が行き詰まると、武力解決を主張する日本の軍部が、イギリス領マレー半島占領とアメリカ・ハワイ州**真珠湾への攻撃**（真珠湾攻撃）を同時に行ないました。こうして 太平洋戦争 が始まります。

　太平洋戦争がきっかけとなり、第二次世界大戦は**アメリカ**、**イギリス**、**中国**、**ソ連**を中心とする 連合国 と、**ドイツ**、**イタリア**、**日本**を軸とする 枢軸国 との対決という構図ができあがりました。

　日本軍は一時、東南アジア全域を占領するほどの勢いをみせましたが、1942 年の ミッドウェー海戦 と、それに続くニューギニアの**ガダルカナル島の戦い**で大敗を喫してからは、敗色が濃厚となります。そして 1944 年の**サイパン陥落**で、日本は太平洋の絶対国防圏を失い、**本土空爆**を許すことになります。

　1945 年には、**東京大空襲**、広島・長崎への**原爆投下**、さらには**ソ連の対日参戦**(P204) が行われました。こうした事態をみるなかで 8 月 14 日、日本は**無条件降伏**（ポツダム宣言）を受け入れ、**第二次世界大戦は終焉**を迎えます。同時に 日中戦争(P208) も終わりました。

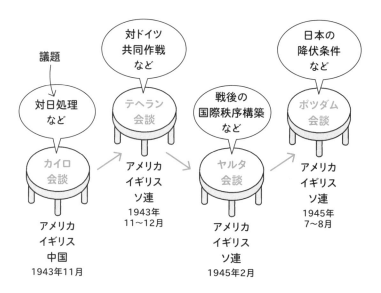

議題

対日処理
など

カイロ
会談

アメリカ
イギリス
中国
1943年11月

対ドイツ
共同作戦
など

テヘラン
会談

アメリカ
イギリス
ソ連
1943年
11〜12月

戦後の
国際秩序構築
など

ヤルタ
会談

アメリカ
イギリス
ソ連
1945年2月

日本の
降伏条件
など

ポツダム
会談

アメリカ
イギリス
ソ連
1945年
7〜8月

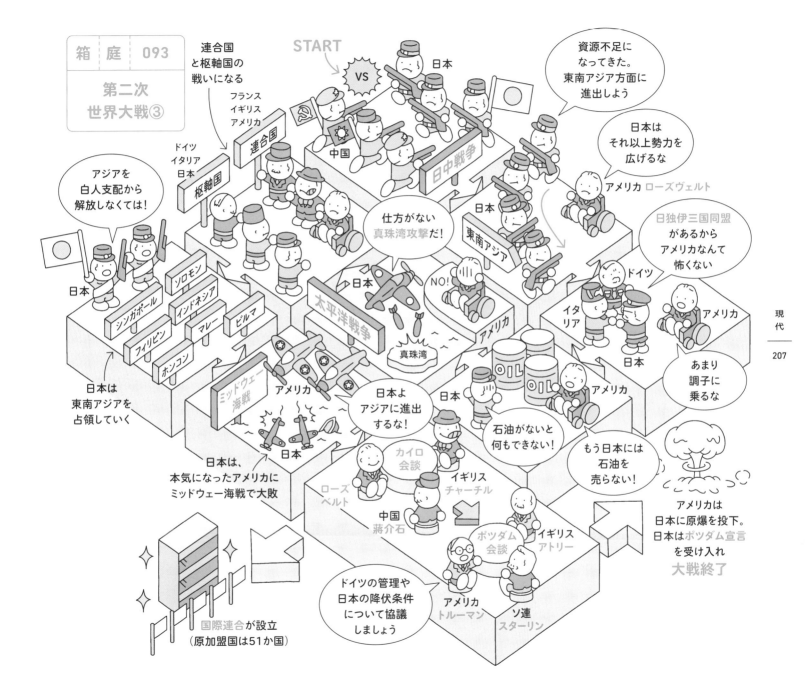

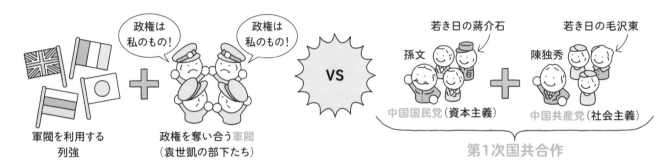

若き日の蔣介石　若き日の毛沢東

孫文　　　　　　　　陳独秀

中国国民党（資本主義）　中国共産党（社会主義）

軍閥を利用する列強　＋　政権を奪い合う軍閥（袁世凱の部下たち）　VS　第1次国共合作

政権は私のもの！　政権は私のもの！

1912年、**辛亥革命**(P172)をきっかけに**中華民国**(P172)が建設されました。しかし**袁世凱**(P172)の死後は、**軍閥**(P172)と呼ばれる軍人の権力者が、私的な軍隊をつくって政治を動かしていました（軍閥政権）。
1916〜28

そんななか、首都北京の**軍閥政権**を倒すため、**国民革命**が起こります。ソ連の援助を受けた**孫文**(P172)の中国国民党
1919
と、**コミンテルン**（共産主義インターナショナル）の支部である中国共産党が連携して、北伐（北部の軍閥との戦い）を行うことになったの
1921　　　　1926〜28
です（第1次国共合作）。孫文は急死してしまいましたが、
1924〜27
中国国民党の新指導者**蔣介石**のもとで北伐は開始されます。
しょうかいせき

北伐は順調に進みました。しかし**中国共産党**の勢力を恐れ始めた蔣介石は、上海クーデタを起こして共産党の弾圧
1927

に奔走します。**国共合作**は崩壊（国共分裂）。中国は内戦状態に突入します。攻撃を受けた共産党は、新指導者
毛沢東のもと、**長征**（大移動）を行い、拠点を延安に求め
もうたくとう　　　ちょうせい　　　　　　　　　　　えんあん
1893〜1976　　1934〜36
ました。一方、蔣介石は南京に国民政府を置きました。
1927

この間、日本は旧**清朝**のラスト・エンペラーとなった**宣統帝**の**溥儀**(P172)を執政にすえて、満州国を打ち建てまし
しっせい　　　　　　　　満州国
た。日中関係は悪化。1937年7月、北京北方で**盧溝橋事件**
1932〜45　　　　　　　　　　　　　　　　　　　　　　　　ろこうきょう
1937
（盧溝橋付近で起きた日中両軍の軍事衝突事件）が起こると、日中戦争に突入します。そこで、国民党と共産党は内
1937〜45
戦を解消。**抗日**（日本軍に抗する）体制を取ることで一致しました（第2次国共合作）。こうして**国共合作軍**は、日本
1937.9
を相手に戦うことになります。

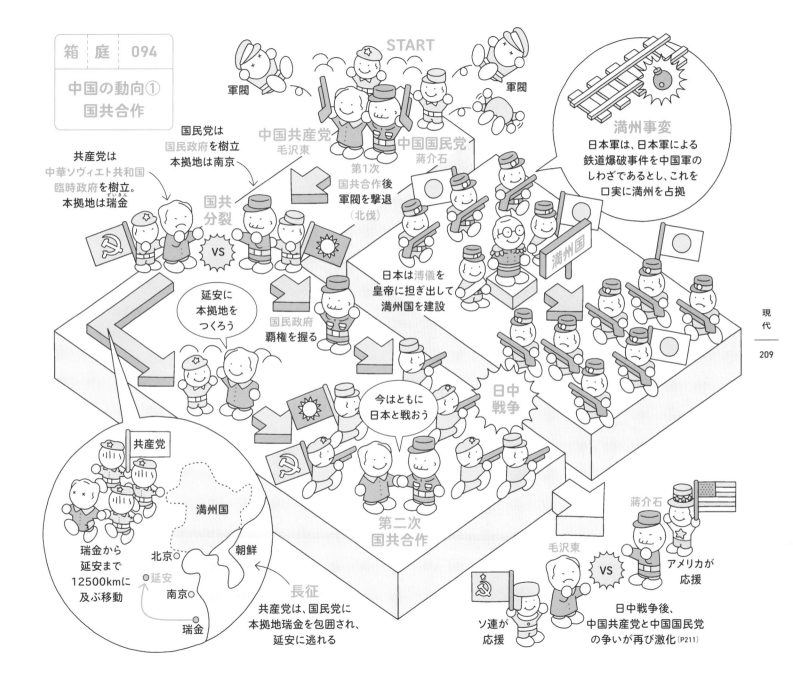

箱 庭 094

中国の動向①
国共合作

START

軍閥

軍閥

中国共産党
毛沢東

中国国民党
蔣介石

国民党は
国民政府を樹立
本拠地は南京

第1次
国共合作後
軍閥を撃退
（北伐）

満州事変
日本軍は、日本軍による
鉄道爆破事件を中国軍の
しわざであるとし、これを
口実に満州を占拠

共産党は
中華ソヴィエト共和国
臨時政府を樹立。
本拠地は瑞金

国共
分裂

VS

日本は溥儀を
皇帝に担ぎ出して
満州国を建設

満州国

延安に
本拠地を
つくろう

国民政府
覇権を握る

日中
戦争

今はともに
日本と戦おう

共産党

瑞金から
延安まで
12500kmに
及ぶ移動

満州国

北京○

朝鮮

○延安

南京○

瑞金

長征
共産党は、国民党に
本拠地瑞金を包囲され、
延安に逃れる

第二次
国共合作

毛沢東

VS

蔣介石

アメリカが
応援

ソ連が
応援

日中戦争後、
中国共産党と中国国民党
の争いが再び激化(P211)

現代

209

<table>
<tr><td rowspan="2">095</td><td colspan="2"># 中国の動向②</td></tr>
<tr><td colspan="2">文化大革命から市場経済へ</td></tr>
</table>

現代

210

日中戦争(P208)が終わると、**国民党**と**共産党は再び内戦（国共内戦）**を開始しました。
1946

内戦に勝利した**共産党**は1949年、毛沢東(P208)を**国家主席（大統領に相当）**とする中華人民共和国の成立を宣言し、首都を北京に定めました。そして、共産党の一党独裁体制へと移行します。一方、敗れた**国民党**の蔣介石(P208)は、台湾に移動し、この地で中華民国政府を維持しました。こうして「二つの中国」が生まれました。

毛沢東は、土地や会社などの私有財産を没収して、人民公社という社会主義制度を強行しました。人民公社とは、生
1958
産、行政、国防、教育(中国共産党の思想教育など)を地域別に分けた自治体（＝公社）のことです。しかし経済の安定も、近代化も不十分な状態で、この政策はうまくいきませんでした。「**大躍進**」という掛け声だけが先行。自然災害も重なり、多くの餓死者を出すことになりました。毛沢東は、この大躍進政策失敗のため、失脚しました。

ところが毛沢東は、プロレタリア文化大革命（文化大革
1966~77
命）という運動とともに復権します。プロレタリア文化大革命は、社会主義の精神文化を築こうという名目で始まり

ました。しかし実態は、毛沢東らによって組織された、毛沢東に忠誠を誓う紅衛兵と呼ばれる学生を中心とした集団が、穏健派の幹部や知識人を攻撃するというものでした。プロレタリア文化大革命は、社会や経済に大きな混乱を招きます。

こうしたさなか、アメリカの大統領**ニクソン**(P218)が中華人民共和国を訪問します（ニクソン訪中）。**ベトナム戦争**
1972
(P218)に苦戦し、外交政策の見直しが必要だったアメリカが、中国共産党との関係正常化を進めるためでした。この流れに日本も加わります。

こうした状況を活用したのが、毛沢東の死後、指導者となった鄧小平でした。以降中国は、日米援助のもと資本主義
1904~97
経済をとり入れ、**「改革・開放」**路線による市場経済体制を築きました。

一方、台湾の**中華民国**は、蔣介石の個人政治が続きました。ただし経済政策では工業化路線が取られ、香港や韓国とともに**新興工業経済地域（NIES）**として注目されることになりました。

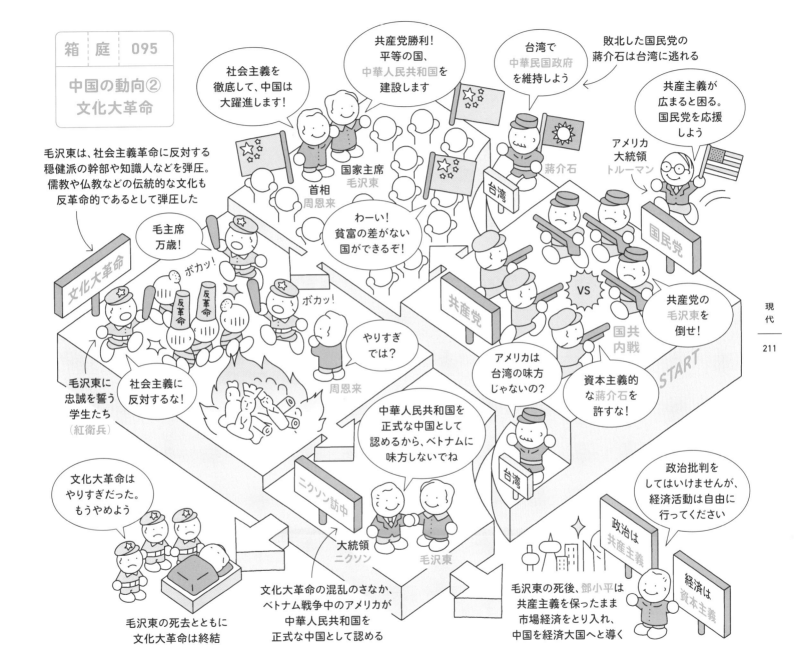

第二次世界大戦後の 1946 年 3 月、イギリスの**チャーチル**(P202)は、アメリカで演説を行ない、バルト海からアドリア海にかけて、ヨーロッパに「鉄のカーテン」が降ろされたと主張しました。この表現は、ソ連全体主義の支配下にある東欧諸国の情報が遮断されていることの例えです。

翌 1947 年 3 月、アメリカの大統領トルーマン(在任1945〜53)は、ソ連の政治的な影響が地中海から広がるのを警戒し、内戦状態だったギリシアと、ソ連と対立していたトルコに、経済援助を発表(トルーマン＝ドクトリン)。共産圏に対する封じ込め政策を開始しました。さらにアメリカは、全ヨーロッパを対象に、経済復興のための無償援助計画（マーシャル＝プラン）を明らかにします。1947

これに対してソ連の共産党書記長**スターリン**(P204)は、東欧 6 か国、さらにフランス、イタリアの共産党を集めて、コミンフォルム（共産党情報局）を結成しました。1947 以降、直接的な軍事衝突を伴わない冷戦と呼ばれる緊張状態が、西側と東側の間に続くことになります。

続いてソ連は、チェコスロヴァキア共産党を支援し、**クーデタ**によって、チェコスロヴァキアに共産党の一党独裁政1948権を打ち建てました。脅威を感じた西欧諸国は、アメリカとともに北大西洋条約機構（NATO）をたちあげます。1949

このあとの中ソ友好同盟相互援助条約、1950 ソ連と東欧の軍事同盟であるワルシャワ条約機構の発足、1955 そしてソ連の原子爆弾の保有などは、冷戦が政治対立から軍事対立に移って行く危険性を思わせました。この間に起こった**朝鮮戦争**(P214)は、それを象徴する出来事です。「鉄のカーテン」を境に、世界は東西に分断されてしまったのです。

西側諸国と東側諸国の分断は、
アメリカ、イギリス、ソ連が行ったヤルタ会談で、
ドイツやポーランドの戦後処理が話し合われたことに端を発する

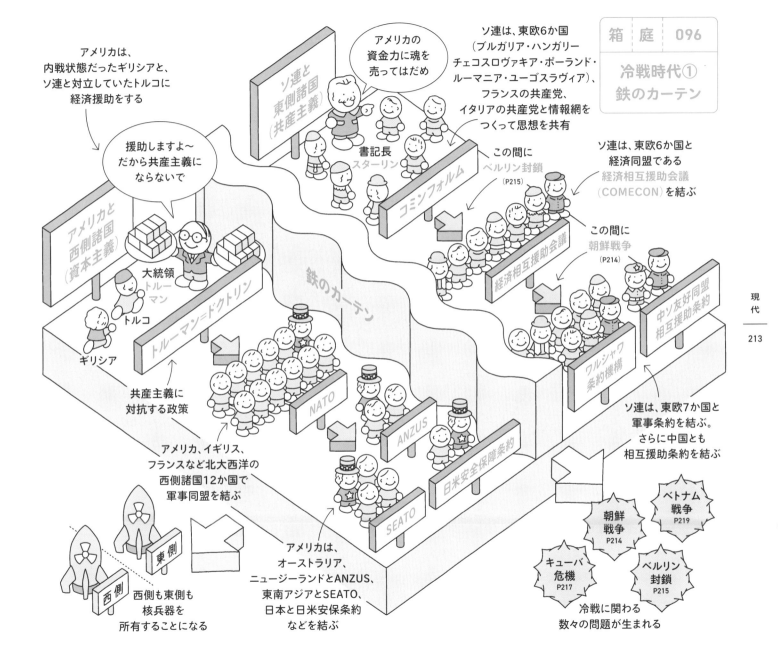

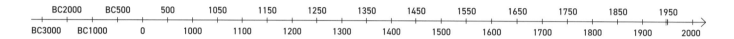

現代

214

　第二次世界大戦が終わると、**ドイツ**の西側（西ドイツ）はアメリカ、イギリス、フランスに占領され、東側（東ドイツ）はソ連に占領されました（ドイツ4か国分割占領）。ドイツの民主改革を話し合う共同管理理事会は、東側の首都ベルリンに置かれました。このため地理的に東ドイツにある首都ベルリンも、西側はアメリカ、イギリス、フランス、東側はソ連の占領となりました（ベルリン分割管理）。

　ドイツの民主改革は、**ポツダム協定**に則って「ひとつのドイツ」として4か国一緒に進めることになっていました。ところがソ連は、東ドイツで土地改革を行ない、東ドイツの社会主義化を進めました。ソ連のポツダム協定違反に、アメリカ、イギリス、フランスは不信感を強くします。

　1948年6月、ソ連は東ドイツだけで通貨改革を行うと宣言。これにより、西ドイツでも通貨改革が行なわれました。するとソ連は、西ドイツと西ベルリンを結ぶ鉄道と道路を遮断して、ベルリン封鎖を行いました。西ベルリンのライフラインは止められ、市民の生活が危ぶまれました。

　そこでアメリカとイギリスは、飛行機で西ベルリンに生活物資を運ぶことにしました（ベルリン空輸）。飛行機が昼夜を問わず、西ベルリンの空港に1分おきに発着するという、普通では考えられない態勢が取られます。ソ連の封鎖作戦は1年後に終わりましたが、ドイツはドイツ連邦共和国（西ドイツ）とドイツ民主共和国（東ドイツ）という2つの国家に**分裂**してしまいました。

　戦後の**朝鮮半島**も米ソ両軍の占領から始まります。1948年、南にアメリカの支援を受けた大韓民国（韓国）、北にソ連の支援を受けた朝鮮民主主義人民共和国（北朝鮮）が分離独立しました。1950年、北朝鮮が南北統一を目指して、境界線である北緯38度線を越えて侵攻しました。国連安全保障理事会（このときソ連は欠席）は、これを侵略として韓国に国連軍を派遣します。するとソ連と連携した中国が北朝鮮に義勇軍を派遣。冷戦は、アジアでは熱戦に転化しました。

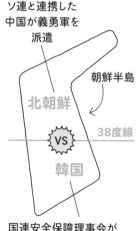

朝鮮戦争

ソ連と連携した中国が義勇軍を派遣

朝鮮半島

北朝鮮

38度線

VS

韓国

国連安全保障理事会が国連軍を派遣

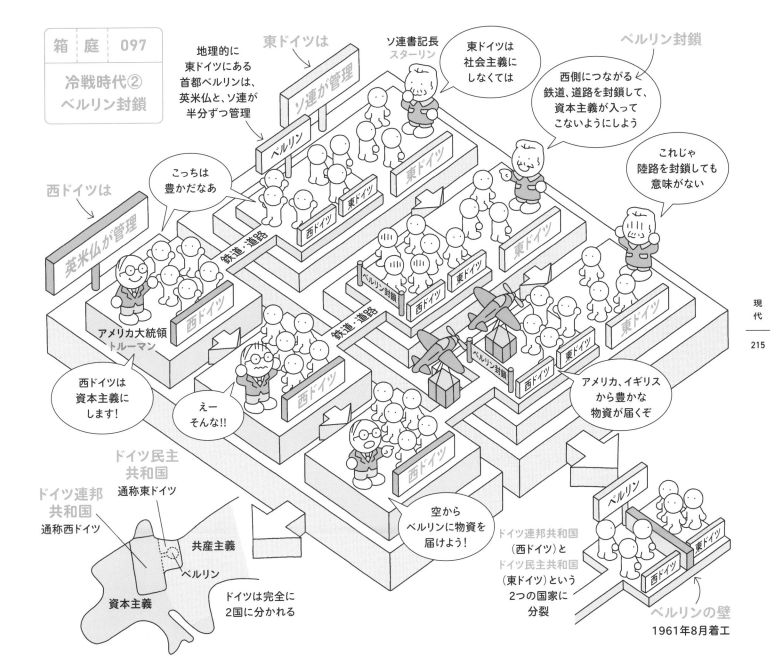

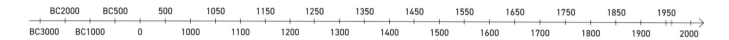

スターリン(P204) の死後、ソ連の最高指導者に**フルシチョフ**が就任しました。するとフルシチョフの**訪米**をきっかけに、アメリカとソ連の**「平和共存」**外交が進展します。**冷戦**の緊張緩和（デタント）は「雪どけ」と呼ばれました。

1959 年、カリブ海に浮かぶ**キューバ**で、親米の**バティスタ**政権が倒されました（キューバ革命）。首相となった**カストロ**は 1961 年、キューバの**社会主義化**を宣言します。翌年ソ連は、アメリカに対して軍事的に優位に立つべく、キューバ内にミサイル基地を建設しました。

これを知ったアメリカの大統領**ケネディ**は、キューバのミサイル基地撤去を要求。戦争も辞さないくらい強気でのぞみます。ソ連も東ベルリンに軍を集め、西ベルリンへの侵攻態勢をとります。「雪どけ」は一変、第三次世界大戦が起きかねない雰囲気となりました（キューバ危機）。しかし最後はフルシチョフの譲歩で、ソ連がミサイル基地を撤去。核戦争は回避されました。1963 年には、アメリカとソ連の平和共存の復活を象徴する部分的核実験禁止条約が結ばれました。

ところがその 3 か月あと、ケネディは暗殺されてしまいます。後継には副大統領**ジョンソン**(P218) が就任します。

キューバの歴史

これで独裁政権がつくれる

お金出すからソ連と仲良くならないでね

キューバ　バティスタ大統領

冷戦中のアメリカ

キューバは親米独裁政権だった

資本主義が進み貧富の差が拡大

革命家ゲバラ

革命家カストロ

バティスタ

キューバ革命

カストロとゲバラがバティスタ政権を倒し、社会主義国家を築く

バックアップします

キューバ　カストロ　ソ連　VS

ソ連とキューバが接近。アメリカとキューバは国交断絶

ソ連がキューバにミサイル配備。アメリカが射程距離に入る

キューバ

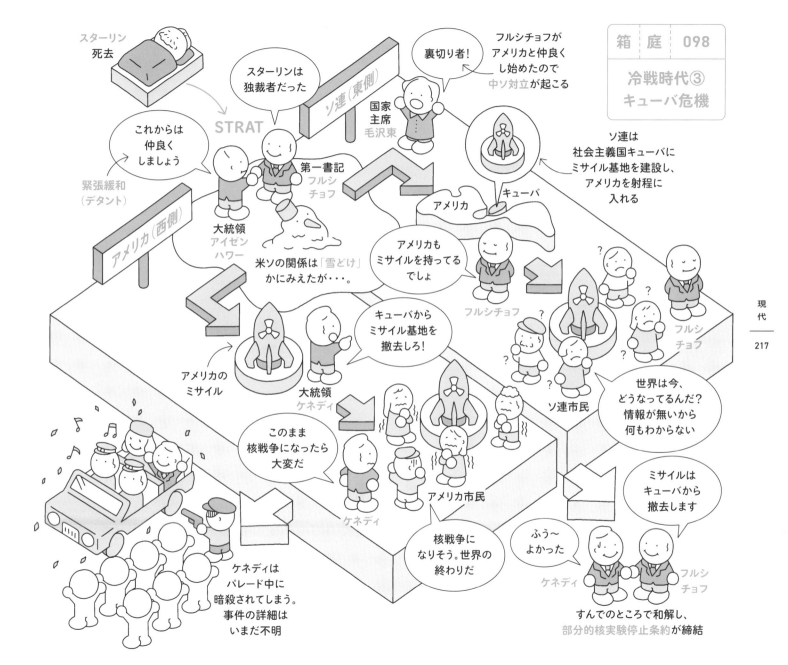

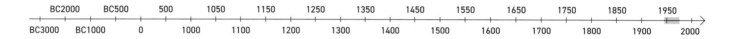

第二次世界大戦集結後、**フランス領インドシナ**(P166)では、独立運動の指導者ホー＝チ＝ミンが、フランスの支配を断ち切ってベトナム民主共和国（**北ベトナム**）の建設を宣言しました。フランスはこの独立を認めず、南部のサイゴン市にベトナム国を建て、ベトナム民主共和国とインドシナ戦争を続けました。しかしフランスは敗北。インドシナから撤退します。

インドシナ戦争集結後、北緯17度線の南にアメリカの支援を受けてベトナム共和国（**南ベトナム**）が建てられました。ところが南ベトナムで、南北ベトナムの統一を求める社会主義勢力の南ベトナム解放民族戦線が結成され、1960年、ベトナム戦争が始まります。アメリカの大統領ジョンソンは、「社会主義の統一ベトナムができたら、その影響が東南アジア全体に広がってしまう」と考え、この動きを警戒します。このためアメリカは1965年、ベトナム戦争に介入し、北ベトナム爆撃（北爆）を強行しました。

戦争は次第に泥沼化していきました。すると連日のように悲惨なニュース映像がメディアで紹介されるようになりました。しかも当時アメリカでは、キング牧師を筆頭に、黒

人への差別反対運動（公民権運動）やマイノリティへの差別反対運動が高まっていました。こうした政府批判の声が、ベトナム反戦運動を盛りあげることになります。

ジョンソンの次にアメリカ大統領に就任したニクソン(P210)は、パリ（ベトナム）和平協定を結んでアメリカ軍のベトナム撤退を実現しました。そして1975年、北ベトナム軍が解放民族戦線とともに、南ベトナムの首都サイゴン（現ホーチミン市）を占領し、ベトナム戦争は終結をみます（サイゴン陥落）。翌1976年、南北ベトナムは統一され、ベトナム社会主義共和国が誕生しました。

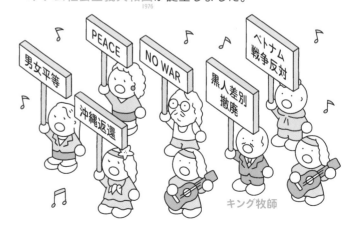

キング牧師

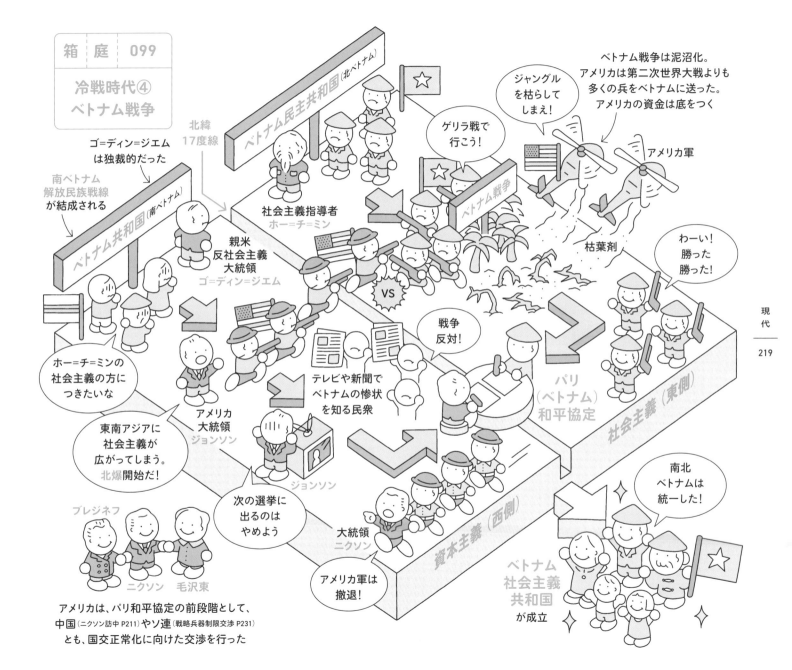

第一次世界大戦(P180)中、イギリスは「自分たちと一緒に戦えば戦後に自治を認める」という条約を植民地インドと交わしました。しかし戦後イギリスが出したローラット法は、自治を認める代わりに裁判も令状もなしに、イギリス人がインド人を逮捕・投獄できるという法律でした。

インド人はローラット法に猛反発します。しかしイギリス軍はインド人の抗議集会に発砲。多数の死者が出ました。

そんななかに登場したのが、非暴力・不服従（サティヤーグラハ）を唱えた民衆の指導者ガンディーです。いくら弾圧されても、暴力を振るわずに抵抗を続けるガンディーの姿は、人びとの共感を呼びました。

当時インドでは、ヒンドゥー教徒を中心としたインド国民会議（指導者はネルー）と、イスラーム教徒を中心とした全インド＝ムスリム連盟（指導者はジンナー）という2つの組織が対立していました。しかしガンディーの運動には、ヒンドゥー教、イスラーム教にかかわらず、大勢のインド人が参加しました（ガンディー自身はヒンドゥー教徒）。インドを支持する声は世界中に広まり、結果的にイギリスは、インドの自治を認めることになります。

第二次世界大戦後、ついにインドはイギリスから正式に独立します。ただしヒンドゥー教の**ネルー**と、イスラーム教の**ジンナー**の考えは最後まで一致せず、ネルーは**インド連邦**を、ジンナーは**パキスタン**を、それぞれ建国することになりました。ヒンドゥー教とイスラーム教の対立は建国後も続き、インド統一を望んだガンディーは、同じヒンドゥー教徒に暗殺されてしまいます。

このあと、**インド連邦**ではインド憲法が施行され、現在の**インド共和国**となります。しかしインドとパキスタンの緊張状態は、お互いに核兵器を所有しつつ現在も続いています。

パキスタンは、西パキスタンと東パキスタンを合わせた国家になった。のちに経済格差が原因で衝突が起こり、東パキスタンがバングラデシュとして独立した。インドは同じベンガル語を話すバングラデシュを支援した

箱庭 100

インドの独立

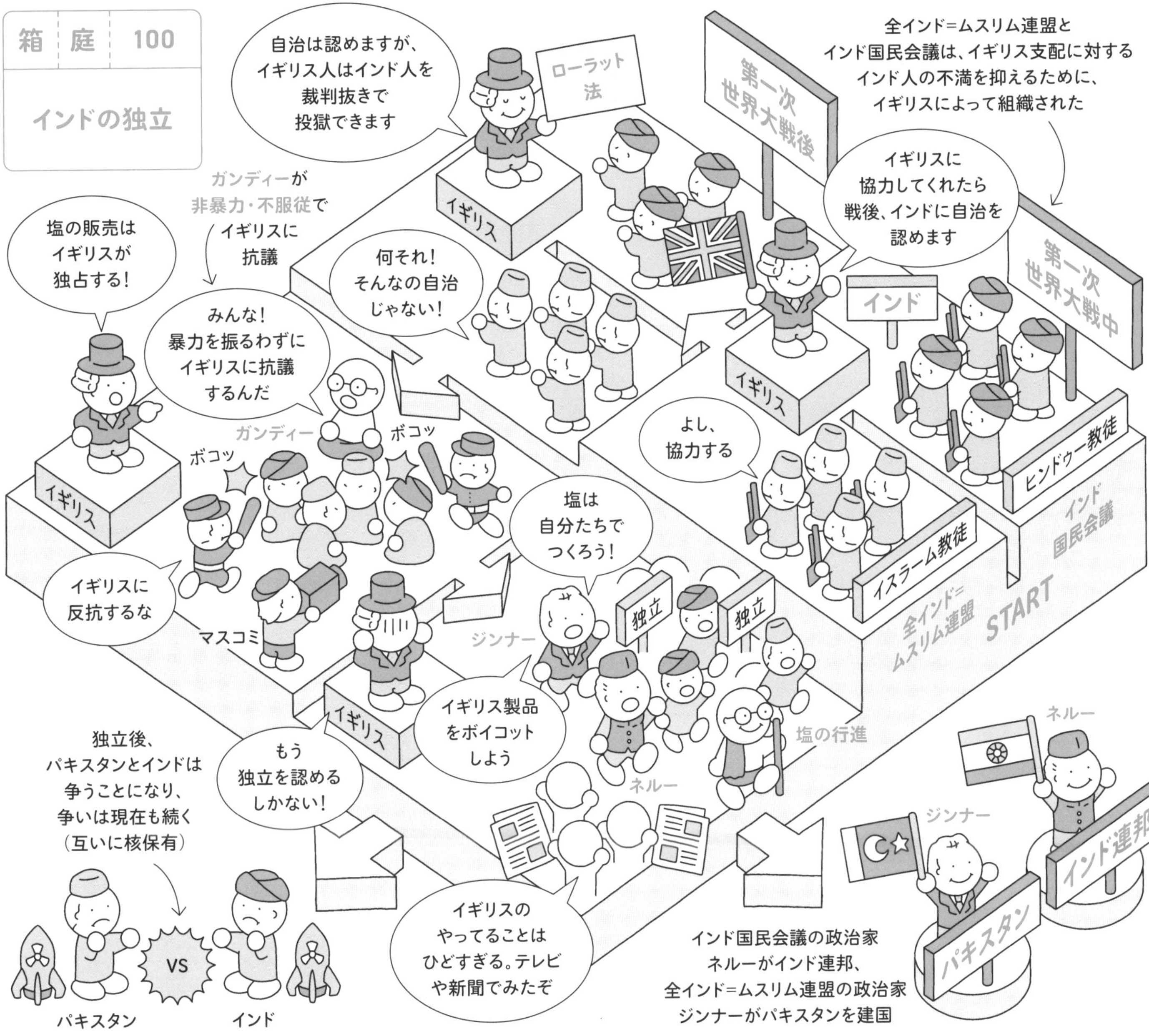

全インド=ムスリム連盟とインド国民会議は、イギリス支配に対するインド人の不満を抑えるために、イギリスによって組織された
START
全インド=ムスリム連盟
インド国民会議
第一次世界大戦中
イスラーム教徒
ヒンドゥー教徒
インド
イギリス
イギリスに協力してくれたら戦後、インドに自治を認めます
よし、協力する
第一次世界大戦後
ローラット法
イギリス
自治は認めますが、イギリス人はインド人を裁判抜きで投獄できます
何それ！そんなの自治じゃない！
ガンディーが非暴力・不服従でイギリスに抗議
イギリス
塩の販売はイギリスが独占する！
ガンディー
みんな！暴力を振るわずにイギリスに抗議するんだ
ボコッ
ボコッ
イギリスに反抗するな
マスコミ
イギリス
ジンナー
塩は自分たちでつくろう！
独立
独立
イギリス製品をボイコットしよう
塩の行進
ネルー
もう独立を認めるしかない！
イギリスのやってることはひどすぎる。テレビや新聞でみたぞ
独立後、パキスタンとインドは争うことになり、争いは現在も続く（互いに核保有）
パキスタン
VS
インド
ネルー
ジンナー
インド連邦
パキスタン
インド国民会議の政治家ネルーがインド連邦、全インド=ムスリム連盟の政治家ジンナーがパキスタンを建国

国際問題のひとつに**パレスチナ問題**があります。原因を探ると、**第一次世界大戦**(P180)の時代に行き着きます。

大戦中イギリスは、敵国オスマン帝国軍の攻撃からイギリス繁栄の担保であるスエズ運河を守るため、**パレスチナ地方**を**緩衝地帯**（国同士の抗争を回避するめ、中間に設けられた中立地帯）にしました。

そしてイギリスは1915年、オスマン帝国内のアラブ人がオスマン帝国軍と戦うことを条件に、アラブ人の独立を支持しました（フセイン・マクマホン協定）。最終合意では、パレスチナはアラブ人の独立地域から除かれました。

翌1916年パレスチナは、イギリス、フランス、ロシアの3か国合意のもと、イギリスの領土とされました（サイクス・ピコ協定）。

さらにイギリスは、ユダヤ人財閥から戦争資金を得るため、パレスチナでの**ユダヤ人**による民族的郷土（national home）の建設を認めました（バルフォア宣言）。

これらの外交によるパレスチナをめぐる見解の違いが、アラブ人とユダヤ人が対立と衝突を繰り返す、戦後の**中東問題**を生みだす背景となってしまいました(中東戦争 P224)。

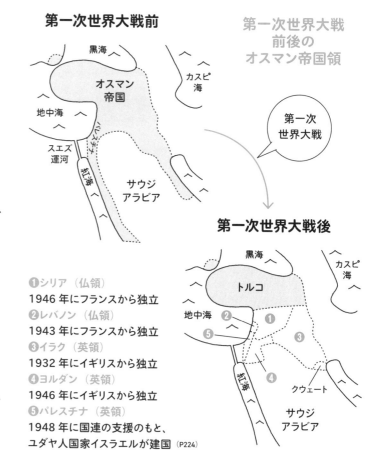

第一次世界大戦前

第一次世界大戦前後のオスマン帝国領

第一次世界大戦

第一次世界大戦後

❶シリア（仏領）
1946年にフランスから独立
❷レバノン（仏領）
1943年にフランスから独立
❸イラク（英領）
1932年にイギリスから独立
❹ヨルダン（英領）
1946年にイギリスから独立
❺パレスチナ（英領）
1948年に国連の支援のもと、
ユダヤ人国家イスラエルが建国 (P224)

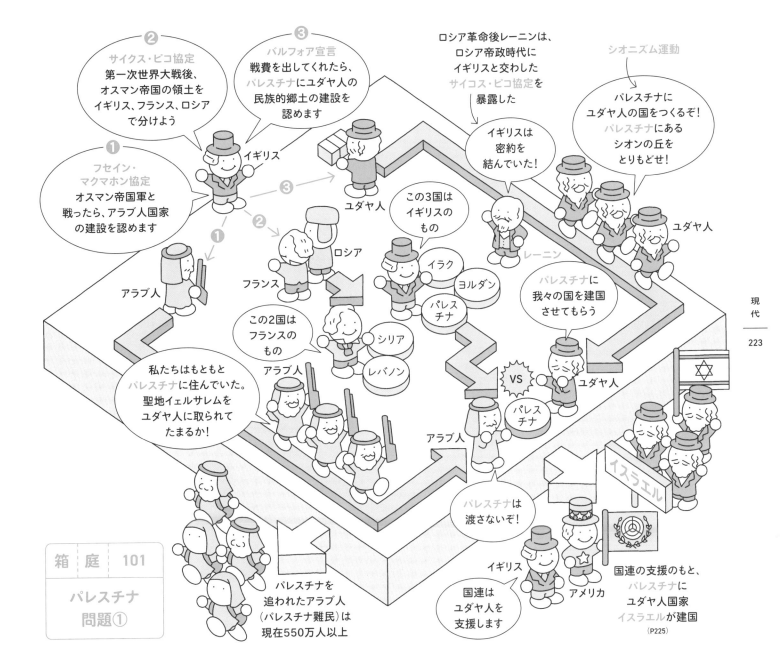

箱庭 101

パレスチナ
問題①

第二次世界大戦後、国連（英・米など）は、**パレスチナ**の半分以上をユダヤ人の居住区としました。そしてこの地に**イスラエル**が建国されます(P222)。これにパレスチナに住むアラブ人だけでなく、アラブ諸国が反発。計4回にわたる中東戦争が始まりました。

第1次中東戦争から**第3次中東戦争**にかけて、イスラエルは占領地を広げていきました。それとともに多くのアラブ人がパレスチナから追い出され、パレスチナ難民が生まれました。パレスチナ難民は PLO（パレスチナ解放機構）を結成し、アラファト議長をリーダーに据えてイスラエルに対抗します。

またアラブ諸国は、石油輸出国であるエジプト、サウジアラビア、クウェートなどと OAPEC（アラブ石油輸出国機構）を結成。**第4次中東戦争**の際には、イスラエルと友好的な西側諸国への石油の輸出を停止・制限する戦略に出ました。この石油戦略によって世界は大きな打撃を受けました（オイルショック）。

このあと、アラブ諸国とイスラエルの和解は思うように進みませんでした。しかし1993年、ようやくアメリカの仲介で、**アラファト**議長とイスラエルの**ラビン**首相がパレスチナ暫定自治協定（オスロ合意）を結びます。

ところがラビン首相が狂信的なユダヤ教徒の青年に暗殺されたことで、和平は振り出しに。現在に至ります。

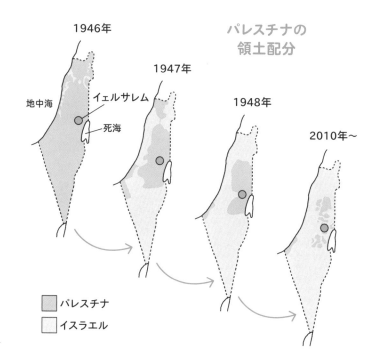

パレスチナの領土配分

1946年
地中海
イェルサレム
死海

1947年

1948年

2010年〜

パレスチナ
イスラエル

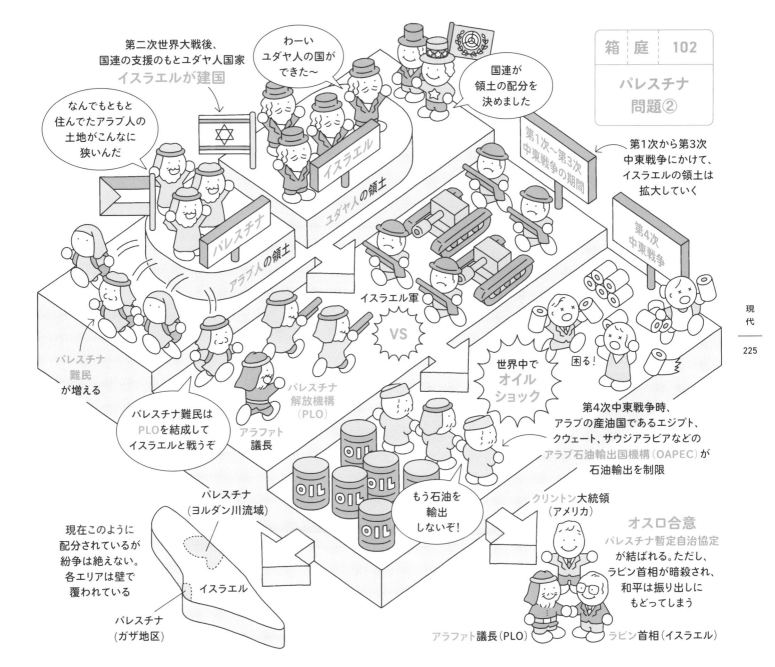

イランとイラク①

イラン=イラク戦争

イスラーム文化に育まれた**イラン**（ヨーロッパ側からの呼び名は**ペルシア**）では16世紀、イスラーム教シーア派を国教とするサファヴィー朝が建てられました。
1501〜1736

ところが19世紀、カージャール朝（サファヴィー朝滅亡後のイランを統一した王朝）が、侵攻してきたロシアとの戦いに敗れます。この結果、グルジア、アゼルヴァイジャン、アルメニアをロシアに割譲させられ、イラン在住のロシア人には治外法権が認められることになりました（トルコマンチャーイ条約）。
1828

イギリスもカージャール朝に利益を求めます。イギリスは、イランでのタバコの独占販売権を獲得しようとしたのです。しかしこの試みは、イラン人によるタバコ=ボイコット運動を引き起こし、イラン人の民族意識を高めることに
1891〜92
なります。

こうしたなか、弱体化したカージャール朝から起死回生を図ったのが**クーデタ**で国軍司令官に就いたレザー=ハーンでした。レザー=ハーンは1925年、カージャール朝
1878〜1944
を倒してパフレヴィー朝を開き、レザー=シャーとして皇
1925〜79
在位1925〜41
帝となりました。

2代目のパフレヴィー2世は、白色革命と呼ばれる近代化
在位1941〜79
1963
政策を進めました。しかし貧富の差が社会問題になり、1979年にイラン革命が勃発。イスラーム主義への回帰を唱える
1979
ホメイニ（シーア派）が指導者に就きました。こうして現
1902〜89
在にいたるイラン=イスラーム共和国が誕生します。

このとき、隣国イラクの大統領フセイン（スンナ派）が、
在任1979〜2003
イランによる**「シーア派革命の輸出」**を警戒します。フセインは先手を取ってイランに侵攻し、イラン=イラク戦争
1980〜88
を始めました。しかしイラクは経済的に疲弊。**国連安全保障理事会**の停戦決議によって、この戦争は終結しました。

> **シーア派**

イスラーム教の開祖ムハマンドの正当な後継者の子孫のみを指導者と考える宗派。イスラーム教徒の約10%だが、イランでは人口の約90%、イラクでは約60%を占める

> **スンナ派**

世襲ではなく、ムハマンドの言行（ハディース）に従うことを重んじる宗派。イスラーム教徒の約90%を占める

箱庭 103 イラン=イラク戦争

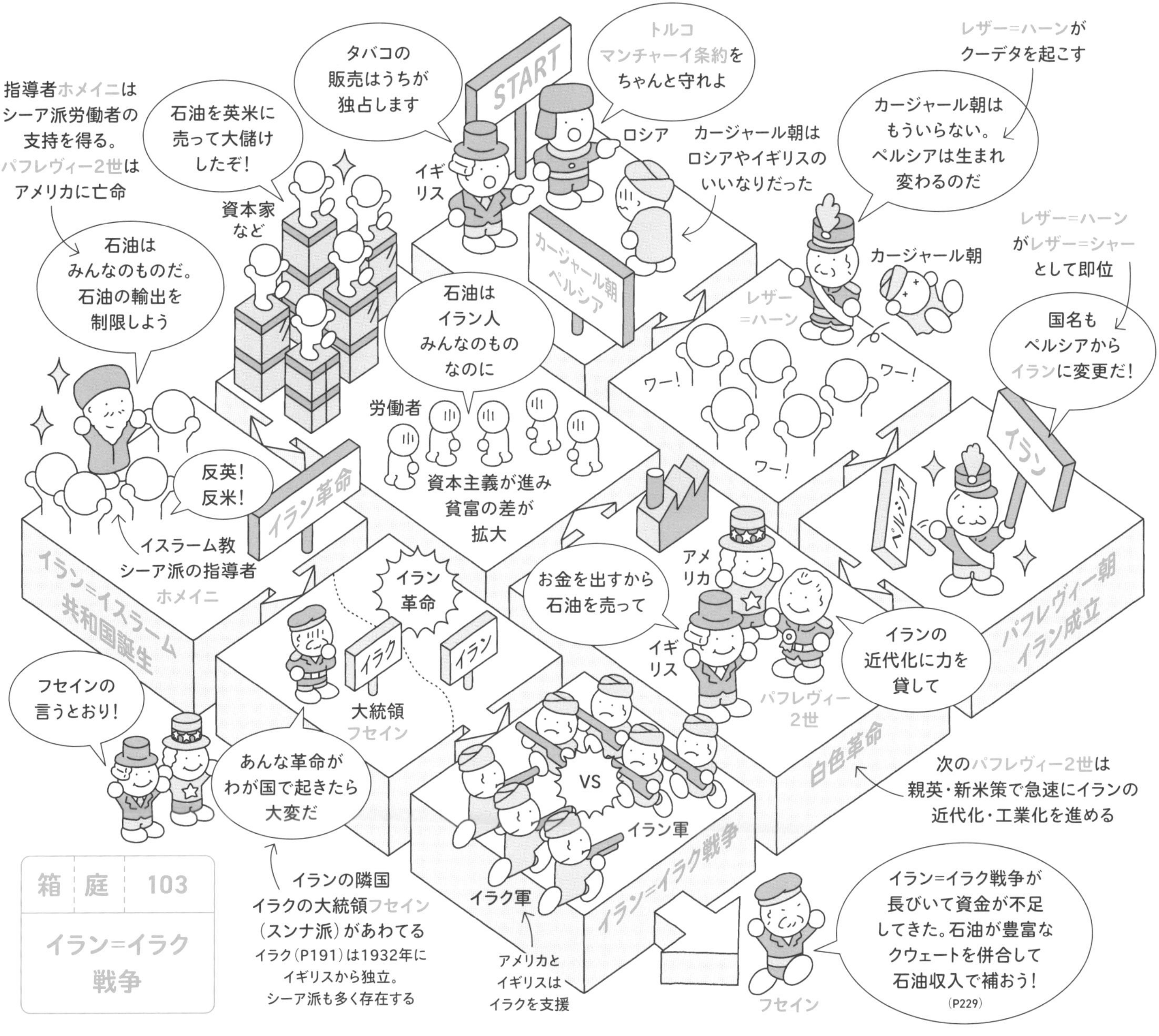

　イラクの大統領**フセイン**(P226) は、**イラン＝イラク戦争**
(P226)の負債を石油収入で補おうと試みました。フセインは
石油が豊富な**クウェート**に侵攻。クウェートの併合をめざ
します。

　これをみたアメリカの大統領ブッシュ（父）は、フセイ
ンの勢力拡大を警戒します。ブッシュ（父）は国際連合の
決議を取り、多国籍軍を組織。イラクを空爆し、湾岸戦争
を起こしました。
1991

　湾岸戦争はアメリカが勝利し、フセインはクウェートか
ら撤退しました。ただしフセイン政権はそのまま維持され
ます。

　2001 年 9 月 11 日、アメリカに同時多発テロ（9.11）が
2001
起こりました。当時の大統領ブッシュ（子）は、テロの実
在任2001〜09
行者をイスラーム急進派組織**アル＝カーイダ**と断定します。
そして「アフガニスタンのターリバーン政権がアル＝カー
イダをかくまっている」として、アフガニスタンを空爆。
ターリバーン政権を崩壊させました。

　このあとブッシュ（子）は、イラクの大統領フセインが
「アル＝カーイダを支援し、大量破壊兵器を所有している」

として、国際連合の決議が取れないまま、イラクを攻撃し
ます（イラク戦争）。フセイン政権は倒されましたが、大量
2003
破壊兵器は発見されず、フセインがアル＝カーイダを支援
した証拠もみつかりませんでした。ただし、**クルド人**(クルド
語を母国語とする民族)や**シーア派**(P226)を弾圧したフセインの独裁
政権が終わりを告げました。

変わりゆくイラク戦争の大義

大量破壊兵器は
みつからなかった

イラクに
民主主義を
根付かせなくては
ならない

犯人は特定
できなかった

大量破壊兵器を
根絶しなくては
ならない

テロの犯人に
報復しなくては
ならない

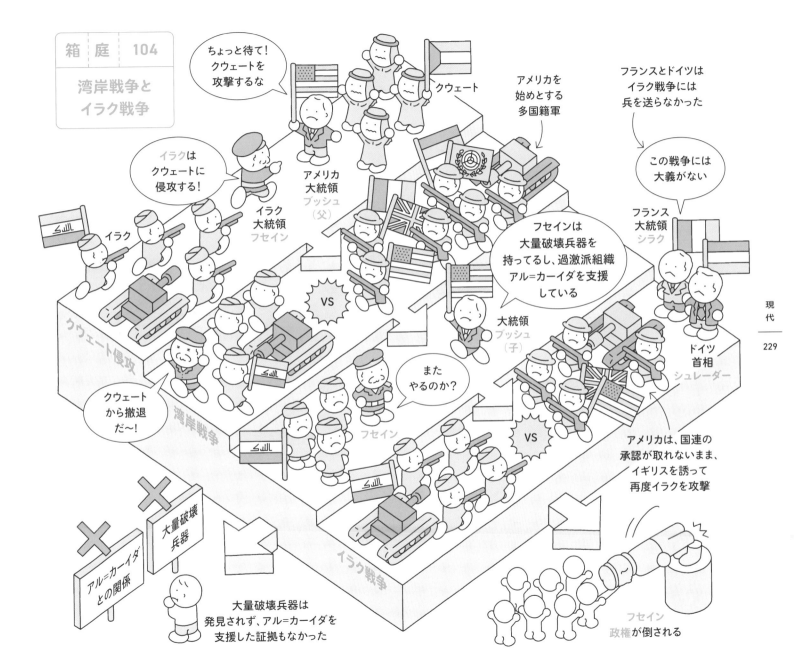

現代

230

ソ連では**フルシチョフ**（P216）が失脚し、新たに<u>ブレジネフ</u>在任1964〜82が共産党書記長に就きました。アメリカとソ連の協調関係は保たれ、国連総会では<u>核拡散防止条約（NPT）</u>（現在190か国加盟）が採択されました。<u>デタント</u> **（緊張緩和）**（P216）は国際政治の潮流となり、アメリカとソ連は軍縮のための<u>第１次戦略兵器制限交渉（第１次SALT）</u>に合意しました。1969〜72

この間チェコスロヴァキアでは、共産党書記長<u>ドプチェク</u>による<u>プラハの春</u>と呼ばれる民主改革が進みます。在任1968〜69　1968しかし東欧諸国への影響を憂慮したソ連は、<u>ワルシャワ条約機構軍</u>を動員してこの改革を鎮圧しました（<u>チェコ事件</u>）。また、翌年にはウスリー江で、中国との国境問題をめ1955〜91
1968ぐって<u>中ソ国境紛争</u>が勃発しました。1969

不ぞろいの社会主義諸国事情にソ連は頭を痛めます。それだけに西側とのデタントは、ソ連にとって歓迎すべきものでした。そうしたなか西側とのデタントはさらに進展します。<u>全欧安全保障協力会議（CSCE）</u>（35か国参加）がフィンランドで開かれると、採択された<u>ヘルシンキ宣言</u>には「武力1975
1975で人権を制圧しない」などの内容が盛り込まれました。

ところが、ソ連の<u>アフガニスタン</u>侵攻によって、状況は1979

一変します。アメリカはソ連を非難。1980年代に開催された**モスクワオリンピック**にアメリカが参加をボイコット1980すると、**ロサンゼルスオリンピック**ではソ連がボイコット。1984両オリンピックは「片肺五輪」と呼ばれました。

しかしソ連の共産党書記長に**ゴルバチョフ**が就くと、<u>ペレストロイカ</u>（立て直し）を骨格とした、政治と経済の全在任1985〜91面改革が始まります。また、<u>チェルノブイリ原子力発電所事故</u>の事故報告が隠ぺいされ、被害が拡大したことを重く1986みたゴルバチョフは、<u>グラスノスチ</u>（情報公開）を進めます。これにより言論も自由化されました。

議会制民主主義や市場経済への移行がソ連で構想されるなか、戦後世界史の清算は進みます。1989年、ソ連軍は<u>アフガニスタンから撤退</u>。同年、ゴルバチョフとアメリカの1989大統領**ブッシュ（父）**（P228）は、<u>マルタ会談</u>で<u>冷戦終結</u>を宣1989
1989.12言しました。

マルタ会談
ヤルタ会談（P204）に始まった
米ソ冷戦の終結は
「ヤルタからマルタへ」
と表現された

ソ連
ゴルバチョフ

アメリカ
ブッシュ（父）

ソ連は
アフガニスタンに
軍事侵攻。
アメリカは強く
反発し、緊張緩和
ムードは振り出しに

他の
社会主義国が
真似したら
どうするんだ!!

鎮圧
せよ!

チェコ
スロヴァキアは
民主化の道を
歩みます

アメリカと
戦略兵器制限交渉
などの条約が結ばれた

ワルシャワ
条約機構軍
(P213)

ブレジ
ネフ

チェコ事件

私はアメリカと仲良く
します(デタント)。
でも社会主義を乱す
ことは許しません

ドプチェク

表現の
自由!

書記長
ドプチェク

ソ連軍

チェコ
スロヴァキア
市民

言論の
自由!

チェコスロヴァキア

プラハの春

移動の
自由!

書記長
ブレジネフ
フルシチョフ
(P217)
の後任

官僚

ソ連

START

アフガニスタン

ソ連を変えます!
経済を自由化します。
民間企業も許可!
給料も能力給!

デタント(P217)
(緊張緩和)

我々の同盟国
チェコスロヴァキアで
反社会主義的な
動きがあります!

ソ連
アフガニスタン侵攻

書記長
ゴルバ
チョフ

ペレストロイカ
(立て直し)

ソ連

官僚

チェルノブイリ
原発事故

マルタ会談と
同年に、ソ連は
アフガニスタン
から撤退

ゴルバチョフの
経済改革に共産党の
官僚たちは不満

大したこと
ないですよ

もう情報を
隠す時代ではない。
仲良くしよう

ソ連

ゴルバ
チョフ

官僚

箱庭 105

情報を公開
しなさい

マルタ会談

ソ連の解体①
冷戦終結

ゴルバチョフは
原発事故をきっかけに
グラスノスチ(情報公開)の
重要性も主張。
政治面での改革も進めた

グラスノスチ
(情報公開)

ソ連
ゴルバチョフ

冷戦終結

アメリカ
ブッシュ(父)

　1989年は**冷戦終結**(P230)の年となりました。しかし冷戦終結は、西側との関係だけの問題では終わりませんでした。ソ連の**ゴルバチョフ**(P230)が進める柔軟な「新思考外交」(協調外交)は、東欧諸国にも及びます。

　ゴルバチョフは1988年、東欧に対する「ソ連の指導性」を否定しました。この影響は翌1989年、東欧社会主義圏の崩壊となってあらわれます。まず、ポーランドで民主的な総選挙が行なわれると、自主管理労働組合「連帯」が大勝。東欧で初めて、非共産党政権が誕生しました。

　11月には**ベルリンの壁が崩壊**します。続いてチェコスロヴァキアでは「ビロード革命」と呼ばれる共産党政権の平和的退陣をみました。
1989.11

　チェコスロヴァキアとは対照的だったのが、独裁的に君臨していた大統領**チャウシェスク**の処刑で終わった**ルーマニア革命**でした。そして翌1990年、**ドイツ統一**が達成されました(**ドイツ連邦共和国**(P214)で統一)。
在任1967~89
1989.12
1990

　ゴルバチョフは、共産党独裁の廃止、市場経済の導入など、矢継ぎ早に改革を行いました。しかしこうした急速な改革は社会経済の混乱をもたらし、共産党保守派によって

反ゴルバチョフ=クーデタが引き起こされました。

　しかし、反ゴルバチョフ=クーデタは、軍隊を率いた**ロシア共和国**大統領**エリツィン**に鎮圧され、失敗に終わりました。こうして1991年12月、ソ連は解体のときを迎えます。
在任1991~99
1991

　エリツィンのあと、「強いロシア」を誇示する大統領**プーチン**は、**ウクライナ共和国領クリミア半島**を併合したのち、同国へ全面侵攻を開始しました。また内政でも独裁的な体制を築きあげています。
在任2000~08.12~
2014
2022

ソ連から独立した国々

❶エストニア
❷ラトヴィア
❸リトアニア
❹ベラルーシ
❺ウクライナ（★クリミア半島）
❻モルドバ
❼ジョージア
❽アルメニア
❾アゼルバイジャン
❿カザフスタン
⓫ウズベキスタン
⓬トルクメニスタン
⓭キルギスタン
⓮タジキスタン

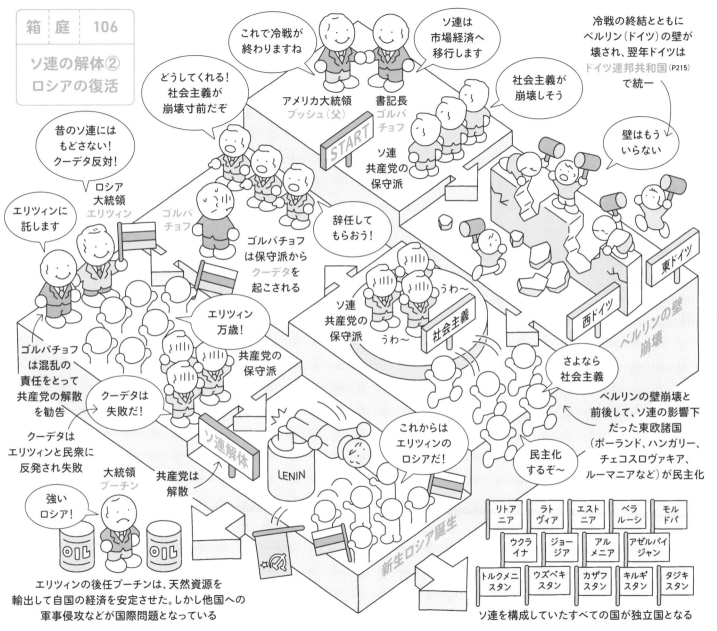

第二次世界大戦後、「ドイツとフランスの関係が修復しない限り、ヨーロッパに繁栄と平和は訪れないだろう」という考えが生まれました。

そこでフランスの外相シューマンが「ライン川は工業資源の宝庫。鉄鋼生産と石炭管理をドイツとフランスが共同で行おう」というシューマン=プランを発表しました。

しかし政界の実力者で、のちのフランス大統領ド=ゴール(P202)が、フランスの立場が弱すぎるとしてこのプランに反対します。イギリスも、ドイツとフランスが一緒になって工業資源を握ると、国際政治の勢力バランスが崩れると考えました。しかしシューマンの提案に、周辺のベネルクス3国とイタリアが参加を表明しました。こうして1952年、フランス、西ドイツ、イタリア、ベルギー、オランダ、ルクセンブルクの6か国で構成されるヨーロッパ石炭鉄鋼共同体（ECSC）が誕生します。

このあと、ヨーロッパ原子力共同体（EURATOM）、ヨーロッパ経済共同体（EEC）がつくられると、組織系統の一元化が図られ、3つの共同体はヨーロッパ共同体（EC）としてまとまりました。ここで加盟国は、貿易の自由化、労働者の移動の自由などが認められた、ひとつの経済体となりました。1973年にはイギリス、アイルランド、デンマークが加盟し、時代は「拡大EC」を迎えます。

そして1992年、EC諸国はマーストリヒト条約を結び、翌1993年、ヨーロッパ連合（EU）を発足します。単一通貨ユーロを発行し、「ひとつのヨーロッパ合衆国」をめざすことになりました。

EUの加盟国は27か国に増えました。しかし国同士の経済格差や、難民受入れ問題などをめぐって、加盟国間の温度差がしだいに目立つようになりました。**イギリスのEU離脱**は、そうしたなかで起こりました。

さらに旧ソ連諸国の加盟をめぐって、EUとロシアの関係悪化も表面化しています。

EUの今後の行方が注目されます。

EU加盟国
2022

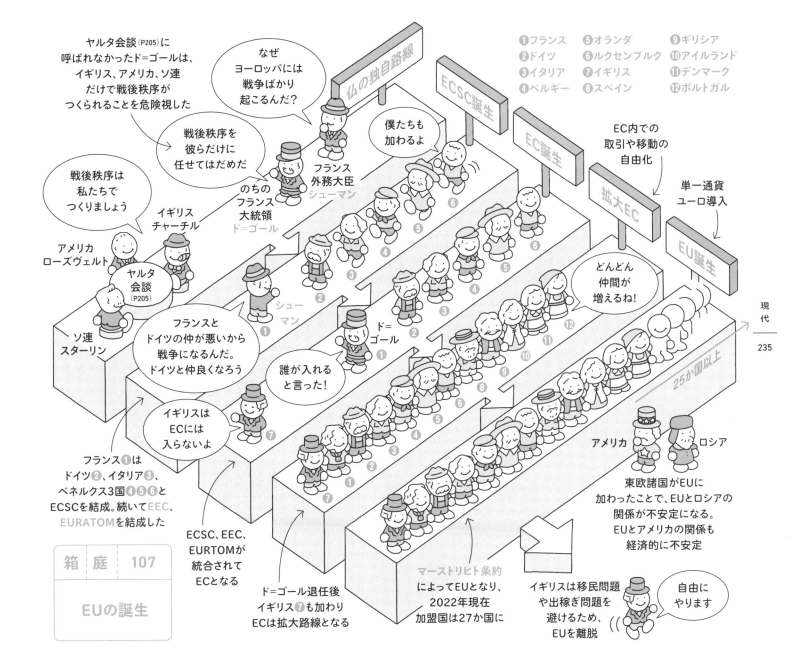

索　引

謝　辞

·

本書が出版される運びとなったのは、
ひとえに監修をしていただいた祝田秀全氏のお力によるものです。
本書がエンターテインメントの読みものであることを了承してくださったうえで、
丁寧に見ていただきました。この場を借りて厚く御礼申しあげます。
また、編集に協力してくださった
かみゆ歴史編集部の皆様および野中直美氏、
校閲を担当してくださった小野寺一夫氏、
出版のきっかけを与えてくださった山本豊和氏、
そして、かんき出版編集部の谷内志保氏に
心より感謝いたします。

·

そしてなによりも、この本を手にとってくださった皆様、
ほんとうにありがとうございました。

田中正人

【著 者】

田中 正人（たなか・まさと）

◉── 1970年東京生まれ。ロンドン芸術大学・ロンドンカレッジ・オブ・コミュニケーション卒業。MORNING GARDEN INC.において、グラフィックをメインとした書籍の執筆・編集・製作を行う。著書に『哲学用語図鑑』『続・哲学用語図鑑』『社会学用語図鑑』（プレジデント社）、『心理学用語大全』（誠文堂新光社）などがある。2011年グッドデザイン賞受賞。本書では、執筆、イラストディレクション、下絵（コンテ・ネーム）などを担当。

【監修者】

祝田 秀全（いわた・しゅうぜん）

◉──東京都出身。東京外国語大学アジア・アフリカ言語文化研究所研究員を経て、聖心女子大学文学部歴史社会学科兼任講師となる。おもな著書に『東大生が身につけている教養としての世界史』（河出書房新社）、『歴史が面白くなる東大のディープな世界史』（KADOKAWA／中経出版）、『エリア別だから流れがつながる 世界史』（監修、朝日新聞出版）など多数ある。

◉編集協力
かみゆ歴史編集部
野中直美

◉イラストレーション

タッチ（作画）・フィニッシュワーク（ペン入れ）
玉井麻由子（MORNING GARDEN INC.）

ディレクション・絵コンテ（ネーム）・カラー
田中正人（MORNING GARDEN INC.）

ブックデザイン：田中正人（MORNING GARDEN INC.）

はこにわせいようし
箱庭西洋史

2023年1月5日　第1刷発行
2023年5月25日　第2刷発行

著 者──田中　正人
発行者──齊藤　龍男
発行所──株式会社かんき出版
　　　　東京都千代田区麹町4-1-4 西脇ビル　〒102-0083
　　　　電話　営業部：03(3262)8011代　編集部：03(3262)8012代
　　　　FAX　03(3234)4421　　　振替　00100-2-62304
　　　　http://www.kanki-pub.co.jp/

印刷所──図書印刷株式会社